HEINRICH MEIER

Was ist Nietzsches Zarathustra?

HEINRICH MEIER

Was ist Nietzsches Zarathustra?

Eine philosophische Auseinandersetzung

Verlag C.H.Beck

Satz: Fotosatz Amann, Memmingen
Druck und Bindung: GGP Media GmbH, Pößneck
Umschlaggestaltung: Geviert, Grafik & Typografie, Andrea Janas
Umschlagabbildung: «Bildnis eines alten Mannes»/
Selbstporträt von Leonardo da Vinci (1452–1519),
Rötelzeichnung, um 1512 (Biblioteca Reale, Turin);
Foto: akg-images/Science Photo Library
Gedruckt auf säurefreiem, alterungsbeständigem Papier
(hergestellt aus chlorfrei gebleichtem Zellstoff)
Printed in Germany
ISBN 978 3 406 70794 0

www.chbeck.de

INHALT

VORWORT

Friedrich Nietzsche nahm für sich in Anspruch, der Menschheit mit *Also sprach Zarathustra* das tiefste Buch gegeben zu haben. Wenn wir Klarheit darüber gewinnen wollen, was es mit dieser Gabe auf sich hat, lautet die erste Frage: Was ist Nietzsches Zarathustra? Wir können es nicht bei der Frage bewenden lassen, die Martin Heidegger stellte: Wer ist Nietzsches Zarathustra? Noch weniger können wir uns mit Heideggers Antwort zufriedengeben, Zarathustra sei der Lehrer der Ewigen Wiederkunft. Heidegger und alle, die seine Antwort nachgesprochen haben, scheinen sich auf Nietzsches Autorität berufen zu können. Denn Zarathustra wird in Nietzsches Dichtung einmal «der Lehrer der ewigen Wiederkunft» genannt. Aber es sind Zarathustras Tiere, die ihn so nennen. Sie sind sowenig mit dem Dichter gleichzusetzen, wie Zarathustra mit Nietzsche verwechselt werden darf. Tatsächlich sehen wir Zarathustra niemals die Lehre der Ewigen Wiederkunft verkünden. Und selbst wenn Zarathustra die Sendung erfüllte, mit der ihn seine Tiere betrauen, bliebe die wichtigste Frage: Was ist der Lehrer der Ewigen Wiederkunft? Ein Erkennender oder ein Gesetzgeber? Ein Versucher oder ein Religionsstifter? Ein Philosoph oder ein Prophet?

Das vorliegende Buch versucht am Leitfaden der Frage, ob Zarathustra ein Philosoph oder ein Prophet ist, oder, wenn er beides sein soll, ob Zarathustra den Philosophen und den Propheten in Eins zusammenzuschließen vermag, zum Kern des Dramas vorzustoßen, das der Autor in den vier Teilen des Werks entfaltet und mit größtem Interesse verfolgt. Es begreift Nietzsches *Buch für Alle und Keinen* als ein Unterfangen der Klärung und der Scheidung, der Selbstverständigung und der Selbstvergewisserung. Es versteht Zarathustra, mit anderen Worten, weder als bloßes Gefäß einer Lehre noch als schlichtes Sprachrohr seines Schöpfers. Es bezieht den Gang der Handlung und die Ereignisse ausdrücklich in die philosophische Auseinandersetzung ein und schenkt dem inneren Dialog und der Rolle der Adressaten, der Charakterisierung der Figuren und Situationen nicht minder Beachtung als den Doktrinen.

Mit *Was ist Nietzsches Zarathustra?* lege ich den ersten Ertrag einer Untersuchung vor, die mich seit fünfzehn Jahren in Atem hält. Das Buch dient der Vorbereitung und ist der Auftakt meiner Auseinandersetzung mit *Ecce homo* und *Der Antichrist*, der Dyade, in der Nietzsches Œuvre zum Abschluß kommt. Für die Zwillingsschrift, die ich im Vorwort von *Über das Glück des philosophischen Lebens. Reflexionen zu Rousseaus «Rêveries»* 2010 in Aussicht stellte, erwies sich eine neue Auslegung des *Zarathustra* als erforderlich. Am selben Ort, an dem Nietzsche seinen *Zarathustra* als das tiefste Buch bezeichnete, kündigte er 1888 an, der Menschheit über kurzem das unabhängigste Buch zu geben. Die gegenwärtige Schrift legt dar, in welchem Sinne *Also sprach Zarathustra* die Unabhängigkeit von *Antichrist* und *Ecce homo* möglich gemacht hat und aus welchem Grund *Also sprach Zarathustra* an deren Unabhängigkeit nicht heranreicht.

Meine Auslegung von *Also sprach Zarathustra* arbeitete ich in jeweils zwei Seminaren zu den Teilen I–II und III–IV aus, die ich im Winter 2013–2014 und Sommer 2014 an der Ludwig-Maximilians-Universität München sowie im Frühjahr 2014 und Frühjahr 2015 am Committee on Social Thought der University of Chicago unterrichtete.

München, den 28. Juni 2016 H. M.

WAS IST NIETZSCHES ZARATHUSTRA?

Es ist noch ganz und gar kein Einwand gegen ein Buch, wenn irgend Jemand es unverständlich findet: vielleicht gehörte eben dies zur Absicht seines Schreibers, – er *wollte* nicht von «irgend Jemand» verstanden werden.

Friedrich Nietzsche: *Die fröhliche Wissenschaft*

* * *

Der *Antichrist* nennt Nietzsches Zarathustra einen Skeptiker. Erläuternd setzt er hinzu: «Ein Geist, der Grosses will, der auch die Mittel dazu will, ist mit Nothwendigkeit Skeptiker.» Daß der Held, dessen Reden und Taten *Also sprach Zarathustra* der Welt zu Gehör bringt und uns vor Augen führt, Großes will, liegt am Tage. Doch wird das, was er will, durch Eins bestimmt? Will er Eins? Ist er Eins? Der *Antichrist* sagt von der «grossen Leidenschaft», die den Skeptiker als «der Grund und die Macht seines Seins» regiert, daß sie Überzeugungen verbraucht und sich ihnen nicht unterwirft: «sie weiss sich souverain». Die Charakterisierung der «grossen Leidenschaft», die sich souverän weiß und den Skeptiker vom «Menschen des Glaubens» scheidet, trifft auf genau Eine Leidenschaft zu. Sie gilt für die Leidenschaft, die Nietzsche nach der Krise, in die ihn sein philosophischer Glaube stürzte, als «die Leidenschaft der Erkenntniss» herausstellt. Mit dem Beginn des philosophischen Lebens im prägnanten Verstande spricht er die Leidenschaft der Erkenntnis dem Philosophen als die ihn kennzeichnende Leidenschaft zu. Der Skeptiker Zarathustra, auf den der *Antichrist* unsere Aufmerksamkeit lenkt, erweist sich bei näherer Betrachtung als Philosoph.[1] Der Philosoph trägt indes den Namen eines Propheten. Nach dem Willen des Autors, der ihn ins Leben gerufen hat, erinnert er, was immer er spricht, wie immer er

1 *Der Antichrist. Fluch auf das Christenthum* 54 (*KSA* 6, p. 234). Zur Leidenschaft der Erkenntnis cf. *Morgenröthe. Gedanken über moralische Vorurtheile* 429 und 482; *Die fröhliche Wissenschaft* 107, 123, 249, 300, 324 und 343 (*KSA* 3, p. 264–265, 286, 464–465, 479–480, 515, 539, 552–553 und 574). – Die Siglen *KGW*, *KGB* und *KSA* bezeichnen die von Giorgio Colli und Mazzino Montinari herausgegebenen bzw. begründeten Nietzsche-Editionen: *Werke. Kritische Gesamtausgabe*. Berlin–New York 1967ff. *Briefwechsel. Kritische Gesamtausgabe*. Berlin–New York 1975 ff. *Sämtliche Werke. Kritische Studienausgabe in 15 Bänden*. Dritte Auflage. München 1999. Die Abkürzungen S. für Seite und Anm. für Anmerkung bleiben Querverweisen innerhalb des vorliegenden Buches vorbehalten. Aus anderen Publikationen wird unter Verwendung der Abkürzungen p. und n. zitiert.

handelt, an den Stifter eines neuen Glaubens, den Begründer einer neuen Ordnung, den Gesetzgeber einer neuen Herrschaft. Sein Name evoziert einen «Weisen aus dem Morgenlande», der sich aufmacht, wie sein mythischer Vorgänger der Geschichte eine andere Wendung zu geben, und der Gang der Handlung zeigt ihn am Ende im Advent «unseres grossen Hazar», in der Erwartung «unseres grossen fernen Menschen-Reichs», in der Hoffnung des «Zarathustra-Reichs von tausend Jahren», das «einst kommen» muß.[2] Damit stimmt zusammen, daß der *Antichrist*, unmittelbar bevor er Zarathustra einen Skeptiker heißt, ebendie Rede Zarathustras heranzieht, in der die «Jünger» Zarathustras den Jüngern des «Erlösers» begegnen und Zarathustra bekennt, daß sein Blut dem der Priester «verwandt» ist.[3] Als was also haben wir Zarathustra zu denken? Als Philosophen oder als Propheten? Findet er sein Genüge darin, die Welt zu verstehen? Oder kommt es ihm zuerst und zuletzt darauf an, sie zu verändern? Wird er von der Liebe zu den Menschen geleitet? Übt er Rache an der Wirklichkeit? Oder ist es die Leidenschaft der Erkenntnis, die ihn in der tiefsten Tiefe erfaßt und zur höchsten Höhe treibt? Wenn Zarathustra beides sein soll, ein Prophet und ein Philosoph, muß das Drama die Vereinbarkeit der beiden Personae unter Beweis stellen oder aber ihren Widerstreit offenbar machen.

Mit der Frage, ob Zarathustra Eins oder Zwei sei, aufs engste verbunden ist die andere Frage, ob es sich bei Nietzsches *Zarathustra* um eine Tragödie oder bis zu welchem Grade es sich um eine Parodie handele. Nietzsche hatte 1882 eine Tragödie angekündigt, als er den letzten Apho-

2 *Also sprach Zarathustra. Ein Buch für Alle und Keinen* IV, 1 («Das Honig-Opfer»), 23; IV, 11 («Die Begrüssung»), 35; cf. IV, 6 («Ausser Dienst»), 31 (*KSA* 4, p. 298, 350, 324). Im folgenden werden die Stellen jeweils nach *Teil* (Vorrede, I, II, III, IV), *Kapitel* und *Vers* angegeben und die Seiten der *KSA* in Klammern mitgeteilt. Da der Text von *Also sprach Zarathustra* in der *KSA* (wie in der vorausgegangenen *KGW*) durch mehr als ein halbes Hundert Druckfehler verdorben ist, folgen die Zitate dem Wortlaut der Erstausgaben der vier Teile des Werks, die Nietzsche im Sommer 1883, Winter 1883, Frühjahr 1884 und Frühjahr 1885 drukken ließ. – Im Nachlaß findet sich die Notiz: «Ich mußte Zarathustra, einem *Perser*, die Ehre geben: Perser haben zuerst Geschichte im Ganzen Großen *gedacht*. Eine Abfolge von Entwicklungen, jeder präsidirt ein Prophet. Jeder Prophet hat seinen *hazar*, sein Reich von tausend Jahren. ---» Frühjahr 1884 25 [148], *KSA* 11, p. 53. Die letzten beiden Sätze übertragen eine Stelle von Ernest Renan: *Vie de Jésus* (1863) ins Deutsche (*Œuvres complètes*. Paris 1949, IV, p. 115).
3 *Der Antichrist* 53 (p. 235). II, 4 («Von den Priestern»), 1; 5; 23 (117–118).

rismus der *Fröhlichen Wissenschaft*, aus dem ein Jahr darauf das erste Stück von «Zarathustra's Vorrede» wurde, «Incipit tragoedia» überschrieb. Nachdem sein *Buch für Alle und Keinen* vollendet war, ergriff er 1887 die Gelegenheit, die ihm die «Vorrede zur zweiten Ausgabe» der *Fröhlichen Wissenschaft* bot, die Ankündigung der Tragödie mit dem Kommentar zu versehen: «incipit *parodia*, es ist kein Zweifel ...» In der Tat unterliegt es keinem Zweifel, daß Nietzsche *Also sprach Zarathustra* als Parodie konzipierte. Schon der Titel mit seiner Bezugnahme auf eine Gestalt, die einem anderen Zeitalter gehört, gibt die Dichtung als «Gegengesang» zu erkennen.[4] Dessen Gegenstand sind allerdings nicht die siebzehn *Gathas* des Zarathustra. Die Verbeugung vor den *Liedern* des persischen Religionsstifters ist Teil der eigentlichen Parodie. Sie hat die Bibel zum Gegenstand. Sie gilt der ganzen Heiligen Schrift, in den sechsundsechzig Teilen, die die Übersetzung Luthers umfaßt. Im besonderen aber betrifft die Parodie die vier Evangelien, das Leben und die Lehre Jesu. Denn *Also sprach Zarathustra* präsentiert Zarathustra als wahren Gegen-Jesus. Vom ersten Satz an werden Leben und Lehre Zarathustras in ständiger Rücksicht auf den biblischen Erlöser dargestellt, wobei der vorherrschende Gestus die Überbietung ist.[5] Die Wahl

4 Im Rückblick des *Ecce homo* schiebt Nietzsche die von ihm geschaffene und die geschichtliche Figur ineinander und macht «Zarathustra» zum Begründer wie zum Überwinder des Irrtums der Moral, d. h. der «Entselbstungs-Moral»: «Man hat mich nicht gefragt, man hätte mich fragen sollen, was gerade in meinem Munde, im Munde des ersten Immoralisten, der Name *Zarathustra* bedeutet: denn was die ungeheure Einzigkeit jenes Persers in der Geschichte ausmacht, ist gerade dazu das Gegentheil. Zarathustra hat zuerst im Kampf des Guten und des Bösen das eigentliche Rad im Getriebe der Dinge gesehn, – die Übersetzung der Moral in's Metaphysische, als Kraft, Ursache, Zweck an sich, ist *sein* Werk. Aber diese Frage wäre im Grunde bereits die Antwort. Zarathustra *schuf* diesen verhängnissvollsten Irrthum, die Moral: folglich muss er auch der Erste sein, der ihn *erkennt*. Nicht nur, dass er hier länger und mehr Erfahrung hat als sonst ein Denker – die ganze Geschichte ist ja die Experimental-Widerlegung vom Satz der sogenannten ‹sittlichen Weltordnung› –: das Wichtigere ist, Zarathustra ist wahrhaftiger als sonst ein Denker.» *Ecce homo. Wie man wird, was man ist* IV, 3; cf. III, Morgenröthe 1, erster Satz und 2, letzter Satz (*KSA* 6, p. 367; 329 und 332).

5 «Als Zarathustra dreissig Jahr alt war» – der Auftakt des Buchs stellt den kontrastierenden Bezug zu Jesus von Anfang an her. Während Jesus mit dreißig Jahren «vom Geist in die Wüste» geführt und dort vierzig Tage lang «von dem Teufel versucht» wird, um dann mit seiner Lehrtätigkeit zu beginnen (*Lukas* III, 23 und

des Namens selbst, der Rückverweis auf einen Propheten, der Jesus um Jahrhunderte vorausging und die Geschichte des «Hebräers» in eine größere Geschichte einbegreift, gehorcht diesem Gestus. Jesus ist außer Zarathustra die einzige Person im gesamten Werk, die bei ihrem Namen genannt wird. Daß auch dies nur ein einziges Mal, im sechsundzwanzigsten Vers des einundzwanzigsten Kapitels des ersten Teils, geschieht, und an allen Stellen, an denen später von ihm die Rede ist, der Name geflissentlich vermieden wird, unterstreicht die Ausnahmestellung, die Jesus in der Parodie zukommt. Die Parodie schließt die Tragödie jedoch nicht aus. So wie der *Zarathustra* sich durch die nach Hunderten zählenden sprechenden Verweisungen, stillschweigenden Zitate und kontrastierenden Bezüge, die das Buch mit der Bibel verbinden, in eine Abhängigkeit vom parodierten Gegenstand begibt, so kann der Zarathustra übertragene Part des wahren Gegen-Jesus nicht ohne Rückwirkungen auf den Protagonisten des Dramas bleiben. Seine Tragödie könnte ebendarin ihren Grund haben, daß die Parodie, zum äußersten getrieben, ihm aufbürdet, was Keiner zu leisten vermag. Daß er in sich vereinen soll, was nicht zu vereinen ist. Zwei als Eins.

Die Begriffe *Philosoph* und *Prophet*, *Tragödie* und *Parodie* kommen in *Also sprach Zarathustra* nicht vor. Nietzsche stellt sich bewußt in den Umkreis der Sprache der Luther-Bibel, die er im nächsten Buch, in dem er wieder mit eigener Stimme spricht, als «Meisterstück der deutschen Prosa» preisen wird.[6] Der Anklang seiner in Verse gegliederten Dich-

IV, 1 ff.), und im Alter von dreiunddreißig Jahren am Kreuz stirbt, zieht sich Zarathustra mit dreißig in das Gebirge zurück, wo er «seines Geistes und seiner Einsamkeit» genießt. Nach zehn Jahren, also mit vierzig, verläßt er das Gebirge und wendet sich den Menschen zu, um sie den Übermenschen zu lehren. Die kritische Absicht der Gegenüberstellung wird im Kapitel «Vom freien Tode» (I, 21, 25–28) verdeutlicht. Das erste Buch von *Also sprach Zarathustra*, das, als es im Spätsommer 1883 erschien, nicht als Erster Teil eines Werks in mehreren Teilen zu erkennen war, schließt mit einer durchgängigen Parodie des Verhältnisses von Jesus zu seinen Jüngern, in der Zarathustra seinen Jüngern gegen Ende eine zweimalige Wiederkunft verheißt: «Und einst noch sollt ihr mir Freunde geworden sein und Kinder Einer Hoffnung: dann will ich zum dritten Male bei euch sein, dass ich den grossen Mittag mit euch feiere» I, 22.3, 11 (102).

6 «Der Prediger allein wusste in Deutschland, was eine Silbe, was ein Wort wiegt, inwiefern ein Satz schlägt, springt, stürzt, läuft, ausläuft [...] Das Meisterstück der deutschen Prosa ist deshalb billigerweise das Meisterstück ihres grössten Predigers: die *Bibel* war bisher das beste deutsche Buch. Gegen Luther's Bibel gehalten

tung an Luthers Poesie ist ihm so wichtig, daß er Fügungen und Wendungen aufnimmt, die außerhalb des *Zarathustra* nicht zu seinem Stil und Duktus gehören: wenn er etwa – um ein so spektakuläres wie subtiles Beispiel anzuführen – von Zarathustra sagt, was Luther von Gott sagt, er «sahe».[7] Nietzsche hält sich im *Zarathustra* an das Vorbild der Bibel, die «bisher das beste deutsche Buch» war, und verzichtet nach Möglichkeit auf Begriffe, die ihre Herkunft aus einer fremden Sprache nicht verleugnen können, wie *Theater* und *Theologie*, *Politik* und *Religion*, oder *Christentum* und *Komödie*. Der *Prophet* zeigt, daß Nietzsche als Dolmetsch gelegentlich über Luther hinausgeht. Für die *Natur* macht er eine Ausnahme. Sie wird Ein Mal, im neunzehnten Vers des siebzehnten Kapitels des Zweiten Teils, genannt. Der *Philosoph*, der *Prophet* und die *Tragödie*, die für uns von besonderem Interesse sind, treten in Übersetzungen auf. Sie werden umschrieben oder der Sache nach gekennzeichnet. Zarathustra spricht mit Nachdruck vom «Erkennenden». Er hat «die Erkennenden» zum vorzüglichen Adressaten. Und er wird vom «Leben» selbst «Erkennender» genannt. Er begegnet uns als «Seher», nimmt für sich in Anspruch, ein «Wahrsager» zu sein, stellt sich uns als zwischen alten zerbrochenen Tafeln und neuen halbbeschriebenen Tafeln sitzender und auf ein Zeichen wartender Gesetzgeber vor. Er glaubt, «über alle Trauer-Spiele und Trauer-Ernste» hinaus zu sein.[8] Aber die Eröffnung des Buchs, die in der *Fröhlichen Wissenschaft* mit der Titelzeile «Incipit tragoedia» vorabgedruckt worden war, schließt, in Verse gebracht, unverändert mit der Ankündigung: «Also begann Zarathustra's Untergang.»

ist fast alles Übrige nur ‹Litteratur› – ein Ding, das nicht in Deutschland gewachsen ist und darum auch nicht in deutsche Herzen hinein wuchs und wächst: wie es die Bibel gethan hat.» *Jenseits von Gut und Böse. Vorspiel einer Philosophie der Zukunft* 247 (*KSA* 5, p. 191).

7 Nietzsche gebraucht «sahe» insgesamt elfmal. Die erste Verwendung lautet: «Zarathustra aber sahe das Volk an und wunderte sich» Vorrede 4, Vers 1 (16). Die erste Verwendung Luthers steht in *Genesis* I, Vers 4: «Und Gott sahe, das das Liecht gut war.» – Nietzsche spricht, wenn er aus *Zarathustra* zitiert, von «Vers»: *Ecce homo* III, Also sprach Zarathustra 8, 3 (p. 349).

8 I, 3, 28 (37); I, 13, 16 (70); I, 22.2, 10 (100); II, 3, 5 (113); II, 8, 28 (134). II, 2, 10 und 11 (110); III, 12.7, 6 (251). II, 12, 32 (148). – II, 20, 11 und 12 (179); cf. II, 1, 10 (106). IV, 2, 27 (303); cf. II, 19, 41 (175); III, 7, 37–39 (225); III, 10.2, 31–32 (240). III, 12.1, 1 (246); III, 12.3, 13 (249); IV, 1, 15 (297). – I, 7, 10–13 (48–49).

Auch an der Einsamkeit *leiden* ist ein Einwand.
Friedrich Nietzsche: *Ecce homo*

I

Die Tragödie beginnt mit der ersten Rede Zarathustras. Sie ist an die Sonne gerichtet und geht der Rede auf dem Markt voraus, «welche man» nach dem Zeugnis des neuen Evangelisten «auch ‹die Vorrede› heisst».[9] Wir können ihr entnehmen, was es mit der Verwandlung auf sich hat, die Zarathustra bestimmt, das Gebirge zu verlassen, in dem er «zehn Jahre nicht müde» wurde, «seines Geistes und seiner Einsamkeit» zu genießen. Offenbar glaubt er, der Weisheit mehr als genug zu haben, und sehnt sich nach Abnehmern für seinen vermeintlichen Überfluß: «Ich bin meiner Weisheit überdrüssig, wie die Biene, die des Honigs zu viel gesammelt hat, ich bedarf der Hände, die sich ausstrecken.» Seine Weisheit ist ihm, genauer besehen, nicht genug, weil er sich selbst nicht genug ist. Er trachtet danach zu geben, zu schenken, zu schaffen und hofft auf die Empfänglichkeit, die Liebe, das Mitschaffen derer, zu denen er hinabsteigen will. Die eigene Bedürftigkeit spiegelt er in der vorgestellten Bedürftigkeit der Sonne, zu der Zarathustra, wie der Erzähler berichtet, «also sprach»: «Du grosses Gestirn! Was wäre dein Glück, wenn du nicht Die hättest, welchen du leuchtest! / Zehn Jahre kamst du hier herauf zu meiner Höhle: du würdest deines Lichtes und dieses Weges satt geworden sein, ohne mich, meinen Adler und meine

9 Der Erzähler berichtet im sechsundzwanzigsten Vers des fünften Teils von «Zarathustra's Vorrede», die insgesamt zehn Teile umfaßt: «Und hier endete die erste Rede Zarathustra's, welche man auch ‹die Vorrede› heisst». Die «Vorrede», die Zarathustra auf dem Markt hielt, ist nicht dasselbe wie «Zarathustra's Vorrede», die Nietzsche verfaßt. Und was der Erzähler «die erste Rede Zarathustra's» nennt, ist nicht die erste Rede, die er uns von Zarathustra mitgeteilt hat. Die grundlegende Rede des Dramas wird in der Zählung der Überlieferung übergangen, so wie Zarathustras Vorrede im öffentlichen Gedächtnis auf die Rede zurückgeführt wird, mit der er sich an das Volk wandte.

Schlange. / Aber wir warteten deiner an jedem Morgen, nahmen dir deinen Überfluss ab und segneten dich dafür.» Zarathustra verbindet sein Glück, so scheint es, mit seinem Sein für andere, mit seiner Wirkung auf ihr Geschick. Um eines zukünftigen Glücks willen ist er bereit, sich in die Abhängigkeit der Menschen zu begeben, ein Unterfangen, für das er sich eines ungeteilten kosmischen Rückhalts versichert. Nicht nur für das erhoffte Glück beruft er sich auf den Stern, der am hellsten leuchtet, auch seine Tat soll im Einklang mit der Sonne stehen und ihrem Vorbild folgen: «Ich muss, gleich dir, *untergehen*, wie die Menschen es nennen, zu denen ich hinab will.» Schließlich erbittet er für sein Handeln, mit dem er sich anschickt, den «Abglanz» der Wonne des großen Gestirns «überallhin» zu tragen, ausdrücklich den höchsten Segen. Dabei ist er sich gewiß, die Bitte an ein «ruhiges Auge» zu richten, «das ohne Neid auch ein allzugrosses Glück sehen kann». Zarathustra wird nicht im Namen und im Auftrag eines eifrigen Gottes zu den Menschen sprechen. Aber die Abhängigkeit, die er eingeht, um seine Mission zu erfüllen, ist im Unterschied zur imaginären Abhängigkeit des Adressaten der Rede höchst real. Und der Untergang, der ihm bevorsteht, ist anders als der alltägliche Untergang der Sonne kein Naturereignis. Zarathustra wird nicht als einundderselbe seine immergleiche Bahn ziehen, hinab- und wieder hinaufsteigen. Wenn der Erzähler im zwölften Vers von «Zarathustra's Untergang» spricht, spricht er von einem geschichtlichen Ereignis. Ihm liegt die weitreichende Sinnesänderung zugrunde, auf die der erste Vers verweist und die Zarathustra am Ende in die Worte faßt: «Zarathustra will wieder Mensch werden.» Die Rede, in der Zarathustra sich an die Sonne wendet und sich mit sich selbst verständigt, zeigt uns die Wandlung zum Propheten.[10]

Der inneren Wandlung folgt das äußere Bekenntnis. Es findet sich in drei Sätzen ausgesprochen: *Ich liebe die Menschen. Ich bringe ihnen ein Geschenk. Ich lehre sie den Übermenschen.* «Ich liebe die Menschen» ist der erste Satz, den Zarathustra an einen Menschen richtet. Zarathustra antwortet auf die Frage eines Greises, der seinen Weg nach unten kreuzt, weshalb Zarathustra seine Einsamkeit aufgeben will. Er erkennt in Zarathustra einen anderen Prometheus, der sein Feuer zu Tale trägt: «Fürchtest du nicht des Brandstifters Strafen?» Die Erwiderung des Heiligen im Wald, daß er jetzt Gott, nicht mehr die Menschen liebe, da der

10 Vorrede, 1, 1–12 (11–12).

Mensch ihm «eine zu unvollkommene Sache» sei, veranlaßt Zarathustra zu erklären: «Was sprach ich von Liebe! Ich bringe den Menschen ein Geschenk.» Zarathustra liebt die Menschen nicht als das, was sie sind, sondern als Empfänger seines Geschenks, als das, was sie durch ihn werden können. Der dritte Satz schließlich bestimmt das Geschenk als eine Forderung. *«Ich lehre euch den Übermenschen»* beginnt Zarathustra, als er die seiner Höhle am nächsten gelegene Stadt erreicht hat, unvermittelt, ohne sich vor seinen Zuhörern auszuweisen oder sie auf seine Lehre vorzubereiten, die berühmte Rede auf dem Markt. Er fährt fort: «Der Mensch ist Etwas, das überwunden werden soll. Was habt ihr gethan, ihn zu überwinden?» Der Prophet liebt, verheißt und fordert. Seine Liebe geht auf die Veränderung des Menschen. Seine Forderung gilt der Überwindung des Bestehenden. Sein Geschenk ist eine Lehre, die der Menschheit ein Ziel setzen, dem Leben der Menschen einen Sinn geben, dem Menschen einen Ort im Ganzen zuweisen soll. In der Lehre vom Übermenschen, die die Rede zum Volk umreißt, werden wir des «Überflusses» an Weisheit ansichtig, den Zarathustra als Schenkender austeilen oder mit dem er als Schaffender einen Versuch unternehmen will. An die Spitze der in drei Stücken vorgetragenen, dreimal ansetzenden Rede stellt Zarathustra den Aufruf, daß der Mensch sich ins Ganze einfüge, indem er das Übersichhinausschaffen zum Gegenstand seines Willens mache. «Alle Wesen bisher schufen Etwas über sich hinaus». Wenn die Menschheit nicht hinter den anderen Spezies zurückbleiben oder aus der Entwicklungsgeschichte herausfallen will, darf sie sich nicht als ein Ende betrachten. «Ihr habt den Weg vom Wurme zum Menschen gemacht, und Vieles ist in euch noch Wurm. Einst wart ihr Affen, und auch jetzt noch ist der Mensch mehr Affe, als irgend ein Affe.» Die Lehre vom Übermenschen entspricht, so gibt Zarathustra zu verstehen, den Erfordernissen des Lebens selbst und bringt den Menschen in Übereinstimmung mit dessen Grundprinzip. Doch sie macht nicht bei einer allgemeinen Einordnung Halt. Vielmehr spricht sie dem Menschen einen besonderen, ihn vor allen anderen auszeichnenden Zweck zu. Denn sie betraut ihn mit nichts Geringerem als dem natur- und weltgeschichtlichen Auftrag, den Sinn der Erde hervorzubringen. Zarathustra verkündet im siebten Vers der Rede: «Der Übermensch ist der Sinn der Erde.» Und da kein Sinn *ist*, der nicht *als Sinn* bejaht wird, doppelt er die Aussage im selben Vers durch die Aufforderung: «Euer Wille sage: der Übermensch *sei* der Sinn der Erde!» Diese Wendung macht den Sinn, an dem alles auszurichten und von dem her alles zu begreifen sein soll, was für den Menschen von Gewicht ist, zu einer Sache der Zukunft. Aus dem Zweck der radikal futuristischen Sinngebung bestimmt sich eine neue Ordnung von Wertschätzungen, von Verehrungen und Verachtungen, von Geboten und Verboten. Zarathustra verankert den verheißenen Höhepunkt in entschiedener Diesseitigkeit, bietet irdische Verpflichtungen gegen überirdische Hoffnungen auf, erklärt, da «Gott starb», «jetzt» den Frevel an der Erde zum «Furchtbarsten» und setzt den Affekt des Ekels gegen alles ein, was geeignet ist, den Menschen in einem «erbärmlichen Behagen» festzuhalten. Gegen das Herabsinken des Glücks, der Vernunft und der Tugend in ein solches «erbärmliches Behagen» stellt er ein Glück, das «das Dasein selber» zu «rechtfertigen» hat, eine Vernunft, die «nach Wissen wie der Löwe nach seiner Nahrung» begehrt, und eine Tugend, die «rasen» macht. Die Lehre vom Übermenschen als Lehre des Aufbruchs, der Überschreitung, der höchsten Aspiration hat die Überwindung des «erbärmlichen Behagens» zum ersten Ziel, da sie im «erbärmlichen Behagen» das erste Hindernis auf dem Weg zur Größe wie auf dem Weg zur Vortrefflichkeit sieht. «Nicht eure Sünde – eure Genügsamkeit schreit gen Himmel». Gegen die Selbstzufriedenheit und Anspruchslosigkeit beschwört Zarathustra die dionysische und platonische Mania: «Wo ist doch der Blitz, der euch mit seiner Zunge lecke? Wo ist der Wahnsinn, mit dem ihr geimpft werden müsstet? / Seht, ich lehre euch den Übermenschen: der ist dieser Blitz, der ist dieser Wahnsinn!» Zarathustra spricht nicht nur als ein Prophet, er spricht auch wie ein Prophet.[11]

Da Zarathustra bei der Menge, die sich auf dem Markt eingefunden hat, um sich am Schauspiel eines Seiltänzers zu ergötzen, mit seiner Rede nur Gelächter erntet, wählt er für den zweiten Teil einen anderen Ansatz: «Der Mensch ist ein Seil, geknüpft zwischen Thier und Übermensch, – ein Seil über einem Abgrunde.» Mit dem Bild des Seiles geht Zarathustra einen ersten Schritt auf die Zuhörer zu, die er erreichen will. So improvisiert und irreführend die Metapher ist, sie stellt nicht nur einen Bezug zu dem her, worauf die Augen der Umstehenden gerichtet sind, sondern erlaubt ihm über die Assoziation des Seiltänzers

11 Vorrede, 2, 7; 2, 10 (13). 3, 1–26 (14–16). Dem viermaligen «Ich lehre euch den Übermenschen» in den Versen 3, 2; 7; 16 und 26 korrespondiert die viermalige Rede vom «erbärmlichen Behagen» in den Versen 3, 14; 18; 19 und 20.

außerdem rasch auf den wahren Gegenstand seiner Liebe zum Menschen zu sprechen zu kommen: «was geliebt werden kann am Menschen, das ist, dass er ein *Übergang* und ein *Untergang* ist». In achtzehn aufeinanderfolgenden Versen, die gleichlautend mit «Ich liebe» beginnen, trägt Zarathustra die Verachtungen und Verehrungen vor, die die neue Sinnstiftung verlangt. Sie alle treffen sich in der Hochschätzung der Hingabe, des Opfers, der Bereitschaft zum Verhängnis um des Einen Zieles willen, «dass die Erde einst des Übermenschen werde». Der zweite Teil verdeutlicht, daß die Lehre vom Übermenschen in der Rede zum Volk auf den tragsamen Geist, auf den Helden oder das Kamel zugeschnitten ist, das Zarathustra später als die erste von drei Verwandlungen beschreiben wird, die der Geist zu durchlaufen habe. Im Zentrum der «Vorrede» steht der «Wille zum Untergang».[12]

Mit dem zweiten Teil, in dem er sich, anders als im ersten, nicht gänzlich «unbezeugt gelassen» hat und an dessen Ende er zum Bild des Blitzes zurückkehrt, das er am Ende des ersten Teils einführte, stößt Zarathustra wiederum bloß auf Gelächter und Verständnislosigkeit. In einem Monolog, dem zweiten Monolog des Buchs,[13] stellt er zum erstenmal, oder für uns zum erstenmal vernehmbar, Erwägungen darüber an, wie die Zuhörer anzusprechen seien. Nach zwei Fehlschlägen will er sie jetzt bei ihrem Stolz packen, beim Stolz auf ihre Bildung, bei ihrer Eigenliebe, die sie auf Unterschiede achten, noch Unterscheidungen vornehmen läßt. «So will ich ihnen vom Verächtlichsten sprechen: das aber ist *der letzte Mensch*.» Der «letzte Mensch» soll die Abstoßung befördern, zur Entscheidung zwingen. «Es ist an der Zeit» hebt Zarathustra zweimal an. «Es ist an der Zeit», nicht daß *der Herr* handle, wozu der Psalmist seinen Gott aufruft, da das Gesetz nicht geachtet wird (CXIX, 126), sondern daß «der Mensch sich sein Ziel stecke», daß er «den Keim seiner höchsten Hoffnung pflanze». Mit einem dreifachen «Wehe! Es kommt die Zeit» wechselt Zarathustra dann in das Register

12 Vorrede, 3, 27; 4, 1–23 (16–18). Zarathustra macht im zweiten Teil auch den Erkennenden, d. h. den Philosophen der futuristischen Sinngebung dienstbar: «Ich liebe Den, welcher lebt, damit er erkenne, und welcher erkennen will, damit einst der Übermensch lebe. Und so will er seinen Untergang» Vorrede, 4, 8.

13 Vorrede, 5, 1–5 (18–19). Der erste Monolog schließt an den ersten Dialog an und umfaßt zwei Sätze: «Als Zarathustra aber allein war, sprach er also zu seinem Herzen: ‹Sollte es denn möglich sein! Dieser alte Heilige hat in seinem Walde noch Nichts davon gehört, dass *Gott todt* ist!›» Vorrede, 2, 21 (14).

des Propheten, der von weither das drohende Unheil sieht und die Zeit der größten Gefahr beschwört – «wo der Mensch nicht mehr den Pfeil seiner Sehnsucht über den Menschen hinaus wirft», «wo der Mensch keinen Stern mehr gebären wird» –, um diese Gefahr zu bannen. «Wehe! Es kommt die Zeit des verächtlichsten Menschen, der sich selber nicht mehr verachten kann.» Zarathustra *zeigt* den verächtlichsten Menschen, indem er viermal die Einlassungen des letzten Menschen zu Gehör bringt und viermal das Blinzeln vor Augen führt, das sie begleitet. «‹Was ist Liebe? Was ist Schöpfung? Was ist Sehnsucht? Was ist Stern?› – so fragt der letzte Mensch und blinzelt.» Der letzte Mensch stellt keine sokratischen Fragen, und bei seinem Blinzeln handelt es sich auch nicht um Winke oder verstohlene Mitteilungen des Vorstellens. Die vier Fragen sind Ausdruck der gleichgültigen Ablehnung, auf die Zarathustras Rede trifft. Die dritte und vierte lassen die Verkündigung der größten Gefahr ins Leere laufen: «Was redest du von Sehnsucht und von Stern?» Die erste weist das zentrale Anliegen der Rede ab: «Was heißt schon Liebe?» Und die zweite, die als einzige keine Aussage Zarathustras wörtlich aufnimmt, quittiert die ganze Lehre vom Übermenschen mit einem Achselzucken: «Was liegt an Schöpfung? Was an Übersichhinausschaffen?» Das Blinzeln bekräftigt die Unempfänglichkeit für die Verheißung wie die Warnung des Propheten. Dem letzten Menschen fehlt der freie Blick. Er sieht der Gefahr nicht ins Auge. Er hat keinen Sinn für die Wahrheit. Das viermalige Blinzeln des letzten Menschen im dritten entspricht der vierfachen Ausstellung des «erbärmlichen Behagens» im ersten Teil der Rede. Und so lautet die entscheidende Äußerung, die zweite und die vierte der vier Äußerungen, die Zarathustra den letzten Menschen in den Mund legt, in eins: «‹Wir haben das Glück erfunden› – sagen die letzten Menschen und blinzeln.» Das Wort vom erfundenen Glück, das als erfundenes auf Illusion gegründet ist, richtet die letzten Menschen. Nietzsche wird ihm im *Antichrist* die Antwort der Philosophen als spätes Echo folgen lassen: «Wir haben das Glück entdeckt».[14]

Die «Vorrede» geht im «Geschrei» und der «Lust der Menge» unter: «‹Gieb uns diesen letzten Menschen, oh Zarathustra, – so riefen sie – mache uns zu diesen letzten Menschen! So schenken wir dir den Übermenschen!›» Das Scheitern des Propheten ist vollständig. Seine Lehre

14 Vorrede, 5, 7–25 (19–20). *Der Antichrist* 1 (p. 169).

erreicht das Volk nicht. Auch der Versuch, den Stolz der Zuhörer anzusprechen, war irregeleitet. Die Rede vom letzten Menschen führt sie nicht etwa zur Selbstunterscheidung. Sie weckt nicht ihren Abscheu, sondern ihr Verlangen. Sie bewegt sie zur Identifikation. Zarathustra, der vom Gebirge herabstieg, um seinen Überfluß an Weisheit auszuteilen, wird auf dem Marktplatz seines Mangels an Weisheit gewahr. Er weiß nicht, zu wem er spricht. Er weiß deshalb auch nicht, wie er sprechen soll. Er weiß nicht einmal, zu wem er sprechen und zu wem er nicht sprechen kann. Seine Mißerfolge müssen ihn darüber belehren, daß er seine Rede auf den Adressaten abzustellen hat. Er muß sich von anderen sagen lassen und erst selbst erfahren, daß sie ihn in Gefahr zu bringen vermag. Die Warnung des alten Heiligen im Wald schlägt Zarathustra in den Wind, seines Geschenkes für die Menschen gewiß. Am Ende der «Vorrede» erkennt er, daß er mit seiner Lehre nicht bloßes Gelächter, sondern Haß erntet: «indem sie lachen, hassen sie mich noch. Es ist Eis in ihrem Lachen.» So wird er empfänglich für die Warnung des Possenreißers, der den Seiltänzer in den Tod stürzen ließ. «Geh weg von dieser Stadt, oh Zarathustra», flüstert er ihm ins Ohr, «es hassen dich hier zu Viele. Es hassen dich die Guten und Gerechten und sie nennen dich ihren Feind und Verächter; es hassen dich die Gläubigen des rechten Glaubens, und sie nennen dich die Gefahr der Menge.» Zarathustra zeigt sich von der Rede des Possenreißers beeindruckt genug, um fortan von den «Guten und Gerechten» zu sprechen, wenn er die Verteidiger der bestehenden Ordnung als die Feinde seiner Lehre ins Auge faßt, und er knüpft ebenso an die Rede des Possenreißers an, wenn er in den «Gläubigen des rechten Glaubens» seine Widersacher ausmacht. Am Ende von «Zarathustra's Vorrede» sehen wir den Propheten, nach einem langen Schlaf und im Besitz einer neuen Einsicht, entschlossen, aus dem Scheitern auf dem Markt Konsequenzen zu ziehen und einen anderen Weg einzuschlagen: «nicht zum Volke rede Zarathustra, sondern zu Gefährten! Nicht soll Zarathustra einer Heerde Hirt und Hund werden! / Viele wegzulocken von der Heerde – dazu kam ich.» Zarathustra wird nicht mehr zu allen sprechen. Er wird die Adressaten seiner Lehre unterscheiden. Er erstrebt keine unmittelbare, sondern eine mittelbare Herrschaft. Er setzt auf Subversion und eine neu zu schaffende Elite. Damit ändert sich auch sein äußeres Bekenntnis.[15]

15 Vorrede, 5, 26 (20); 8, 1 (23); 9, 1–18 (25–27).

Zarathustras Rede zum Volk, «welche man auch ‹die Vorrede› heisst», bestimmt den geschichtlichen Ort von *Also sprach Zarathustra.* Sie ist nicht an das Volk der Perser oder der Griechen, an das Volk der Juden oder der Deutschen gerichtet, sondern an das Volk auf dem Markt der «nächsten Stadt», das so gut wie das irgendeiner Stadt für die Menschheit einstehen kann. Der nachchristliche Prophet wendet sich an die Menschheit. Was er zu verkünden hat, betrifft alle und, so scheint es, keinen im besonderen. Er spricht weder von der treuen Stadt noch von der besten Polis. Er handelt nicht von diesem oder jenem Gemeinwesen, sondern von der Zukunft des Menschengeschlechts. Tatsächlich ist die Lehre vom Übermenschen und vom letzten Menschen, der wirkmächtige Kern von «Zarathustra's Vorrede»,[16] eine in jedem Verstande nachchristliche Lehre. Sie versucht, eine Antwort zu geben auf das «grösste neuere Ereigniss», das zugleich ihre wichtigste Voraussetzung bezeichnet, das Ereignis, daß «Gott todt ist».[17] Sie will «die Menschen den Sinn ihres Seins lehren: welcher ist der Übermensch, der Blitz aus der dunklen Wolke Mensch». Mit ihrer Zukunftsgespanntheit, der Betonung von Sehnsucht und Hoffnung, der Forderung nach Hingabe und Opfer, dem Aufruf zur Entscheidung angesichts der größten Gefahr und der höchsten Erwartung soll sie die christliche Eschatologie ablösen, die ihre Glaubwürdigkeit verloren hat. Daß die Lehre vom Übermenschen und vom letzten Menschen der junghegelianischen Erhebung des Menschen zum höchsten Wesen für den Menschen entgegentritt, gehört ebenso zu Zarathustras nachchristlicher Situation wie die Übernahme der darwinistischen Perspektive zu Beginn der Rede, in der der Übermensch als neue Spezies erscheint und noch nicht als «Blitz» figuriert, der seiner Auslegung harrt. Der geschichtliche Ort, den die sechsundsechzig Verse von Zarathustras Rede zum Volk markieren, wird durch die Handlung zusätzlich erhellt, in die die Rede eingebettet ist. Denn die «Vorrede» umfaßt nur drei der zehn Abschnitte des Kapitels, das unter dem Titel «Zarathustra's Vorrede» den achtzig

16 Nietzsche hat im Inhaltsverzeichnis des ersten Bandes an der Stelle, an der die Edition von Colli und Montinari «Zarathustra's Vorrede» angibt, «Vom Übermenschen und vom letzten Menschen» drucken lassen. Zarathustra verwendet in seiner Rede zum Volk zwölfmal «Übermensch» und sechsmal «letzter Mensch».
17 *Die fröhliche Wissenschaft*, Fünftes Buch (1887), 343 (p. 573); cf. Drittes Buch (1882), 125 (p. 480–482). Siehe Vorrede, 2, 21 (14) und 3, 11 (15).

Reden bzw. Kapiteln des Buchs vorausgeht. Zarathustra begegnet am Tag seines Abstiegs vom Gebirge vier Personen, die ihn ansprechen. Die paarweise aufeinander bezogenen Figuren repräsentieren jede auf ihre Weise Positionen, in denen die nachchristliche Konstellation ihren Niederschlag findet. Die beiden Außenfiguren der symmetrischen Anordnung, der Greis, auf den Zarathustra im Wald stößt, bevor er die Stadt erreicht, und der Alte, an dessen Tor er im Wald klopft, nachdem er die Stadt wieder verlassen hat, zeigen, parodistisch überzeichnet, zwei Gestalten des zerfallenen Christentums. Der «Heilige», der Zarathustra vom Umgang mit den Menschen abrät, lebt als «Zweisiedler» mit seinem Gott, den er beständig lobt und der sein Halt ist. Er reduziert den christlichen Gott auf einen Gott der Innerlichkeit und läßt die öffentliche Bedeutung des Glaubens, die Wirkung auf die Welt, die christliche Moral und die christliche Politik fahren. Der Einsiedler, der Zarathustra und dem Leichnam des Seiltänzers «Brod und Wein» anbietet, übt christliche Nächstenliebe gegen jeden, ohne Unterschiede zu machen, ohne Rücksicht auf Umstände und ohne Ansehung der Würdigkeit. Er genügt der Pflicht, einerlei, ob er es mit Lebenden oder mit Toten zu tun bekommt. Er findet seinen Halt nicht in Gott, sondern in einer Moral, die dem Gebot der Verallgemeinerung gehorcht. Der erste Mensch und der letzte Mensch, auf die Zarathustra zwischen Morgenröte und Mitternacht trifft, repräsentieren den Glauben an den christlichen Gott ohne die christliche Moral und den Glauben an die christliche Moral ohne den christlichen Gott. Eins geteilt in Zwei. Die beiden Innenfiguren, der Seiltänzer und der Possenreißer, der ihm auf dem Seil folgt, ihn zur Eile treibt, über ihn hinwegspringt und zu Tode erschreckt, sind anders als die Außenfiguren keine innerlichen oder privaten Zerfallsgestalten des Christentums. Sie wohnen nicht im Wald, sondern gehören zum Marktplatz, wo sie als «Nebenbuhler» um den Beifall des Volkes wetteifern. Die Figuren im Zentrum treten öffentlich auf und sind politisch ausgerichtet. Der Seiltänzer steht für den konservativen Humanisten. Er sucht, über dem Abgrund die Balance zu halten, und stürzt in der Mitte des Seils ab, auf halbem Wege zwischen Tier und Übermensch. Er will den Menschen als Menschen bewahren, ohne Überschreitung, ohne Überwindung oder Untergang, ohne ein Darüberhinaus. Dagegen setzt der Possenreißer auf den Neuen Menschen. Er steht für den revolutionären Utopisten oder Millenaristen, der die Geschichte beschleunigen will und den Menschen, wie er ist, überspringt. Der Humanist fürchtet sich vor dem Teufel, den er im Utopisten am Werk wähnt. Er glaubt an das Wesen des Bösen. Vom Christentum bleibt ihm die Hölle, nicht der Himmel. Zarathustra fällt es nicht schwer, ihm in der Stunde des Todes Trost zu spenden. Der Seiltänzer hat einen schwachen Glauben. Der Utopist behält vom Christentum den Himmel, den er zu einem Himmel auf Erden machen will. Er vollbringt seine Kunststücke im Hier und Jetzt und weckt die Hoffnung auf die Tat der großen Verheißung für das Einst und Irgendwo. Der Possenreißer warnt Zarathustra nicht nur vor den Verteidigern der bestehenden Ordnung und den Gläubigen der herrschenden Orthodoxie. Er warnt ihn auch vor sich selbst. Der Possenreißer ist ein Rivale Zarathustras im Wettstreit um die Zukunft des Menschengeschlechts. Mit nicht weniger Grund können wir in ihm die ironische Vorwegnahme eines zarathustragläubigen Verfechters des Übermenschen erkennen, der meint, zum großen Sprung ansetzen und den Menschen, koste es, was es wolle, hinter sich lassen zu sollen.[18]

Der Philosoph tritt hervor, wenn Zarathustra am Tag danach, nach der Rede zum Volk und nach den Begegnungen, in der Einsamkeit von einer «neuen Wahrheit» spricht. Es ist das erste Mal, daß er von der Wahrheit spricht, und die Wahrheit, von der er spricht, als die Sonne «im Mittag» steht, geht ihn unmittelbar an: *Zarathustra braucht Gefährten*. Sie setzt sich fort in dem Entschluß: *Nicht zum Volk rede Zarathustra, sondern zu Gefährten*. Und gipfelt in der Zuversicht: *Wer noch Ohren hat für Unerhörtes, dem will Zarathustra sein Herz schwer machen mit seinem Glück*. Die neue Wahrheit ist Ausdruck einer gebotenen Selbstkritik und Selbstkorrektur, insofern sie Zarathustra, wie er später sagen wird, in seiner Rede auf dem Markt eine «Einsiedler-Thorheit» erkennen läßt. Hier lautet die Einsicht: «Als ich zu Allen redete, redete ich zu Keinem». Sie erschöpft sich indes nicht in der Berichtigung eines Fehlers, sondern befördert Zarathustras Rückwendung auf sich auch und vor allem, da sie ihn über die Frage, was für Gefährten er braucht, notwendig zu der Frage führt, als was er sich selbst begreift. Zarathustra sagt «zu seinem Herzen», er brauche Gefährten, «die mir folgen, weil sie sich selber folgen wollen – und dorthin, wo ich will.» Daraus ergeben sich zwei Arten möglicher Gefährten. Zum einen

18 Vorrede, 2, 1–20 (12–14); 6, 1–6 (21–22); 7, 3–4 (23); 8, 1 und 6–8 (23–25). Cf. Vorrede, 9, 18 (27); I, 12, 3–16 (65–66); III, 12.4, 3 (249).

Gefährten, die Zarathustra besser versteht, als sie sich selbst verstehen, so daß er sie in Übereinstimmung mit ihrem Willen zu führen vermag, wohin er will, ohne daß sie seinen Willen verstehen müssen. Zum anderen Gefährten, die ihm folgen, wohin er will, weil ihr Wille mit seinem Willen übereinstimmt, d. h., weil sie sich so verstehen, wie er sich versteht, oder weil sie mit ihm gemeinsam haben, was für sie und was für ihn das Wichtigste ist. Die zwei Möglichkeiten, die Zarathustras Formulierung zuläßt und auf die sie so von Anfang an hinweist, werden im weiteren Geschehen eine wichtige Rolle spielen. Am Ende der Vorrede tritt die Unterscheidung noch nicht zutage, da Zarathustras Wille die beiden Arten von Gefährten als «Mitschaffende» an Einem Werk verbindet, ohne daß Zarathustra das Schaffen über das «Schreiben neuer Werthe auf neue Tafeln» hinaus näher bestimmte. Aus demselben Grund bleibt offen, als was sich Zarathustra wirklich begreift. Klar ist dagegen, daß sein Glück, daß sein Beispiel für das Verhältnis zu den Gefährten, die er allererst «schaffen», für sich gewinnen und erziehen muß, von großer Bedeutung sein wird. Die «neue Wahrheit», die Zarathustras Aufmerksamkeit auf Gefährten lenkt, rückt zugleich Zarathustra ins Zentrum. Die Frage «Wer ist uns Zarathustra?» wird für den Kreis, zu dem er von nun an spricht, nicht zurückstehen hinter der Lehre vom Übermenschen. Leben und Lehre Zarathustras sind für seine zukünftigen Schüler aufs engste verbunden. Eins, nicht Zwei.[19]

Der Auftakt der «Reden Zarathustra's» trägt der veränderten Lage Rechnung. Denn die Parabel von den «Drei Verwandlungen» handelt nicht vom Menschen im allgemeinen, sondern von Zarathustras Gefährten, oder genauer gesagt: von den Gefährten, die von Zarathustras Art sind, und mithin von Zarathustra selbst. Bevor der Menschenfischer seine Lehrtätigkeit im engeren Sinn beginnt, stellt er dem Adressaten, an den er sich vorzüglich wendet, die drei Verwandlungen zum *Kamel*, zum *Löwen* und zum *Kind* in Aussicht, die ihm bevorstehen und die Zarathustra schon durchlaufen hat oder von denen er zu wissen glaubt, daß er sie durchlaufen muß. Die drei Verwandlungen des Geistes, die Zarathustra umreißt, zeigen den Entwicklungsgang des Erkennenden, den Weg des Philosophen. Die Verwandlung zum Kamel, zum

19 Vorrede, 9, 1–18; 10, 1 (25–27); cf. II, 20, 13–15 (179); III, 3, 7 und 16 (203–204); IV, 13.1, 1–2 (356).

«tragsamen Geist», dem Ehrfurcht innewohnt, ist die Verwandlung zum Helden, der sich am Schwierigsten versuchen will. Sie läßt sich in dem Satz zum Ausdruck bringen: Es ist mein Wille, das Schwerste auf mich zu nehmen und der höchsten Aufgabe zu genügen. Die zweite Verwandlung geschieht «in der einsamsten Wüste», in die sich das Kamel mit dem Schwersten beladen begibt, mit der Forderung nach Redlichkeit oder Grausamkeit gegen sich selbst. Hier enthüllt sich ihm «der letzte Gott», der Herr, von dem er glaubte, daß er seiner Verehrung und Hingabe wert und würdig sei, als der Drache einer tausendjährigen Tradition, der den Willen des Erkennenden verneint. Der Löwe erkennt, daß das «Du-sollst», das er als «sein Heiligstes» liebte, auf «Wahn und Willkür» gegründet ist. Im Zentrum steht die Erhebung des Erkennenden gegen den Herrn und Gott des «Du-sollst». Die zweite Verwandlung besagt: Es ist mein Wille, keinem «Du-sollst» zu gehorchen und mich von jeder Autorität zu befreien. Dem «heiligen Nein» des sich befreienden Geistes folgt das «heilige Ja-sagen» des frei schaffenden Geistes der dritten Verwandlung. Das Kind steht für die «Unschuld», ein Jenseits der Moral der Pflicht, für das «Vergessen», ein Jenseits der Abhängigkeit vom Widersacher, und für das «Spiel», ein Jenseits der Last des Aufgetragenen und Überkommenen. Der Satz der dritten Verwandlung lautet: Es ist mein Wille, zu meinem Willen ja zu sagen, meine Selbstliebe zu bejahen, schaffend mitzuspielen im Spiel der Welt.[20]

Es gehört zur politischen Unterbestimmtheit von *Also sprach Zarathustra*, daß wir nichts darüber erfahren, wie Zarathustra seine Adressaten erreicht. Fährt er fort, auf öffentlichen Plätzen vor einer großen Zuhörerschaft zu sprechen? Oder umgibt ihn schon früh eine Schar von Anhängern, die ihm die «Vorrede» eintrug? Was bedeutete, daß die Rede zum Volk am Ende nicht der Fehlschlag gewesen wäre, als der sie Zarathustra erschien.[21] Dagegen teilt uns der Erzähler mit, daß sich Zarathustra, als er den Prolog «Von den drei Verwandlungen» sprach, in

20 I, 1, 1–26 (29–31). In den Versen 13 und 14 der sechsundzwanzig Verse umfassenden Rede I, 1, und nur in diesen beiden Versen, wird Gott jeweils einmal genannt.

21 Zarathustra wendet sich in der ersten Rede viermal mit «meine Brüder» an seine Zuhörer (I, 1, 18; 20; 23; 25). Aber er hatte diese Anrede davor schon einmal verwendet, als er auf dem Markt zum Volk sprach: «Ich beschwöre euch, meine Brüder, *bleibt der Erde treu* und glaubt Denen nicht, welche euch von überirdischen Hoffnungen reden!» Vorrede, 3, 9 (15).

der Stadt aufhielt, «welche genannt wird: die bunte Kuh». «Die bunte Kuh», die viermal erwähnt und als einzige Stadt namentlich genannt wird, bezieht Buddha, der eine Stadt gleichen Namens aufsuchte, in die Parodie mit ein, und erhöht abermals die Reichweite, die Nietzsches Gestus der Überbietung dem Gegen-Jesus zumißt.[22] Zwanzig der zweiundzwanzig «Reden Zarathustra's» von Teil I sind in der Stadt «die bunte Kuh» angesiedelt. Sie ist der Ort von Zarathustras erster Lehrtätigkeit. Bei der Lehre, die er für die Schüler entfaltet, handelt es sich im Kern um die futuristische Lehre vom Übermenschen als dem Sinn der Erde aus der «Vorrede». Aber Zarathustra geht jetzt anders vor. Nach der Parabel zum Weg des Philosophen (I, 1) beginnt er nicht noch einmal mit einem «Ich lehre euch den Übermenschen». Vielmehr macht er sich zunächst kundig, was der stärkste Konkurrent um die Aufmerksamkeit seines Adressaten zu bieten hat (I, 2). Zarathustra setzt sich «mit allen Jünglingen» vor den Lehrstuhl eines Weisen, den «man» ihm rühmte, weil er «gut vom Schlafe und von der Tugend zu reden wisse». Der Weise zieht, wie sich herausstellt, die Jungen an, da er nicht als Moralist auftritt, sondern die Tugenden im Hinblick auf das eigene Gute auslegt, dem sie zu dienen vermögen. Den verborgenen Sinn der christlichen Morallehre bestimmt der Weise als den «guten Schlaf», zu dem ihre Gebote und Verbote tatsächlich ebenso viele Mittel seien.[23] Zarathustra ist zuversichtlich, daß er seine Schüler einen besseren «Sinn des Lebens» zu lehren weiß – eine Fügung, der Zarathustra binnen weniger Jahrzehnte im deutschen Sprachraum zu allgemeiner Geläufigkeit verhelfen wird.[24] Wenn er in der ersten Rede, die die Doktrin der «Vorrede» wieder aufnimmt (I, 3), den «Sinn der Erde» einführt, läßt er seiner Lehre diesmal nicht nur eine ausdrückliche Kritik der Doktrinen

22 I, 1, 27 (31); I, 8, 1 (51); I, 22.1, 1 (97); III, 8.2, 33 (230). – «Buddha» wird in der Typologie des *Antichrist* eine bedeutende Rolle neben dem «Erlöser», «Paulus» und «Manu» zukommen: *Der Antichrist* 20 und 21 (p. 186–188).

23 Der Weise bezieht sich in seiner Auslegung der biblischen Moral und der christlichen Tugenden u. a. auf das achte, das sechste und das zehnte Gebot, auf Paulus' *Brief an die Römer* XIII, 1, *Psalm* XXIII, *Matthäus* V, 3: I, 2, 9; 10; 14; 15; 18 (32–33).

24 «Allen diesen gelobten Weisen der Lehrstühle war Weisheit der Schlaf ohne Träume: sie kannten keinen bessern Sinn des Lebens» I, 2, 32 (34). Cf. Hermann Oldenberg: *Buddha. Sein Leben, seine Lehre, seine Gemeinde*. Berlin 1881, p. 51; Platon: *Apologia Socratis* 40d.

der «Hinterweltler» vorausgehen, gegen die er den Leib und die Erde zu neuen Ehren bringen will, sondern er beginnt mit dem Bekenntnis: «Einst warf auch Zarathustra seinen Wahn jenseits des Menschen, gleich allen Hinterweltlern.» Er erklärt nicht mehr lakonisch, daß «Gott starb», sondern bezieht sich auf den Gott, an den er selbst früher glaubte und der jetzt bezeugen soll, daß Zarathustra weiß, wovon er spricht: «Ach, ihr Brüder, dieser Gott, den ich schuf, war Menschen-Werk und -Wahnsinn, gleich allen Göttern!» Die Ablösung der alten Doktrinen durch die Doktrin vom «Sinn der Erde» verbindet er mit der Lehre eines «neuen Stolzes» und eines «neuen Willens», die ihren Grund in der «jüngsten der Tugenden» haben: in der Redlichkeit.[25] Erst am Ende der darauffolgenden Rede (I, 4) und nach weiteren terminologischen Klärungen zur Unterfütterung der Doktrin fällt schließlich der Begriff, mit dem Zarathustra auf dem Markt abrupt begonnen hatte, der Übermensch.[26] Als Bindeglied zwischen dem «Sinn der Erde», dem letzten Wort von I, 3, und dem «Übermenschen», dem letzten Wort von I, 4, führt die vierte Rede das «schaffende Selbst» ein, das ausgehend vom Leib und dessen «grosser Vernunft» das Ich, die «kleine Vernunft» und den Willen in ein handlungsfähiges Ganzes, einen Zwecke setzenden und verfolgenden Akteur einbegreift. Das «Selbst» bietet Zarathustra gegen das «Gespenst» der Hinterweltler, gegen einen Geist oder eine Seele ohne Leib auf. Es ist Ausdruck von Zarathustras Rekurs auf die Physiologia. Wir können es als Übersetzung für die *individuelle Natur* in ihrer konkreten, sich während des Lebensgangs verändernden Ausprägung lesen. Das «Selbst» ist vermittels des Leibes auf die Erde und vermöge des Schaffens – denn über sich hinausschaffen, das «will es am liebsten, das ist seine ganze Inbrunst» – auf den Übermenschen verwiesen. Zarathustra hat in der Präsentation seiner Doktrin damit den Stand der «Vorrede» eingeholt: Das Selbst oder vielmehr diejenigen Selbste, die «gesund» sind und im Einklang mit ihrem wahren Willen über sich

25 I, 3, 1; 7; 18–22; 28; 33–34 (35–38).

26 Die Lehre vom Übermenschen wird in allen vier Teilen des Werks vorgetragen. Nachdem der *Übermensch* in «Zarathustra's Vorrede» fünfzehnmal vorkam, kommt er in den vier Büchern, in die das neue «Evangelium» (cf. Nietzsches Brief an seinen Verleger Schmeitzner vom 13. Februar 1883, *KGB* III 1, p. 327, und Nachgelassene Fragmente Sommer 1886–Frühjahr 1887 6 [4], *KSA* 12, p. 234) gegliedert ist, dreiunddreißigmal vor (I: zwölfmal; II: vierzehnmal; III: dreimal; IV: viermal).

hinausschaffen wollen, können «Brücken» sein zum Übermenschen, der als neue Spezies (wie in Vorrede, 3 zu Beginn) oder aber als «Blitz» (wie in Vorrede, 3 am Ende, 4 und 7), als ausgezeichneter Typus der Vortrefflichkeit ihrem Schaffen, ihrem Übersichhinausschaffen ein Ziel und ihrem Leben einen Sinn gibt.[27] Die Anwendung der Konzeption des «Selbst» auf die Tugenden und Leidenschaften (I, 5) verdeutlicht zum einen die Stoßrichtung gegen die gemein machenden Allgemeinbegriffe, zuallererst gegen das für alle gleichermaßen gültige Gesetz Gottes oder der Menschen und gegen die «Vernunft Aller». Hierher gehört die Ausrichtung der Tugenden, wenn nicht am eigenen, zumindest am selbstgewählten Guten und die Benennung eines höchsten Ziels, das die Leidenschaften in Dienst nimmt und ihnen eine Ordnung gibt. Zum anderen erlauben die Tugenden als Wege der Selbststeigerung und der Selbstüberwindung, die Hingabe heischen und Opfer gebieten, Zarathustra, vom «schaffenden Selbst» zu der Forderung zu gelangen und sie zu bekräftigen, von der die Rede zum Volk ihren Ausgang nahm: «Der Mensch ist Etwas, das überwunden werden muss: und darum sollst du deine Tugenden lieben, – denn du wirst an ihnen zu Grunde gehen.»[28] — Dem Aufruf zum Heroismus um des Übermenschen willen läßt Zarathustra keine Ankündigung des letzten Menschen folgen. Tatsächlich wird die «Lehre vom letzten Menschen» außerhalb der Vorrede nie wieder vorgetragen.[29] Statt dessen lenkt Zarathustra die Auf-

27 I, 3, 8; 9; 10; 16; 19; 33–34 (35–38). I, 4, 1–22 (39–41). – In den Reden I, 4 und I, 5, «Von den Verächtern des Leibes» und «Von den Freuden- und Leidenschaften», die eng zusammengehören, spricht Zarathustra den Adressaten anders als in den beiden vorausgehenden Lehrreden I, 1 und I, 3 nicht mit «meine Brüder», sondern durchgängig mit «mein Bruder» an. Der Leib vereinzelt. Er kann nicht mit anderen geteilt werden. – Das «Selbst», das in I, 4 als ein Terminus technicus auftritt, hat im weiteren Gang des Arguments keine tragende Funktion. In Teil III kommt es nur noch einmal (III, 1, 5) und in Teil IV gar nicht mehr vor. Die begrifflichen Unterscheidungen dienen der Kontrastierung, der Verdeutlichung einer Opposition, der Bezeichnung einer Stoßrichtung. Sie werden von der Absicht des Lehrers bei der Ansprache der Adressaten und den Erfordernissen ihrer Erziehung regiert. Sie sind Mittel der Verständigung und Ausrichtung, nicht Ausdruck einer zum Selbstzweck erhobenen Doktrin.

28 I, 5, 25 (44). Vorrede, 3, 2: «Der Mensch ist Etwas, das überwunden werden soll.» I, 5, 1–8; 12.

29 Der *letzte Mensch* kommt insgesamt zehnmal vor, davon neunmal in Vorrede, 5. Danach wird er nur noch einmal erwähnt, wenn Zarathustra in III, 12.27, 1 (267) auf das zurückblickt, was er «einst sagte vom ‹letzten Menschen›». Die Reaktion

merksamkeit der Schüler in einer provozierenden Attacke auf die Sachwalter der bestehenden Ordnung (I, 6), deren alleiniges Interesse, lange «und in einem erbärmlichen Behagen» zu leben, ihm «Ekel» bereite. Eher noch ist er gewillt, dem Verbrecher, angesichts des von der Gesellschaft nicht zu domestizierenden «Wahnsinns», die Kraft der Selbstunterscheidung zuzusprechen, die er in seiner Prophezeiung auf dem Markt für den «verächtlichsten Menschen» verneinte. Zarathustra tritt als Revolutionär auf. Seine futuristische Lehre ist dem Status quo feind. «Ich bin ein Geländer am Strome: fasse mich, wer mich fassen kann! Eure Krücke aber bin ich nicht.»[30] Der letzte Vers der sechsten Rede leitet über zur siebten, in der Zarathustra emphatisch von sich selbst spricht. Und hier geschieht etwas Unerwartetes, für die Schüler buchstäblich Unerhörtes. Zarathustra setzt sich schroff von den Menschen ab, die ihn umgeben (I, 7). Während er in der Parabel des Prologs, die von ihm und den wahren Gefährten handelte, seine «Brüder» in die Aussicht auf den Weg des Erkennenden einbezog, erklärt er jetzt, über alle hinaus zu sein und auf alle, die nicht gleich ihm die höchste Höhe zu erklimmen wissen, herabzusehen. Er bedient sich keiner Parabel, sondern scharfer Sentenzen, die geeignet sind, die große Mehrzahl der Zuhörer zu schockieren und die meisten Schüler zu verletzen. Zarathustra ist nicht länger «ein schwerer Tropfen aus der Wolke», die den Übermenschen ankündigt. Er hat die «Gewitterwolke» der Menschen, aus der der Blitz des Übermenschen kommt, unter sich. Er «lacht» über ihre «Schwärze und Schwere». Zarathustra spricht nicht mehr als Prophet vom drohenden Verhängnis oder als ein anderer Johannes von dem, dessen Kommen verheißen wurde. Er spricht als Philosoph, der in seiner Heiterkeit «über alle Trauer-Spiele und Trauer-Ernste» erhoben ist.[31] Die neue Höhe, aus der Zarathustra die Menschen, ihren Ernst, ihr

des Volkes auf seine Rede vom letzten Menschen hat Zarathustra darüber belehrt, daß der «letzte Mensch» nicht Gegenstand einer Prophezeiung ist.

30 I, 6, 1–3; 16; 23–27 (45–47). Cf. Anm. 11.

31 I, 7, 10–13 (48–49); Vorrede, 4, 22–23. – Die siebte Rede hat wie die erste sechsundzwanzig Verse. Während Zarathustra in I, 1 viermal die Anrede «meine Brüder» gebraucht, verwendet er in I, 7 keinerlei Anrede. Dafür beginnt er vier Verse mit *Ich*: I, 7, 9; 10; 22; 25. In den Reden davor hatte er nur zweimal Verse mit *Ich* begonnen; außer dem letzten Vers von I, 6 den letzten Vers von I, 4 (41): «Ich gehe nicht euren Weg, ihr Verächter des Leibes! Ihr seid mir keine Brücken zum Übermenschen!»

Größtes und ihr Schwerstes betrachtet, findet ihren Niederschlag in seinen Aussagen zu Gott und Teufel. In einem Vers hält er fest, von welcher Art ein Gott sein müßte, wenn er ihn als Gott anerkennen sollte: Er müßte zu tanzen verstehen. Im nächsten führt er den «Geist der Schwere» ein, den er zu seinem Teufel macht. Zwar wird der «Geist der Schwere», durch den «alle Dinge fallen», als Gegenspieler in einem andauernden Agon bis zum Ende Teil von Zarathustras Wirklichkeit sein. Doch schon bei der ersten Erwähnung bekundet er, den «Geist der Schwere» durch *Lachen* töten zu wollen, und keiner kann seinen Widersacher durch Lachen töten wollen, wenn er nicht glaubt, im letzten Ernst sich von ihm befreit und mithin Grund zu haben, über ihn zu lachen. Die siebte Rede bezeugt die alte Wahrheit, daß die Komödie der Sicht des Philosophen näher ist als die Tragödie. Im letzten Vers beansprucht Zarathustra, fliegen gelernt zu haben und sich selbst aus der Höhe, von oben, unter sich zu sehen. Er schaut auf seine Lehre herab und scheint über den Propheten hinaus zu sein. Zwei, nicht Eins.[32]

Die Rede «Vom Baum am Berge», in der Zarathustra zu einem Jüngling aus seinem Gefolge spricht (I, 8), stellt einen Wendepunkt dar und bringt die erste der drei Siebenergruppen der «Reden Zarathustra's» zum Abschluß. Es handelt sich um die erste Rede, die außerhalb der Stadt «die bunte Kuh» angesiedelt ist, um die erste, die mit Zarathustras Namen beginnt, und um die erste, die einen Dialog enthält.[33] Zarathustra verwickelt einen Schüler, den er durch seine Lehre verstört und, wie bald klar wird, gegen sich aufgebracht hat, in ein Gespräch. Er trifft ihn in den Bergen allein, an einen Baum gelehnt, «müden Blickes in das

32 «Jetzt bin ich leicht, jetzt fliege ich, jetzt sehe ich mich unter mir, jetzt tanzt ein Gott durch mich» I, 7, 26. I, 7, 22–25 (49–50); cf. Vorrede, 2, 4.

33 «Vom Baum am Berge» ist eine Parodie auf die Reden Jesu zu Nathanael und zum reichen Jüngling, *Johannes* I, 47–51 und *Matthäus* XIX, 16–22. – Die Reden von Teil I werden durch vier strategische Reden oder Brückenpfeiler in drei Siebenergruppen gegliedert: I, 1, «Von den drei Verwandlungen», I, 8, «Vom Baum am Berge», I, 15, «Von tausend und Einem Ziele», I, 22, «Von der schenkenden Tugend». Die Reden I, 1 und I, 15 finden innerhalb, die Reden I, 8 und I, 22 außerhalb der Stadt «die bunte Kuh» statt. I, 1 ist der eigentlichen Lehrtätigkeit Zarathustras als Prolog oder Prospekt vorangestellt. – Der Aufstieg, der sich in der ersten Siebenergruppe vollzieht, spiegelt sich in den Eröffnungen der ersten und der letzten der sieben Reden wider: «Man rühmte Zarathustra einen Weisen» (I, 2) – «Zarathustra's Auge hatte gesehn, dass ein Jüngling ihm auswich» (I, 8).

Thal» schauend. Wie bei der Rede auf dem Markt bedient sich Zarathustra einer ad hoc gewählten Metapher, die er danach ersetzt. Um den Schüler aus der Reserve zu locken, vergleicht er den Menschen mit einem Baum: «Je mehr er hinauf in die Höhe und Helle will, um so stärker streben seine Wurzeln erdwärts, abwärts, in's Dunkle, Tiefe, – in's Böse.» Mit dem *Bösen* trifft Zarathustra bei dem moralisch Aufgewühlten und tief Verunsicherten ins Schwarze. «Ja in's Böse!» bricht es zweimal aus ihm heraus. «Wie ist es möglich, dass du meine Seele entdecktest?» Der Jüngling bekennt, daß er sich selber nicht mehr traut und andere ihm ebenfalls nicht mehr trauen, seitdem er «in die Höhe will». Sein Versuch, Zarathustra nachzueifern, hat ihm eine Einsamkeit eingetragen, die ihn «zittern» macht. Je höher er steigt, um so mehr verachtet er sich, weil er zu keiner sicheren Erkenntnis, keiner für ihn lebbaren Wahrheit gelangt, und um so mehr sehnt er sich nach dem, was er nicht zu erreichen vermag. Der Vergleich mit Zarathustra verletzt seine Eigenliebe, weil er es dem Lehrer nicht gleichtun kann. Der Weg, den Zarathustra ihm wies, führt den Schüler in den Untergang. Der Neid zerstört ihn. «Wie hasse ich den Fliegenden! Wie müde bin ich in der Höhe!» Der «bitterlich» weinende Jüngling stellt Zarathustra die verheerende Wirkung vor Augen, die das Bild, das er in der siebten Rede von sich zeichnete, auf die Gefährten hat, die nicht von Zarathustras Art sind. Die Einsicht der Vorrede, daß er künftig besser «nicht zum Volke», sondern «zu Gefährten» rede, war nicht hinreichend. Wenn er nicht abermals scheitern soll, muß Zarathustra «die Gefährten» selbst unterscheiden und die beiden Arten von Schülern, die sich ihm angeschlossen haben, unterschiedlich ansprechen: die, welche seinem politischen Willen zu genügen, und die, welche den Weg des «Erkennenden» bis ans Ende zu gehen vermögen. Der Jüngling in «Vom Baum am Berge» repräsentiert die große Mehrzahl der Anhänger Zarathustras, die beim Versuch, ihm in seine «Höhe» zu folgen, Gefahr laufen, in blanken Zynismus oder kruden Hedonismus abzugleiten, wenn ihr Ressentiment sie nicht in die bittere Feindschaft der Apostaten treibt. Zarathustra begegnet der unmittelbaren Gefahr mit einer moralischen Ansprache. Er ermahnt den Schüler, sich von seinen «schlimmen Trieben» zu «reinigen»: «Deine wilden Hunde wollen in die Freiheit; sie bellen vor Lust in ihrem Keller, wenn dein Geist alle Gefängnisse zu lösen trachtet.» Er betont nicht mehr die Höhe, aus der er auf den Jüngling blickt, sondern beschwört ihn im Gegenteil bei seiner «Liebe und

Hoffnung», bei etwas Gemeinsamem, das beide verbinden soll: «wirf deine Liebe und Hoffnung nicht weg!» Vor allem aber führt er das «Edle» in seine Rede ein, das bis dahin in Zarathustras Lehre keine Erwähnung fand, und appelliert an den «Edlen», den «Helden» in seiner Seele nicht preiszugeben. «Halte heilig deine höchste Hoffnung!» Um die Edlen zu erreichen und sie auf den Heroismus seiner futuristischen Doktrin zu verpflichten, ist Zarathustra willens, als Lehrer der Liebe, der Hoffnung und des Heiligen zu sprechen.[34]

Was immer es mit der Enthüllung der siebten Rede am Ende auf sich hat, sie kommt für die Schüler vor der Zeit. Denn nach der Vorschau «Von den drei Verwandlungen» setzt der Wille des *Kindes* den Willen des *Löwen* und der Wille des Löwen den Willen des *Kamels* voraus. Den Leser von *Also sprach Zarathustra* mag die Dissoziation von Prophet und Philosoph, die das Kapitel «Vom Lesen und Schreiben» offenlegt, früh auf die grundsätzliche Spannung aufmerksam machen, die das gesamte Werk durchzieht. Sie droht indes, die Lehre für den «tragsamen Geist» zu unterminieren, bevor diese ihre Wirkung entfalten konnte, ja bevor Zarathustra sie überhaupt im Zusammenhang vorgetragen hat. Nach der Begegnung mit dem Jüngling richtet Zarathustra seine Lehrtätigkeit neu aus. Er beginnt mit der Abhärtung des Geistes (I, 9–11) und zielt auf die Reinigung der Seelen (I, 12–14) seiner Zuhörer. Die ersten drei Reden der zweiten Siebenergruppe handeln von der Politik, die folgenden drei von der Moral. Anders als in der ersten Siebenergruppe spricht Zarathustra jetzt zu zwei Adressaten eingedenk ihrer Verschiedenheit. Am augenfälligsten wird das in der mittleren der drei Reden über Leben und Tod, den Krieg und den Staat, in der er in beinahe ebenso vielen Worten zwei Arten von Gefährten unterscheidet und eine deutliche Hierarchisierung vornimmt. Zarathustra spricht die Adressaten als «meine Brüder im Kriege» an und wendet sich mit dieser

34 I, 8, 1; 6; 7–14; 19; 21–27; 35–36 (51–54). Die Rede, die Zarathustra nach dem Dialog an den Jüngling richtet, umfaßt 16 Verse (I, 8, 21–36). Darin verwendet er siebenmal *edel* und *Edler* und sechsmal *Hoffnung*. Zuvor war *edel* oder *Edler* nie vorgekommen. *Hoffnung* hatte Zarathustra einmal warnend («... glaubt Denen nicht, welche euch von überirdischen Hoffnungen reden!») und einmal auffordernd («Es ist an der Zeit, dass der Mensch den Keim seiner höchsten Hoffnung pflanze.») in der Rede zum Volk gebraucht: Vorrede, 3, 9 und 5, 7. – Beachte Nietzsches Analyse des historischen Erfolgs des Christentums in *Der Antichrist* 23 (p. 190–191).

Anrede an Teilnehmer in einem Krieg im gewöhnlichen Verstande wie in einem Krieg der Gedanken oder Argumente.[35] Für beide gilt: «Euren Feind sollt ihr suchen» und «Tapfer sein ist gut». Doch die gemeinsame Ausgangslage, die die gemeinsame Anrede erlaubt, kann nicht über die Rangordnung der Vermögen in Rücksicht auf das Wichtigste hinwegtäuschen, die Zarathustra scharf herausstellt: «Und wenn ihr nicht Heilige der Erkenntniss sein könnt, so seid mir wenigstens deren Kriegsmänner. Das sind die Gefährten und Vorläufer solcher Heiligkeit.» Daß Zarathustra die Erkennenden «Heilige der Erkenntniss» nennt, ist aus der Perspektive des zweiten Adressaten gesprochen, der den Sinn und die Rechtfertigung seines Tuns aus dem Dienst an einer höheren, heiligen Sache bezieht. Zarathustra hat aus dem Gespräch in den Bergen seine Lehren gezogen. Er versteht sich auf die edle Rede, in der die Liebe zur höchsten Hoffnung und die Heiligkeit eine prominente Rolle spielen. Es ist kein Zufall, daß er hier, und nur hier, von *Vornehmheit* spricht: «Eure Vornehmheit sei Gehorsam! Euer Befehlen selber sei ein Gehorchen!»[36] Den Beginn der Befehlskette läßt Zarathustra sowenig im unklaren wie die Zwecksetzung, der die Vornehmheit untergeordnet ist: «Euren höchsten Gedanken aber sollt ihr euch von mir befehlen lassen – und er lautet: der Mensch ist Etwas, das überwunden werden soll.»[37] Zarathustras erster Adressat ist der Erkennende oder der zukünftige Philosoph. Den zweiten können wir im Licht der Reden I, 8 und I, 10 und nach einer Unterscheidung, die Nietzsche in *Jenseits von Gut und Böse* ausdrücklich macht, um sie nie wieder aufzugeben, als die Vornehmen bezeichnen. Ein Beispiel für die gemeinsame Ansprache der Adressaten bietet die Rede über den Staat (I, 11), die die Philosophen und die Vornehmen gleichermaßen vor dem «kältesten aller kalten Ungeheuer» warnt, um die «Besieger des alten Gottes» vom Dienst am «neuen Götzen» abzuhalten und dem Leviathan die Tapfersten und

35 «Euren Feind sollt ihr suchen, euren Krieg sollt ihr führen und für eure Gedanken! Und wenn euer Gedanke unterliegt, so soll eure Redlichkeit darüber noch Triumph rufen!» I, 10, 7 (58).
36 I, 10, 19 (59). «Einem guten Kriegsmanne klingt ‹du sollst› angenehmer, als ‹ich will›. Und Alles, was euch lieb ist, sollt ihr euch erst noch befehlen lassen. / Eure Liebe zum Leben sei Liebe zu eurer höchsten Hoffnung: und eure höchste Hoffnung sei der höchste Gedanke des Lebens!» I, 10, 20–21 (59). Cf. I, 1, 4; 22 (29–31).
37 I, 10, 2; 4; 22 (58–60); cf. Anm. 28. Der letzte Vers von I, 10 lautet: «Ich schone euch nicht, ich liebe euch von Grund aus, meine Brüder im Kriege!»

Hingabebereitesten zu entziehen.[38] Dagegen wendet sich das zentrale Stück der zweiten Siebenergruppe (I, 12), mit dem Zarathustra in der Rede, nicht in der Tat, zum Marktplatz und zu den Possenreißern zurückkehrt, an den ersten Adressaten. Zarathustra fordert ihn nicht nur auf, sich dem Leviathan zu verweigern, sondern schon «den Markt» zu meiden: «Fliehe, mein Freund, in deine Einsamkeit!» Die Aufforderung zum Exodus aus der Gesellschaft eröffnet die Rede und wird in ihr dreimal wiederholt. Den Freund, an den sie ergeht, nennt Zarathustra «Liebhaber der Wahrheit». Die Einsamkeit, die ihm anempfohlen wird, ist in einem gewissen Sinn auch noch Gegenstand der anschließenden Reden I, 13 und I, 14.[39]

«Von tausend und Einem Ziele», der dritte Pfeiler in der Architektonik von Teil I, richtet sich an beide Adressaten. Aber die siebte Rede des zweiten Abschnitts (I, 15) ist für den vorzüglichen Adressaten von besonderem Interesse, da sie als einzige unter den «Reden Zarathustra's» das *politisch-philosophische Problem* beleuchtet, das im Hintergrund der Lehre vom Übermenschen steht, und in eins damit erhellt, was den Autor von *Also sprach Zarathustra* zu veranlassen vermag, «comme poète-prophète» zu sprechen.[40] Nietzsche läßt Zarathustra zu Beginn des Kapitels von sich sagen, was Homer zu Beginn der *Odyssee* von Odysseus sagt: «Viele Länder sah Zarathustra und viele Völker: so entdeckte er vieler Völker Gutes und Böses.» Er fügt hinzu: «Keine grössere Macht fand Zarathustra auf Erden, als gut und böse.»[41] Anders als

38 I, 11, 3; 15–17 (61–64). «Frei steht noch grossen Seelen ein freies Leben. Wahrlich, wer wenig besitzt, wird um so weniger besessen: gelobt sei die kleine Armuth! / Dort, wo der Staat aufhört, da beginnt erst der Mensch, der nicht überflüssig ist: da beginnt das Lied des Nothwendigen, die einmalige und unersetzliche Weise» I, 11, 31–32 (63).
39 I, 12, 1; 17; 18; 39 und 13 (65–68). «Wo die Einsamkeit aufhört, da beginnt der Markt; und wo der Markt beginnt, da beginnt auch der Lärm der grossen Schauspieler und das Geschwirr der giftigen Fliegen» I, 12, 3 (65). – In I, 10 lauten die Anreden: «meine Brüder im Kriege» (zweimal) und «meine Brüder»; in I, 11: «meine Brüder» (dreimal); in I, 12: «mein Freund» (viermal) und «du Liebhaber der Wahrheit». *Liebhaber der Wahrheit* kommt nur in I, 12 «Von den Fliegen des Marktes» vor.
40 Cf. Nietzsches Brief an Peter Gast (Heinrich Köselitz) vom 14. März 1885, *KGB* III 3, p. 21.
41 I, 15, 1 (74). Zarathustra «liest» Homers kai nóon égno im Sinne der Konjektur, die nóos durch nómos ersetzt.

Odysseus macht Zarathustra seine Entdeckung nicht auf Irrfahrten, die ihn über das Meer führen, sondern bei Erkundungen, die er in das Labyrinth der Geschichte unternimmt. Er betrachtet die Nomoi, die die Völker in ihrer Verschiedenheit feststellen und die im Widerstreit miteinander liegen, nicht synchron, sondern diachron und bringt sie auf einen gemeinsamen Nenner, der in der Natur begründet ist. «Leben könnte kein Volk, das nicht erst schätzte; will es sich aber erhalten, so darf es nicht schätzen, wie der Nachbar schätzt.» Um sich zu erhalten, muß das Volk sich nicht nur von anderen unterscheiden. Es bedarf ebenso und noch mehr der Selbstunterscheidung. Es muß sich in den Dienst einer höheren Sache stellen, sich durch seine Nomoi selbst in die Pflicht nehmen, über sich hinaus schaffen wollen. «Eine Tafel der Güter hängt über jedem Volke. Siehe, es ist seiner Überwindungen Tafel; siehe, es ist die Stimme seines Willens zur Macht.» Der *Wille zur Macht*, den Zarathustra hier einführt und nur dieses eine Mal im Ersten Teil erwähnt, spricht sich als *Wille zur Selbststeigerung* in den Zwecken und Wertschätzungen aus samt der mit ihnen verbundenen Gebote und Verbote, die diese Steigerung ins Werk setzen sollen. Der als Wille zur Selbststeigerung oder «Selbstüberwindung» verstandene Wille zur Macht geht auf die Festlegung von Gut und Böse und mißt allen Dingen einen Sinn zu. Nicht die Götter – die in «Von tausend und Einem Ziele» mit Schweigen übergangen werden – schaffen die Nomoi der Völker, sondern die Völker schaffen vermittels ihrer Nomoi die Götter. Den zentralen Befund seiner Forschungen stellt Zarathustra in die Mitte der Rede: Es sind die Menschen, die sich «alles ihr Gutes und Böses» gaben, und es ist der Mensch, der «erst den Dingen Sinn» schafft.[42] Dem Akt der Aufklärung folgt der Aufruf: «Schätzen ist Schaffen: hört es, ihr Schaffenden!» Die Schaffenden im höchsten Verstande sind die Schöpfer eines «Zieles», das das Leben und das Selbstverständnis eines Volkes bestimmt, einer Ordnung der Wertschätzungen, die es sich zu eigen macht.[43] Wer ihm als Schöpfer solcher Ziele im besonderen vor Augen

42 Die Verse 13 und 14 der 26 Verse umfassenden Rede lauten: «Wahrlich, die Menschen gaben sich alles ihr Gutes und Böses. Wahrlich, sie nahmen es nicht, sie fanden es nicht, nicht fiel es ihnen als Stimme vom Himmel. / Werthe legte erst der Mensch in die Dinge, sich zu erhalten, – er schuf erst den Dingen Sinn, einen Menschen-Sinn! Darum nennt er sich ‹Mensch›, das ist: der Schätzende.»

43 Vers 19 erklärt im ersten Satz resümierend: «Völker hängten sich einst eine

steht, gibt Zarathustra durch die Auswahl und die Charakterisierung der vier Völker zu erkennen, die er, unmittelbar bevor er den zentralen Befund mitteilt, als Beispiele dafür heranzieht, daß über jedem Volk «eine Tafel der Güter hängt». Für das erste und das letzte Volk, für Griechen und Deutsche, sind es Dichtungen, die *Ilias* und das *Nibelungenlied*, in denen sie sich selbst finden. Das zweite und das dritte, Perser und Juden, verweisen uns an Propheten. Die Perser, die er nicht namentlich erwähnt, nennt er das Volk, «aus dem mein Name kommt – der Name, welcher mir zugleich lieb und schwer ist». Zarathustra verbindet mit den Persern nicht die Herkunft, sondern allein der Name. Dagegen kommt der Schöpfer von *Also sprach Zarathustra* aus dem Volk, von dem Zarathustra sagt, es sei «schwanger und schwer von grossen Hoffnungen». Rückt das zweite Beispiel den Propheten Zarathustra ins Zentrum, so erinnert uns das vierte an den Dichter, der ihm den Namen und das Leben gegeben hat, wie Homer Odysseus und Achilles zum Leben erweckte. Jesus kam aus dem Volk, das Zarathustra als einziges «mächtig und ewig» nennt. Der Gegen-Jesus, der den Menschen zuruft «Bleibt der Erde treu» und sich anschickt, den Keim ihrer höchsten Hoffnung zu pflanzen, ist das Werk von Friedrich Nietzsche.[44] — Die Schaffenden im eminenten Sinn werden von Liebe bewegt. Zarathustra nimmt die Aussage des ersten Verses, daß er keine größere Macht auf Erden fand als Gut und Böse, im dreiundzwanzigsten Vers wieder auf: «Viele Länder sah Zarathustra und viele Völker: keine grössere Macht fand Zarathustra auf Erden als die Werke der Liebenden: ‹gut› und ‹böse› ist ihr Name.» Doch es gibt Liebende von unterschiedlicher Art. «Liebe» faßt, wie «Wille zur Macht», Auseinanderstrebendes in Eins zusammen, das näherer Bestimmung bedarf: Liebe, die herrschen, und Liebe, die erkennen will, den Willen, der der Welt einen verbindenden Sinn zu geben trachtet, und den Willen, der sie und sich selbst angemessen zu begreifen sucht. Zarathustra kann von «Liebenden» sprechen, weil er als Liebender und zu Liebenden in beiderlei Verstande spricht. «Von tausend und Einem Ziele» ruft die Liebenden, die herrschen und gehorchen wollen, auf, sich in den

Tafel des Guten über sich.» Der zweite nimmt die notwendige Unterscheidung vor: «Liebe, die *herrschen* will, und Liebe, die *gehorchen* will, *erschufen sich zusammen* solche Tafeln» (meine Hervorhebung).

44 I, 15, 9–12 (75); Vorrede, 3, 9 (15) und 5, 7 (19).

Dienst von Zarathustras futuristischer Lehre zu stellen und auf das Eine Ziel hin, an dem Einen Ziel mit zu schaffen, das der Erde ihren Sinn geben soll. «Tausend Ziele gab es bisher, denn tausend Völker gab es. Nur die Fessel der tausend Nacken fehlt noch, es fehlt das Eine Ziel. Noch hat die Menschheit kein Ziel.» Das Ziel, das nach Zarathustras Lehre die Menschheit zu konstituieren vermag, ist, wie wir aus den Reden davor und den Reden danach wissen, der Übermensch.[45] Um es aufzurichten und um es zu verwirklichen, bedarf es des «Feuers der Liebe» *und* des «Feuers des Zorns». Im Hinblick auf den adhortativen Zweck der Rede läßt Zarathustra an beiden Stellen, an denen er die größte Macht auf Erden heranzieht, den «Geist der Schwere» unerwähnt, den er, in die Einsamkeit zurückgekehrt, als seinen Erzfeind bezeichnen wird, um statt dessen die «Werke der Liebenden» herauszustellen, aus denen jene Macht erwächst. Für den Erkennenden beschränkt sich der Ertrag von Zarathustras Aufklärung nicht auf die Genese der Macht von Gut und Böse, die menschliche Schöpfung des Sinns aller Dinge, die fundamentale Bedeutung der Ziele für die Einrichtung der Völker.[46] Die Rede ist geeignet, ihm die Augen für das politisch-philosophische Problem zu öffnen, das auf Platons Lehre von der Philosophenherrschaft zurückgeht. Zarathustra zieht die Konsequenz aus der Platonischen Doktrin, die in ihrer universalen Ausrichtung der Selbstgenügsamkeit der partikularen Gemeinwesen grundsätzlich widerstreitet und geschichtlich über sie hinaus treibt. Wenn die Herrschaft der Besten einmal postuliert ist, oder wenn das Beste für den Menschen zum politischen Zweck erhoben wird, wird die Einigung der Menschheit unter Einem Ziel denkbar. Es ist nicht erst und nicht allein das Christentum mit seinem universalen

45 Der *Übermensch* kommt in I, 15 nicht vor, wohl aber wird er in I, 14 (einmal) und in I, 16 (zweimal) genannt. Tatsächlich ist I, 15 eine Scheidelinie in Rücksicht auf die Häufigkeit seiner Erwähnung. In den vierzehn Kapiteln davor wird *Übermensch* viermal, in den folgenden sieben Kapiteln wird er achtmal verwendet. Die Frequenz vervierfacht sich, nachdem das Eine Ziel eingeführt ist.

46 Die erste Anrede des Kapitels gilt dem Erkennenden: «Wahrlich, mein Bruder, erkanntest du erst eines Volkes Noth und Land und Himmel und Nachbar: so erräthst du wohl das Gesetz seiner Überwindungen und warum es auf dieser Leiter zu seiner Hoffnung steigt» I, 15, 8 (74). Die weiteren Anreden wenden sich durchweg an eine Mehrzahl: «ihr Schaffenden» (Verse 15 und 16), «ihr Brüder» (Vers 24) und «meine Brüder» (Vers 26).

Anspruch, das den Weg zurück zu den Völkern im Sinne der Rede I, 15 verlegt.[47]

Die Lehre vom Übermenschen, die Zarathustra nach dem politisch-philosophischen Höhepunkt des Ersten Teils vorträgt, stellt nicht auf die Menschheit und die Konvention ab, sondern kehrt zur Einsamkeit zurück und verweist auf die Natur. Die Selbststeigerung, nicht die Herrschaft der Besten ist das Thema von I, 16, die Selbststeigerung der Besten durch Fernstenliebe und vermittels der Herausforderung, die der selbstgewählte Freund bedeutet. Zarathustra ruft zur Fernstenliebe im Unterschied zur Nächstenliebe («eure schlechte Liebe zu euch selber») auf, um das Schaffen an der weitesten Perspektive auszurichten, und er lenkt die Aufmerksamkeit auf den Freund als die anspruchsvollste Verkörperung der Selbstliebe. «Der Freund sei euch das Fest der Erde und ein Vorgefühl des Übermenschen.» Schon in I, 14 hatte Zarathustra den Zuhörer aufgefordert, dem Freund «ein Pfeil und eine Sehnsucht nach dem Übermenschen» zu sein und «das ungebrochene Auge und den Blick der Ewigkeit» auf ihm ruhen zu lassen.[48] Als der nach Kräften fordernde Entwurf der Selbstliebe wird der Freund eine wichtige Station des Aufstiegs zum «Übermenschen», d. h. zur Verwirklichung des höchsten Typus. Als imaginiertes Alter ego ist er auch keineswegs eine Ablenkung auf dem Weg in jene Einsamkeit, zu der Zarathustra im Zentrum der zweiten Siebenergruppe riet. Doch nachdem Zarathustra dem «Bruder» in I, 16 empfohlen hat, sich einen Freund als Ebenbild seiner höchsten Aspirationen zu erschaffen, um sich selbst zu gewinnen, fragt er ihn in I, 17: «Willst du den Weg zu dir selber suchen? Zaudere

47 I, 15, 22–26 (75–76). Siehe Kapitel I, 1 im ganzen, das wie I, 15 sechsundzwanzig Verse hat, und beachte III, 12.2, 16–17 (248). – Zarathustra sprach bereits in I, 11 sein «Wort vom Tode der Völker»: «Irgendwo giebt es noch Völker und Heerden, doch nicht bei uns, meine Brüder: da giebt es Staaten.» «Dieses Zeichen gebe ich euch: jedes Volk spricht seine Zunge des Guten und Bösen: die versteht der Nachbar nicht. Seine Sprache erfand es sich in Sitten und Rechten. / Aber der Staat lügt in allen Zungen des Guten und Bösen» I, 11, 1; 2; 7–8 (61). Während Zarathustra sich in Vers 7 eines Anklangs an das Alte Testament bedient, verweist seine Wortwahl in Vers 8 auf das Neue Testament: *Jesaja* VII, 14 und *Apostelgeschichte* II, 4.

48 I, 16, 1; 4; 8; 12; 15; 19–20 (77–79). I, 14, 13–17 (72). – Das «ungebrochene Auge» und der «Blick der Ewigkeit» des Freundes bezeichnen den Gegenpol zum «Blinzeln» des letzten Menschen (Vorrede, 5, 13; 15; 22; 25). Siehe S. 22.

noch ein Wenig und höre mich.» Konnte der viermalige Appell in I, 12 «Fliehe, mein Freund, in deine Einsamkeit!» von den Zuhörern als uneingeschränkter Imperativ mißverstanden werden, so läßt Zarathustra jetzt keinen Zweifel daran, daß der Weg «in die Vereinsamung» nur wenigen möglich und den wenigsten zuträglich ist. In Erinnerung an das Gespräch mit dem Jüngling außerhalb der Stadt warnt Zarathustra den Schaffenden eindringlich, daß das Gewissen, die «Stimme der Heerde», ihm in seine Einsamkeit folgen und daß dessen letzter Schimmer auf seiner «Trübsal» nachglühen werde. Statt ihn zu ermuntern, den Weg zu sich selbst zu gehen, verlangt er von ihm, sein *Recht* und seine *Kraft* zu diesem Weg darzutun.[49] Und um seinen früheren Appell so scharf als möglich vor dem Mißverständnis eines Aufrufs zur allgemeinen Befreiung oder Selbstverwirklichung zu schützen, erhöht er die Anforderungen, denen der *Einsame* genügen, die Hürden, die der *Löwe* nehmen muß: «Frei nennst du dich? Deinen herrschenden Gedanken will ich hören und nicht, dass du einem Joche entronnen bist.» Nicht das Eine Ziel, das die Menschheit konstituiert, sondern der Gedanke, der den Einsamen zu Einem macht, steht in Rede. «Kannst du dir selber dein Böses und dein Gutes geben und deinen Willen über dich aufhängen wie ein Gesetz? Kannst du dir selber Richter sein und Rächer deines Gesetzes?» Zarathustra bereitet seinen vorzüglichen Adressaten auf die Verachtung und den Neid vor, die ihn erwarten, er führt ihm die Verfolgung, die Kreuzigung und den Scheiterhaufen vor Augen, die er von den «Guten und Gerechten» zu gewärtigen hat, und mahnt ihn, sich vor den «Anfällen» seiner Liebe in Acht zu nehmen: «Zu schnell streckt der Einsame Dem die Hand entgegen, der ihm begegnet.»[50] Daß der Natur nicht nur bei der Frage, wer den Weg in die Einsamkeit zu gehen vermag, sondern in Rücksicht auf die Lehre vom Übermenschen

49 «Bist du eine neue Kraft und ein neues Recht? Eine erste Bewegung? Ein aus sich rollendes Rad? Kannst du auch Sterne zwingen, dass sie um dich sich drehen?» I, 17, 6 (80); cf. I, 1, 24 (31) und I, 20, 8 (90).

50 I, 17, 9–13; 18–27 (81–82). «… je höher du steigst, um so kleiner sieht dich das Auge des Neides. Am meisten aber wird der Fliegende gehasst» I, 17, 20 (81); cf. I, 8, 14; 19 (52). «Und hüte dich vor den Guten und Gerechten! Sie kreuzigen gerne Die, welche sich ihre eigne Tugend erfinden, – sie hassen den Einsamen. / Hüte dich auch vor der heiligen Einfalt! Alles ist ihr unheilig, was nicht einfältig ist; sie spielt auch gerne mit dem Feuer – der Scheiterhaufen» I, 17, 23–24 (82); cf. *Menschliches, Allzumenschliches* 67 (*KSA* 2, p. 80).

insgesamt eine wichtige Rolle zukommt, unterstreichen zwei Reden zu Mann und Weib und Kind und Ehe (I, 18 und 20), die herausstellen, daß der Übermensch gezeugt und geboren werden muß. Zugleich zeigt der «Vernichter der Moral» (I, 19) an einem sinnfälligen Beispiel, daß er einer Einrichtung, die nur mehr einem «erbärmlichen Behagen» dient, eine neue Wahrheit zuzuweisen und einer auf Konvention beruhenden Institution eine tragfähige Grundlage zu geben weiß.[51] — Die beiden letzten Reden, die Zarathustra in der Stadt «die bunte Kuh» hält, behandeln den Anfang und das Ende des Lebens. Geburt und Tod werden zum Gegenstand des Willens, des Nachdenkens, der bewußten Entscheidung und Gestaltung erhoben. Der Aufforderung: «Nicht nur fort sollst du dich pflanzen, sondern hinauf!» (I, 20), folgt die Lehre: «Stirb zur rechten Zeit!» (I, 21). Beiden Reden ist gemeinsam, daß sie die Zuhörer wieder in eine menschheitliche Perspektive rücken und sie auf einen überindividuellen Zweck verpflichten. Sowohl das Gebot des «Hinaufpflanzens» als auch das Lob des «vollbringenden Todes», der den Lebenden «ein Stachel» und «ein Gelöbniss» werden soll, ist an anderen ausgerichtet. Die Proklamation des selbstgewählten Todes als Fest, bei dem der Sterbende «der Lebenden Schwüre» weiht, besiegelt die ganz auf die Zukunft gespannte Doktrin. «Wer ein Ziel hat und einen Erben, der will den Tod zur rechten Zeit für Ziel und Erben.» Es ist hier, am Ende von Zarathustras erster Lehrtätigkeit und im Zusammenhang mit dem Tod zur rechten Zeit, daß Nietzsche Zarathustra zum ersten und letzten Mal den Namen eines anderen Menschen nennen läßt: *Jesus*, «den die Prediger des langsamen Todes ehren», starb zu früh. Zarathustras blasphemische Erklärung für den Tod zur Unzeit lautet, daß Jesus «die Sehnsucht zum Tode» überfiel. «Wäre er doch in der Wüste geblieben und ferne von den Guten und Gerechten! Vielleicht hätte er leben gelernt und die Erde lieben gelernt – und das Lachen dazu!» Daß er zu früh starb, wurde «Vielen seitdem zum Verhängniss». Denn Jesus hatte keine Gelegenheit mehr, seine Lehre zu widerrufen.[52]

51 I, 18, 18–19 (85); I, 20, 5–10; 16; 25–28 (90–91). «Den Vernichter der Moral heissen mich die Guten und Gerechten» I, 19, 3 (87). Abgesehen von der uneigentlichen Verwendung im Vers davor («Moral» einer Geschichte) kommt *Moral* im gesamten Werk nur dieses eine Mal, d. h. nur in der Fügung *Vernichter der Moral* vor.

52 I, 21, 25–30 (95). «Glaubt es mir, meine Brüder! Er starb zu früh; er selber hätte

Ganz anders der Gegen-Jesus. Für ihn gibt es nichts zu widerrufen, und er scheint geradewegs auf einen «vollbringenden Tod» zuzusteuern, der geeignet wäre, seine Lehre mit einem weithin sichtbaren Ausrufezeichen zu versehen: «Also will ich selber sterben, dass ihr Freunde um meinetwillen die Erde mehr liebt; und zur Erde will ich wieder werden, dass ich in Der Ruhe habe, die mich gebar. / Wahrlich, ein Ziel hatte Zarathustra, er warf seinen Ball: nun seid ihr Freunde meines Zieles Erbe, euch werfe ich den goldenen Ball zu.» Doch dann vollzieht Zarathustra eine scharfe Wendung. Er bekennt, daß er «lieber als Alles» sehen will, wie die Empfänger seiner Lehre «den goldenen Ball werfen». Lieber als sterbend «der Lebenden Schwüre» zu weihen, will er «noch ein Wenig auf Erden» bleiben, um mit eigenen Augen zu *sehen*. Er gibt der Betrachtung den Vorzug vor dem Opfertod. Zarathustras Untergang, den die Vorrede zweimal, am Ende des ersten und am Ende des letzten Teils, in zwei gleichlautenden Versen ankündigte, wird aufgeschoben.[53]

Zarathustra bleibt auf Erden, aber nicht unter den Menschen. Am Ende des Ersten Teils sehen wir ihn die Stadt verlassen, und später erfahren wir, daß er zum zweiten Mal ins Gebirge hinaufgestiegen ist und sich in die Einsamkeit seiner Höhle zurückgezogen hat. «Viele, die sich seine Jünger nannten», begleiten ihn bis zu einem Kreuzweg, an dem Zarathustra mit einer letzten Lehrrede von ihnen Abschied nimmt. Die längste der «Reden Zarathustra's» ist neben «Vom Baum am Berge» als einzige außerhalb der Stadt «die bunte Kuh» angesiedelt. Wie die ersten beiden strategischen Reden (I, 1 und I, 8) handelt auch die vierte von den Gefährten, die Zarathustra jetzt, nachdem er die Lehre Jesu kontrastierend herangezogen hat, als «meine Jünger» anspricht. In ihrer Dreigliedrigkeit korrespondiert sie der Rede zum Volk auf dem Markt,

seine Lehre widerrufen, wäre er bis zu meinem Alter gekommen! Edel genug war er zum Widerrufen!» I, 21, 28 (95). Cf. Vorrede, 1, 1 und siehe S. 13–14 und 33–35.

53 I, 21, 1–2; 6; 8–9; 12; 34–36 (93–96). Vorrede, 1, 12 (12) und 10, 10 (28). – «Untergang» kommt in *Also sprach Zarathustra* siebzehnmal vor, wobei viermal von Zarathustras Untergang die Rede ist. «Zarathustra's Untergang» kann in der ersten Verwendung auch im Sinne von «Niedergang» oder Abstieg zu den Menschen gelesen werden (Vorrede, 1, 12; cf. III, 12.1, 2). Bei der Wiederholung des Verses am Ende der Vorrede, wenn der Abstieg aus dem Gebirge längst hinter Zarathustra liegt und sein Entschluß feststeht, sich Gefährten schaffen zu wollen, ist die alternative Lesart durch die Handlung überholt (Vorrede 10, 10; cf. III, 13.2, 61). Die dreizehn anderen Verwendungen von «Untergang» sind unzweideutig.

deren Verheißung sie wieder aufnimmt, um sie zu überbieten. «Von der schenkenden Tugend» (I, 22) ist unverkennbar eine Parodie auf die Reden, die Jesus an seine Jünger richtete. Nietzsche, der Zarathustra in ihr als einen «Freund des Alleingehens» charakterisiert, bringt uns zum Schluß deutlicher als je zuvor den Propheten Zarathustra zu Gehör. Der Prophet schlägt den Bogen zurück zur dritten strategischen Rede des Ersten Teils, «Von tausend und Einem Ziele».[54] Zarathustra beginnt mit einer allegorischen Deutung. Er erklärt das *Gold* des «goldenen Balls», den er den Jüngern zuwarf, und des «goldenen Griffs» an der Spitze des Stabs, den ihm die Jünger zum Abschied überreichen, zum «Abbild der höchsten Tugend». Dem Gold werde der höchste Wert beigemessen, weil es wie die höchste Tugend ungemein, unnützlich, leuchtend und mild im Glanze sei: «es schenkt sich immer». Die Wertschätzung des Goldes ist Ausdruck und bestimmt sich, oder soll sich bestimmen, nach Maßgabe der Wertschätzung der höchsten Tugend, die eine schenkende ist. Die höchste Tugend hat, recht verstanden, die Führung und entspringt dem Willen eines Liebenden. Vertritt der goldene Ball Zarathustras Lehre, so verweist der Stab mit dem goldenen Griff, an dem sich eine Schlange um die Sonne ringelt, auf das Hirtenamt, das die Jünger Zarathustra zusprechen. Von den beiden Tieren Zarathustras, dem Adler und der Schlange, wählen sie das, das die Klugheit symbolisiert und der Erde zugehört, nicht jenes, das den Stolz verkörpert und in die höchste Höhe fliegt.[55] Zarathustra legt den «goldenen Ball» in Übereinstimmung mit dem Bekenntnis der Vorrede als ein Geschenk seiner Liebe aus, und er bietet für den «goldenen Griff» die beste, d. h. die am meisten fordernde und fördernde Deutung an, wenn er auf die Jünger zugeht und ihnen sagt, er errate aus ihrer Gabe, daß sie «gleich» ihm nach der schenkenden Tugend trachteten. Er ermutigt ihren «Durst, selber zu Opfern und Geschenken zu werden». Er bestärkt mit anderen Worten den tragsamen Geist, sich das Äußerste aufzuladen. Dabei läßt

54 I, 22, 1 (95); II, 1, 1 (105). *Johannes* XIII, 33 – XVI, 33. Siehe Anm. 33.
55 Wir können nicht davon ausgehen, daß die Jünger von Zarathustras Vision aus der Vorrede Kenntnis hatten, die beide Tiere zum Himmel aufsteigen läßt: «Ein Adler zog in weiten Kreisen durch die Luft, und an ihm hieng eine Schlange, nicht einer Beute gleich, sondern einer Freundin: denn sie hielt sich um seinen Hals geringelt. / ‹Es sind meine Thiere!› sagte Zarathustra und freute sich von Herzen» Vorrede, 10, 1–2 (27). Cf. I, 7, 10–13; 25–26 (48–50) und I, 8, 14 (52) sowie I, 17, 20 (81).

er keinen Zweifel aufkommen, daß es sich bei der schenkenden Tugend, die er lehrt, um keine «selbstlose» Tugend handelt. Dem Geben liegt ein Nehmen voraus: «Ihr zwingt alle Dinge zu euch und in euch, dass sie aus eurem Borne zurückströmen sollen als die Gaben eurer Liebe. / Wahrlich, zum Räuber an allen Werthen muss solche schenkende Liebe werden; aber heil und heilig heisse ich diese Selbstsucht.» Der «heilen» und reichen Selbstsucht der «schenkenden Seele», die im Unterschied zur «kranken» und armen Selbstsucht nicht eng und klein, sondern weit und groß macht, weist er das Ziel, das er zu Beginn der «Vorrede» für den Menschen ausgab: «Aufwärts geht unser Weg, von der Art hinüber zur Über-Art.» Wir scheinen wieder bei der Präsentation des Übermenschen als einer neuen Spezies angekommen zu sein. Oder sollte die Über-Art gerade keine – Art sein? Ans Ende des ersten Teils stellt Zarathustra eine Erläuterung der «neuen Tugend», die Einblick in sein Selbstverständnis gibt: «ein herrschender Gedanke ist sie und um ihn eine kluge Seele: eine goldene Sonne und um sie die Schlange der Erkenntniss». Die Schlange, die Zarathustra einzig in dieser zur Selbst-Auslegung gewendeten Auslegung des «goldenen Griffs» als die *Schlange der Erkenntnis* namhaft macht, ist nicht wesentlich auf die Zukunft der Menschheit verwiesen.[56] — Den zweiten Teil der Rede eröffnet Zarathustra mit einem Appell, der wörtlich an die Rede auf dem Markt anknüpft und um des großen Zieles der endlichen Sinngebung willen abermals die Dienstbarkeit der Erkenntnis proklamiert: «Bleibt mir der Erde treu, meine Brüder, mit der Macht eurer Tugend! Eure schenkende Liebe und eure Erkenntniss diene dem Sinn der Erde!» Alles Sinnen und Trachten soll darauf gerichtet sein, die «heilige Selbstsucht» muß ihre Erfüllung darin finden, das größte Opfer darf dafür verlangt werden, daß der Erde der «Menschen-Sinn» geschaffen wird, der ihr fehlt. Dreimal beschwört Zarathustra in rascher Folge den Sinn der Erde, der seit der «Vorrede» der Fluchtpunkt seiner Lehre gewesen ist. Dabei spricht er, im Zentrum der Rede, zum ersten Mal die retrograde Konsequenz der futuristischen Konzeption aus: «Noch kämpfen wir Schritt um Schritt mit dem Riesen Zufall, und über der ganzen Menschheit waltete bisher noch der Unsinn, der Ohne-Sinn.» Der Aufruf, den Menschen-Sinn zu schaffen, ist wesentlich ein Aufruf, den Menschen-Unsinn zu überwinden. Der Prophet versucht, mit der

56 I, 22.1, 2–10; 14; 21; 25 (97–99). Beachte «Vom Biss der Natter», I, 19, 1–3 (87).

Macht über die Zukunft Macht über die Vergangenheit zu gewinnen. Zarathustras Doktrin des Schaffens teilt das Pathos des alles entscheidenden Umschwungs, der in der Zukunft statthaben, des großen Bruchs, der die bisherige Geschichte der Menschen im allgemeinen und der Philosophen im besonderen überholen soll, mit den geschichtsphilosophischen Programmen der abtrünnigen Jünger Hegels, von der Ausrufung einer Philosophie der Tat, über die Forderung, die Religion mit der Philosophie der Zukunft zu fusionieren, bis zum Postulat des Praktischwerdens der Philosophie zum Zweck der Weltveränderung, das die Elfte These über Feuerbach bündig zum Ausdruck bringt.[57] Zarathustra legiert das Pathos des geschichtsphilosophischen Aktivismus mit den Obertönen des parodierten Christentums. So läßt er an die «Einsamen», die er zum Exodus aus Staat und Gesellschaft aufgerufen hat, die «gute Botschaft» ergehen: «Ihr Einsamen von heute, ihr Ausscheidenden, ihr sollt einst ein Volk sein: aus euch, die ihr euch selber auswähltet, soll ein auserwähltes Volk erwachsen: – und aus ihm der Übermensch.» An die Stelle des von Gott auserwählten Volkes, aus dem der Messias hervorgehen sollte, tritt die Verheißung des selbsterwählten Volkes in der Nachfolge Zarathustras, das den Übermenschen hervorbringen wird samt dem «Heil» und der «neuen Hoffnung», die sich mit ihm verbinden. Da die Einsamen im anspruchsvollen Verstande niemals ein Volk bilden werden, ist die Verheißung offenbar an die Mehrzahl der Jünger gerichtet, ein Versprechen an die Vornehmen, die sich als Vorhut der erst noch zu schaffenden Menschheit verstehen können. Denn die Völker hat Zarathustra mit den ihnen besonderen Göttern der Vergangenheit überantwortet. Er verliert kein Wort darüber, wo das verheißene Volk der Vornehmen sich sammeln und wie es eingerichtet werden kann. Die politische Botschaft – wofern wir Zarathustras «gute Botschaft» eine politische nennen dürfen – beschränkt sich am Ende auf das Pflanzen einer *Hoffnung*. Das letzte Wort des zentralen kehrt in der Prophetie des abschließenden Teils der Rede wieder, wenn Zarathustra

57 Cf. inter alia August von Cieszkowski: *Prolegomena zur Historiosophie*. Berlin 1838, p. 151–154; Moses Hess: *Die europäische Triarchie*. Leipzig 1841, p. 24–32, 39; Ludwig Feuerbach: *Grundsätze der Philosophie der Zukunft*. Winterthur 1843, § 66 (p. 84); Karl Marx: *Zur Kritik der Hegel'schen Rechts-Philosophie. Einleitung*, in: Deutsch-Französische Jahrbücher 1/2, 1844, p. 78 und 85 in fine (*MEGA* I 2, p. 176 und 183).

den Jüngern in Aussicht stellt, daß sie ihm einst «Freunde» und «Kinder Einer Hoffnung» geworden sein werden: «dann will ich zum dritten Male bei euch sein, dass ich den grossen Mittag mit euch feiere». In dem welthistorischen Ereignis des großen Mittags, das der Gegen-Jesus in eins mit seiner zweiten Wiederkunft prophezeit, kulminiert die futuristische Lehre, die die Erwartungen des aktivistischen wie des eschatologischen Glaubens aufnimmt. Zarathustra umkreist das zukünftige Ereignis in drei Annäherungen: Der *große Mittag* ist der ausgezeichnete Zeitpunkt, da (1) «der Mensch auf der Mitte seiner Bahn steht zwischen Thier und Übermensch und seinen Weg zum Abende als seine höchste Hoffnung feiert», da (2) «sich der Untergehende selber segnen» wird, «dass er ein Hinübergehender sei», und «die Sonne seiner Erkenntniss» ihm «im Mittage» steht, da (3) «unser letzter Wille» einst lauten soll: *«Todt sind alle Götter: nun wollen wir, dass der Übermensch lebe»*. Der große Mittag scheint die höchste Hoffnung, das höchste Opfer, die höchste Erkenntnis und die höchste Entscheidung zu vereinen. Aber was wird die Erkenntnis am großen Mittag, die Zarathustra ins Zentrum stellt, der Erkenntnis des Propheten hinzufügen, der den großen Mittag verkündet? Hat die Sonne seiner Erkenntnis in der Prophetie des entscheidenden Umschwungs noch nicht ihren höchsten Stand erreicht? Kann sie, was das Wichtigste angeht, überholt werden – und mit ihr die ganze Lehre, die er dem Menschen zum Geschenk macht? Oder steht für ihn einzig die Erkenntnis aus, welches Ergebnis der Versuch haben wird, den er mit der Menschheit unternimmt? Ob sie mit ihrem «letzten Willen», ohne Götter und im Advent des Übermenschen, wahrhaft zu leben, ihre höchsten Möglichkeiten zu verwirklichen vermag? Oder ob sie untergeht? Gewiß ist, daß Zarathustra sich bis zuletzt als Vorläufer des Übermenschen präsentiert, dem die Zukunft gehört, d. h. bis zum Ende von Nietzsches *Buch für Alle und Keinen*, von dem der Leser bei der Veröffentlichung nicht wissen konnte, daß weitere Teile folgen würden, da der Erste Teil nicht als Erster Teil gekennzeichnet war. Auch für den großen Mittag verheißt Zarathustra nur die Hoffnung auf den Übermenschen, nicht dessen Gegenwart.[58] — Die Doktrin vom Übermenschen als dem Sinn der Erde ist an den Geist gerichtet,

58 I, 22.2, 2; 4; 8; 9; 13–15 (99–101). I, 22.3, 11–14 (102). Siehe Vorrede, 3, 2 (14); 6, 1 (21); 7, 3 (23); beachte *Morgenröthe* 146, 429, 501 (p. 137–138; 264–265; 294) und *Ecce homo* III, Menschliches, Allzumenschliches 6 in fine (p. 328).

«dem Ehrfurcht innewohnt». Zarathustras erste Lehrtätigkeit zielt darauf, Jünger zu schaffen und sie auf der Stufe des *Kamels* zu unterweisen. Aber in der Abschiedsrede am Kreuzweg außerhalb der Stadt bedeutet er jenen, die ihm gefolgt sind, daß sie über die Verwandlung zum Kamel hinausgelangen müssen, wofür die Trennung vom Lehrer unabdingbar ist. Er wird – anders als Jesus – *alleine* gehen, und sie sollen – anders als die Jünger Jesu – desgleichen *alleine* gehen. Mehr noch, er fordert sie auf, sich gegen ihn zu wehren, um einen eigenen Stand zu gewinnen. «Vielleicht betrog er euch.» Den Begabtesten unter ihnen stellt er ein letztes Mal den «Menschen der Erkenntniss» vor Augen, der, im Unterschied zum politischen Menschen, «nicht nur seine Feinde lieben, sondern auch seine Freunde hassen können» muß.[59] Allen ruft er zu: «Ihr sagt, ihr glaubt an Zarathustra? Aber was liegt an Zarathustra! Ihr seid meine Gläubigen: aber was liegt an allen Gläubigen!» Die Verwandlung zum *Löwen* verlangt die Überwindung des Glaubens, die Befreiung vom Gehorsam – aus eigener Einsicht. Zarathustra kann nicht im Ernst erwarten, daß sein abschließender Appell die Schar seiner Jünger zu selbständigen Denkern machen wird: «Nun heisse ich euch, mich verlieren und euch finden; und erst, wenn ihr mich Alle verleugnet habt, will ich euch wiederkehren.» An wen also richtet sich dieser Appell? Der Satz, der vorausgeht, «Man vergilt einem Lehrer schlecht, wenn man immer nur der Schüler bleibt», ist jedenfalls die Exhortatio eines Philosophen, nicht die Weisung eines Propheten, der der «Kinder Einer Hoffnung» bedarf, um die alles entscheidende Veränderung in der Geschichte der Menschheit ins Werk zu setzen. Zwei, nicht Eins.[60]

59 Cf. Platon: *Politeia* 332d und *Kleitophon* 410a–b.

60 I, 22.3, 2–10 (101–102); I, 1, 2–4 (29). Cf. *Matthäus* X, 33; *Markus* VIII, 38 und siehe Anm. 54.

> Meine Formel für die Grösse am Menschen ist *amor fati*: dass man Nichts anders haben will, vorwärts nicht, rückwärts nicht, in alle Ewigkeit nicht.
>
> Friedrich Nietzsche: *Ecce homo*

II

Der Widerstreit von Prophet und Philosoph tritt im Zweiten Teil offen zutage, in dem die Weisheit ins Zentrum rückt und die Lehre vom Übermenschen in die Krisis gerät. Lange bevor das Drama, das mit Zarathustras Entschluß begann, den Menschen ein Geschenk zu bringen, seine Peripetie erreicht, kann sich der Leser von Zarathustras Zerrissenheit überzeugen. «Das Kind mit dem Spiegel» (II, 1) zeigt uns einen Einsiedler, von dem nicht mehr gesagt wird, daß er «seines Geistes und seiner Einsamkeit genoss», sondern über den der Erzähler zu berichten weiß, daß er «voll von Ungeduld und Begierde» war «nach Denen, welche er liebte: denn er hatte ihnen noch Viel zu geben». Zarathustra ist nicht dort, wo er sein will, und er lebt nicht so, wie er leben möchte. Mit der Selbstgenügsamkeit des Erkennenden ist es bei ihm nichts. Der Seher sehnt sich nach Wirksamkeit. «Monde und Jahre» wartet er auf die endliche Rückkehr zu den Menschen, denen er sich, wie wir jetzt sehen, um seiner Mission willen für unbestimmte Zeit entzog. Die Weisheit, die während seines zweiten Aufenthalts im Gebirge bei ihm wächst und ihm «Schmerzen durch ihre Fülle» bereitet, drängt wie die Weisheit am Beginn der Vorrede zur Mitteilung. Der «Säemann» Zarathustra befreit sich aus dem quälenden Zustand, in dem ihn das Warten auf die Früchte seiner Saat hält, durch eine Traumdeutung, mit der er sich zuruft: «meine *Lehre* ist in Gefahr, Unkraut will Weizen heissen!» Bis dahin hat Zarathustra nur von der Lehre jenes anderen Sämanns gesprochen, der zur Unzeit gestorben war und so «Vielen» zum Verhängnis wurde. Von der eigenen Lehre spricht er zum erstenmal in der ersten Rede des Zweiten Teils. Mit ihr tritt er nicht vor die Sonne hin, sondern wendet sich «schon vor der Morgenröthe» an sein Herz. Im Traum hatte ihn ein Kind aufgefordert, sich im Spiegel anzuschauen, und was Zarathustra darin sah, war «eines Teufels Fratze und Hohnlachen». Dem Lehrer, der sein Selbstverständnis aus der Lehre bezieht und dessen Begehren auf die Lehre gerichtet ist, liegt nichts näher, als «Zeichen und Mahnung» des Traums auf die Lehre zu beziehen: «Meine Feinde sind mächtig worden und haben meiner Lehre Bildniss entstellt, also, dass meine Liebsten sich der Gaben schämen müssen, die ich ihnen gab. / Verloren giengen mir meine Freunde; die Stunde kam mir, meine Verlornen zu suchen!» Der alternativen Deutung, daß er im Spiegel den «Geist der Schwere» gesehen haben könnte, der seiner Lehre vom Übermenschen als dem Sinn der Erde innewohnt, und nicht ein Zerrbild, das seine Feinde von ihr verbreiten, schenkt Zarathustra keine Beachtung, obgleich die selbstkritische Auslegung ihm nicht weniger Grund gäbe, vom Gebirge herabzusteigen und die Lehrtätigkeit neu zu beginnen. Die Aufgabe, der Lehre beizustehen, die sich nicht selbst zu helfen weiß, ist der ersehnte Ruf. Zarathustra springt von seinem Lager auf «nicht wie ein Geängstigter, der nach Luft sucht, sondern eher wie ein Seher und Sänger, welchen der Geist anfällt». Nicht anders als zu Beginn der Vorrede wird Zarathustra von Sehnsucht und Hoffnung bestimmt. Wiederum folgt er dem Vorschein eines zukünftigen Glücks. Und nach den Entbehrungen der Trennung bringt er noch lebhafter zum Ausdruck, was den Propheten bewegt und erfüllt: «Zu meinen Freunden darf ich wieder hinab und auch zu meinen Feinden! Zarathustra darf wieder reden und schenken und Lieben das Liebste thun!» Der Rückzug am Ende des Ersten Teils entsprang nicht der Neigung zum Alleingehen, sondern gehorchte einem Sollen, einer selbstauferlegten Pflicht. Die Aussicht, tun zu *dürfen*, was er tun *will*, läßt Zarathustra jubilieren: «Wie ein Schrei und ein Jauchzen will ich über weite Meere hinfahren, bis ich die glückseligen Inseln finde, wo meine Freunde weilen: – / Und meine Feinde unter ihnen!» Die Einsamkeit und das Schweigen waren für den Propheten eine Last, die jetzt von ihm abfällt. Aber alle Anzeichen deuten darauf hin, daß das «Jüngste», das Zarathustras «wilde Weisheit» auf den Bergen gebar, daß die «neue Rede», die er zu Tale zu tragen gedenkt, die Rede eines Philosophen sein wird und daß sie für zukünftige Philosophen bestimmt ist. Seine «Löwin Weisheit» will auf den glückseligen Inseln zu Löwen sprechen. Auch wenn er unter seinen Jüngern keine Löwen finden sollte, hat seine Rede gleichwohl Löwen, nicht länger Kamele zum Adressaten.[61]

Die Jünger, die Zarathustra auf den glückseligen Inseln antrifft, sind keine Löwen. Sie haben sich in den Jahren seiner Abwesenheit nicht über die Stufe des Kamels erhoben. Es gibt auch keine Anhaltspunkte dafür, daß sie ihren Meister allesamt verleugnet hätten, wie er es vorhersagte, als er ihnen seine Wiederkunft verhieß. Tatsächlich erfahren wir über Geschick und Verfassung der Jünger zunächst wenig, und das Wenige, das wir erfahren, müssen wir aus Zarathustras Reden erschließen. Wo und zu wem er im Zweiten Teil spricht, geht aus den ersten beiden Reden hervor, die zusammengenommen den Prolog bilden. Es ist, genauer gesagt, ein einziger Vers des ersten in Verbindung mit der Überschrift des zweiten Kapitels, woraus wir entnehmen können, daß Zarathustra sich im zweiten Akt des Dramas auf den glückseligen Inseln befindet und sich an seine Jünger wendet. Im vierten Kapitel, in dem er zum erstenmal von den Jüngern des Erlösers spricht, werden seine Freunde zum erstenmal wieder seine Jünger genannt.[62] Wir wissen also, daß die Jünger zumindest eine Aufforderung Zarathustras beherzigten. Sie zogen aus der Stadt aus. Sie begaben sich auf entfernte Inseln, in Gefilde, in denen die klassischen Paradiese und die modernen Utopien angesiedelt sind. Wir wissen nicht, ob das auserwählte Volk, das Zarathustra prophezeite, dort schon aus ihnen erwachsen oder ob es noch im Entstehen begriffen ist. Aber in jedem Fall sollten wir erwarten, daß von den Jüngern, die sich an Einem Ort versammelt haben, ein

61 II, 1, 1–10; 14; 20; 22; 29–33 (105–108); Vorrede, 1, 5; 9–11 (11–12); I, 21, 25–28 (95); cf. I, 7, 23 (49). *Markus* IV, 2–20. – Zum Motto, das er dem Zweiten Teil voranstellt (es ist den Versen I, 22.3, 9–10 entnommen), schreibt Nietzsche am 13. Juli 1883 an Peter Gast erläuternd: «aus ihm ergeben sich, was dem Musiker zu sagen fast unschicklich ist, andre Harmonien und Modulationen als im ersten Theile. / In der Hauptsache galt es, *sich auf die zweite Stufe zu schwingen*, – um von dort aus noch die *dritte* zu erreichen (deren Name ist: ‹Mittag und Ewigkeit›: das sagte ich Ihnen schon einmal? Aber ich bitte Sie inständig, davon gegen Jedermann zu schweigen! Für den dritten Theil will ich mir Zeit lassen, vielleicht *Jahre* –)» *KGB* III 1, p. 397.

62 II, 1, 22 (107) und II, 2, Überschrift: «Auf den glückseligen Inseln» (109). II, 4, 1; 8–9; 20; 23; 25 (117–119). – Der Zweite Teil ist anders als der Erste Teil nicht in einen Prolog (I, 1) und drei Siebenergruppen (I, 2–8; 9–15; 16–22), sondern in einen Doppel-Prolog (II, 1–2) und vier Fünfergruppen (II, 3–7; 8–12; 13–17; 18–22) gegliedert.

prägender Einfluß ausgeht. Es gehört zu den bemerkenswerten Befunden des Zweiten Teils, daß die Verhältnisse auf den glückseligen Inseln sich von jenen in der Stadt «die bunte Kuh» nicht wesentlich unterscheiden. Wir begegnen den «Guten und Gerechten» ebenso selbstverständlich wieder wie dem «Gesindel». Auf den glückseligen Inseln gibt es Bettler und allem Anschein nach Priester und Kirchen, christliche Priester. Keine paradiesischen Zustände, nichts von einer Annäherung an eine Utopie der Vornehmen. Wenn die Lehrtätigkeit des Ersten Teils auf die Veränderung der Menschheit zielte und Zarathustra die Hoffnung auf die Errichtung einer neuen Ordnung gehegt haben sollte, dann bezeugt der Zweite Teil, daß er mit der beabsichtigten Umgestaltung keinen Schritt vorangekommen ist. Die Erziehung der Jünger war ein politischer Fehlschlag. — Der Leser, der die Reden Zarathustras zu seinem Herzen und seinen Tieren aus der ersten Hälfte des Doppel-Prologs (II, 1) vor Augen hat, kann in der zweiten Hälfte, der Rede zu den Freunden auf den glückseligen Inseln (II, 2), die wichtigsten Antworten auf die Fragen erkennen, weshalb Zarathustra seine Lehre in Gefahr sieht und was es mit dem «Jüngsten» seiner «wilden Weisheit» auf sich haben mag. Die erste Gefahr für seine Lehre oder die erste Gefahr seiner Lehre liegt in der Verwirrung des Übermenschen mit dem christlichen Gott. Der Übermensch soll an die Stelle Gottes treten, aber er soll nicht seine Stellung einnehmen; er soll Nachfolger des monotheistischen Gottes sein, ohne in seiner Nachfolge zu stehen; er soll die Autorität Gottes ablösen, aber sie nicht beanspruchen. Haarfeine Unterscheidungen, wie es scheint, die einen Unterschied im Ganzen machen. Zarathustras Lehre bewegte sich von Anfang an auf einem sehr schmalen Grat. Es bedurfte nicht erst wohlmeinender Freunde oder übelwollender Feinde, um sie zu einer neuen Glaubenslehre zu erheben. Der Prophet selbst hatte alles dafür getan, als er den Übermenschen in eine eschatologische Perspektive rückte und zum Sinn der Erde ausrief. Die zweite Hälfte des Prologs nimmt eine Korrektur vor. Zarathustra stellt der neuen Lehrtätigkeit eine Rede voran, die die Gewichte anders verteilt und in die Klärung eintritt, die bis dahin ausstand. Er beginnt mit einer knappen Rekapitulation: «Einst sagte man Gott, wenn man auf ferne Meere blickte; nun aber lehrte ich euch sagen: Übermensch.» Dann versucht er, der Verwirrung in drei aufeinanderfolgenden Abschnitten der Rede zu steuern, die von Gott in ständiger Rücksicht auf den Übermenschen, Zarathustra, den Erkennenden und den Schaffenden handeln und an deren Spitze jeweils der Satz steht: «Gott ist eine Muthmaassung». Im ersten Abschnitt ermahnt Zarathustra die Jünger, ihr Mutmaßen solle nicht weiter reichen, als ihr schaffender Wille reicht. Er gebietet ihnen, wenn sie keinen Gott zu schaffen wissen, von allen Göttern zu schweigen. Den Übermenschen dagegen, der kein Gott ist, könnten sie schaffen. «Nicht ihr vielleicht selber, meine Brüder! Aber zu Vätern und Vorfahren könntet ihr euch umschaffen des Übermenschen: und Diess sei euer bestes Schaffen!» Der Appell, sich als Schaffende zu verstehen und an einem geschichtlichen Prozeß mitzuwirken, aus dem der Übermensch hervorgeht, zu dem sie sich «vielleicht» nicht selbst umzuschaffen vermögen, richtet sich an den weiter gefaßten Adressaten der Rede. Anders der zweite Abschnitt, in dem Zarathustra die Zuhörer auffordert, ihr Mutmaßen in den Grenzen der Denkbarkeit zu halten. Zarathustra führt den *Willen zur Wahrheit* ein und wendet sich – im Zentrum der drei Teile – ausdrücklich an die Erkennenden. Der Wille zur Wahrheit soll den Erkennenden bedeuten, «dass Alles verwandelt werde in Menschen-Denkbares, Menschen-Sichtbares, Menschen-Fühlbares! Eure eignen Sinne sollt ihr zu Ende denken!» Die «Muthmaassung» Gott in den Grenzen der Denkbarkeit zu halten, einen Gott zu *denken*, heißt, sich weder dem Unbegreiflichen zu ergeben noch ins Unvernünftige zu entfliehen, sondern das Äußerste aufzubieten, was dem Menschen als Menschen zu Gebote steht. Der Wille zur Wahrheit ist nicht mit der Unterordnung unter die Autorität der Offenbarung zu vereinbaren. Am Ende des zweiten Abschnitts gibt Zarathustra zum erstenmal das Jüngstgeborene seiner Löwin Weisheit zu erkennen. Mit einer ironischen Wendung verkündet er nach der Inanspruchnahme des Willens zur Wahrheit den Syllogismus des postulatorischen Atheismus: «Aber dass ich euch ganz mein Herz offenbare, ihr Freunde: *wenn* es Götter gäbe, wie hielte ich's aus, kein Gott zu sein! *Also* giebt es keine Götter.» Der kognitive Status dieses Schlusses entspricht dem des entgegengesetzten Schlusses, den der postulatorische Theismus zieht. Weder der eine noch der andere Schluß besagt etwas über die Wahrheit der Götter. Aber der eine wie der andere sagt Wichtiges über den aus, der den Schluß zieht und von dem Schluß gezogen wird: Zarathustra der Erkennende kann sich nicht damit begnügen, Herold und Vorläufer des Übermenschen zu sein. Wie hielte er's aus, bedeutet er den Jüngern, kein Übermensch zu – werden? Der dritte Abschnitt stellt beiden Adressaten die dreifach berufene «Muthmaassung» als eine Qual zum Tode vor Augen, die dem Schaffenden seinen «Glauben» und dem Fliegenden sein «Schweben» in den höchsten Höhen nehme. «Wie? Die Zeit wäre hinweg, und alles Vergängliche nur Lüge?» Der Gott, der im letzten Teil in Rede steht, ist ein «Gedanke», den die Bestimmungen des Einen, des Vollen, des Unbewegten, des Satten und des Unvergänglichen «böse» und «menschenfeindlich» machen. Zarathustra tritt ihm im Namen des Schaffenden, der dem Wandelbaren lebt, und um der Wahrheit willen, die dem Werden gerecht werden muß, entgegen: «Alles Unvergängliche – das ist nur ein Gleichniss! Und die Dichter lügen zuviel.»[63] — Die «neue Rede», die Zarathustra zu Tale trägt, will ein Lob und eine Rechtfertigung der Vergänglichkeit sein. Sie lehrt die Erlösung vom Leiden und die Überwindung des Ekels durch Schaffen und Wollen, durch den Willen des Schaffenden und Erkennenden. Der sechsundzwanzigste Vers bringt die Ansprache des Löwen auf die bündige Formel: «Wollen befreit: das ist die wahre Lehre von Wille und Freiheit – so lehrt sie euch Zarathustra.» Die Lehre ist für Löwen bestimmt, die sich selbst zu befreien vermögen, die imstande sind, sich zu Geschöpfen ihres eigenen Schaffens zu machen, die über die Fähigkeit verfügen, ihre Verwandlung so weit voranzutreiben, daß sie ohne Rach- und Nachgefühle gegen das Werden, daß sie als «Fürsprecher und Rechtfertiger aller Vergänglichkeit» am Spiel der Welt teilzunehmen wissen. «Dass der Schaffende selber das Kind sei, das neu geboren werde, dazu muss er auch die Gebärerin sein wollen und der Schmerz der Gebärerin.» Die Löwen-Weisheit scheint einen zwiefachen Sinn zu haben. Zum einen geht der befreiende Wille auf die Erkenntnis: «Auch im Erkennen fühle ich nur meines Willens Zeuge- und Werde-Lust; und wenn Unschuld in meiner Erkenntniss ist, so geschieht diess, weil Wille zur Zeugung in ihr ist.» Zum anderen ist er, in Übereinstimmung mit der Lehre des Ersten Teils, nur schärfer gefaßt, offenbar auf die tiefgreifende Veränderung des Menschen nach Maßgabe des Bildes vom Übermenschen gerichtet: «Aber zum Menschen treibt er mich stets von

63 II, 2, 4; 5–7; 8–13; 14–18 (109–110). Die beiden Verse, die im Zentrum an die Erkennenden adressiert sind, lauten: «Und was ihr Welt nanntet, das soll erst von euch geschaffen werden: eure Vernunft, euer Bild, euer Wille, eure Liebe soll es selber werden! Und wahrlich, zu eurer Seligkeit, ihr Erkennenden! / Und wie wolltet ihr das Leben ertragen ohne diese Hoffnung, ihr Erkennenden? Weder in's Unbegreifliche dürftet ihr eingeboren sein, noch in's Unvernünftige» II, 2, 10–11 (110).

Neuem, mein inbrünstiger Schaffens-Wille; so treibt's den Hammer hin zum Steine. / Ach, ihr Menschen, im Steine schläft mir ein Bild, das Bild meiner Bilder! Ach, dass es im härtesten, hässlichsten Steine schlafen muss!» Es sei denn, daß die beiden Verzweigungen tatsächlich zwei Seiten des Einen Willens wären, der den Löwen selbst zum Gegenstand hat.[64]

Angesichts der Verwirrung in der Hauptsache, der der Prolog entgegentritt, kann es nicht überraschen, daß Zarathustra auf den glückseligen Inseln zunächst Gegenstände der Moral und Politik behandelt, auf die er größtenteils bereits in der Stadt «die bunte Kuh» eingegangen war, um seine Lehre jetzt nachdrücklicher von der christlichen Lehre zu trennen. Die erste Fünfergruppe der Reden, die auf den Prolog folgen, eint die kritische Stoßrichtung gegen das Christentum und dessen Einfluß auf die modernen Ideen (ohne daß jenes oder diese jemals namentlich erwähnt werden), von der Moral des Mitleids über das Gebot der Demut bis zur Predigt der Gleichheit. Zarathustra markiert die Zusammengehörigkeit der fünf Reden zusätzlich, indem er dreimal, in drei Versen der ersten (II, 3, 1), der mittleren (II, 5, 6) und der letzten von ihnen (II, 7, 22), ausdrücklich auf die Rezeption Bezug nimmt, die seine Lehre erfahren hat, auf Spott, Zorn und Entstellung. Er eröffnet die neuen Lehrreden mit einer «Spottrede», die ihm zu Ohren kam: «seht nur Zarathustra! Wandelt er nicht unter uns wie unter Thieren?» Der Spott der Entrüsteten gibt Zarathustra Gelegenheit, sich gleich zu Beginn als Philosoph zu identifizieren und außerdem eine subtile Differenzierung einzuführen, auf die er in einem Zusammenhang von größter philosophischer Bedeutung in der zentralen Rede der letzten Fünfergruppe des Zweiten Teils zurückkommen wird: «Aber so ist es besser geredet: ‹der Erkennende wandelt unter Menschen *als* unter Thieren.›» Der Erkennende sieht den Menschen als Tier unter Tieren. Er nimmt ihn, auch wenn er sich unter Menschen bewegt, aus der Distanz, aus der Höhe «des Fliegenden» wahr. Er betrachtet ihn in naturgeschichtlicher Perspektive: «Der Mensch selber aber heisst dem Erkennenden: das Thier, das rothe Backen hat. / Wie geschah ihm das? Ist es nicht, weil er sich zu oft hat schämen müssen? / Oh meine Freunde! So spricht der

64 II, 2, 19–34 (110–112). Vers 28 nimmt die zentralen Verse 10 und 11 im zweiten Abschnitt der Rede über die «Muthmaassung» Gott wieder auf; Vers 29 knüpft an den Schluß des postulatorischen Atheismus in Vers 12 an.

Erkennende: Scham, Scham, Scham – das ist die Geschichte des Menschen!» Nachdem Zarathustra in rascher Folge dreimal den Erkennenden hat auftreten lassen, verfehlt er nicht, ihn in einem Atem vom Vornehmen abzusetzen und die Unterscheidung der zwei Adressaten in Erinnerung zu bringen. Der «Edle», fährt Zarathustra fort, gebiete sich, «nicht zu beschämen», sondern die Scham vor allem Leidenden zu wahren, eine Scham, an der es den Mitleidigen gebricht. Der Blick des Erkennenden, insonderheit seine «Geschichte der Menschheit», der Rückgang auf den Ursprung, die Einordnung in das Ganze der Natur, beschämt dagegen notwendig. Ebendeshalb erntete Zarathustra die Spottrede, er wandle «wie unter Thieren».[65] — Zarathustra läßt seine Warnung vor dem Mitleiden, das beschämt, die Seele eng macht, zu «kleinen Gedanken» führt, das Leid vermehrt und die große Liebe abhält, das Geliebte noch schaffen zu wollen, in zwei Versen kulminieren, von denen man schwerlich sagen kann, daß sie der vornehmen Ansprache zugehören, die aber den mit Abstand gewichtigsten Teil der Rede ausmachen: «Also sprach der Teufel einst zu mir: ‹auch Gott hat seine Hölle: das ist seine Liebe zu den Menschen.› / Und jüngst hörte ich ihn diess Wort sagen: ‹Gott ist todt; an seinem Mitleiden mit den Menschen ist Gott gestorben.›» Was im ersten Vers als eine blasphemische Sottise beginnt, reicht im zweiten an einen veritablen Kommentar des Wortes *Gott ist tot* heran, das Zarathustra bis dahin unkommentiert ließ. Der Teufel gibt eine Auslegung des Opfertods am Kreuz: Gott starb, weil er Mensch wurde und der Moral des Mitleids folgte, in der er unterging. Der Teufel, den Zarathustra hier zu Wort kommen läßt, ist nicht der Teufel, den er an anderer Stelle «meinen Teufel» nennt und als den «Geist der Schwere» charakterisiert. Es ist der Teufel der Bibel, mit dem sich Zarathustra zuvor als «Drache» verglich und den er sich im letzten Kapitel des Ersten Teils als «Schlange der Erkenntniss» zu eigen machte. Die Schlange der Erkenntnis weiß, daß der Schluß des postulatorischen Atheismus nicht trägt. Ihr Argument lautet: Der Gott, der sich von seinem Mitleid bestimmen läßt und, statt den Menschen zu erhöhen, sich zum Menschen ernied-

65 II, 3, 1–7 (113); cf. Vorrede, 3, 4–5 (14). Das genealogische Unternehmen, das der Philosoph Nietzsche von *Morgenröthe* an in naturgeschichtlicher Perspektive vorantreibt, nimmt ausdrücklich keine Rücksicht auf die Scham und gräbt erklärtermaßen zurück bis zur «pudenda origo». Siehe *Morgenröthe* 42 und 102 (p. 49–50 und 102–103); cf. *Jenseits von Gut und Böse* 202 in princ. (p. 124).

rigt, erweist sich als ein Wesen, das nicht als Gott anerkannt werden kann. Er ist *als Gott* gestorben.[66] — Auf das spielerisch eingeführte, Ernst und Leichtigkeit paarende philosophische Argument der Rede «Von den Mitleidigen» (II, 3) folgt in «Von den Priestern» (II, 4), dem einzigen Kapitel des Buchs, in dem die Jünger Zarathustras auf die Jünger Jesu treffen, ein Ad-hominem-Argument. Zarathustra kehrt das Wort aus der Bergpredigt «An ihren Früchten sollt ihr sie erkennen» gegen Jesus. In Rücksicht auf dessen Nachfolger und Gläubige, die er schon im Ersten Teil unter die «Prediger des Todes» einordnete, macht er geltend: «Bessere Lieder müssten sie mir singen, dass ich an ihren Erlöser glauben lerne: erlöster müssten mir seine Jünger aussehen!» Er erweitert die Kritik auf einen der größten Aktivposten der christlichen Mission und eine Einrichtung, die in ungebrochener Sukzession bis zum Gründungsereignis des Christentums zurückreicht, die Beglaubigung der Wahrheit durch das Märtyrertum: «Blutzeichen schrieben sie auf den Weg, den sie giengen, und ihre Thorheit lehrte, dass man mit Blut die Wahrheit beweise. / Aber Blut ist der schlechteste Zeuge der Wahrheit; Blut vergiftet die reinste Lehre noch zu Wahn und Hass der Herzen.» Die Erweiterung des Ad-hominem-Arguments auf das Märtyrertum erlaubt Zarathustra nicht nur, die Löwen-Weisheit gegen das Christentum in Stellung zu bringen – «Und wenn Einer durch's Feuer geht für seine Lehre, – was beweist diess! Mehr ist's wahrlich, dass aus eignem Brande die eigne Lehre kommt!» –, sondern außerdem und vor allem die eigene Lehre kontrastierend von der Orientierung an Blut, Opfer und Tod als die wahrhaft Gute Botschaft abzuheben. In diesem Sinn verkündete er in der vorangegangenen Rede (II, 3): «Seit es Menschen giebt, hat der Mensch sich zu wenig gefreut: Das allein, meine Brüder, ist unsre Erbsünde!» Und in der darauffolgenden Rede (II, 5) wird er die Tugendhaften, deren Zorn er sich zuzog, weil er einen «Lohn- und Zahlmeister» verneinte, lehren, daß die Tugend weder ein

66 II, 3, 36–37 (115); cf. Vorrede, 2, 21; 3, 11 (14, 15); I, 19, 1 und 3 (86); I, 22.1, 25 (99). Beachte, was Nietzsche später im eigenen Namen über den Gott Dionysos sagt: *Jenseits von Gut und Böse* 295 (p. 297–299); *Der Antichrist* 39 (p. 212); *Ecce homo* Vorwort, 2; IV, 9 (p. 258, 374). Zur Bedeutung der Frage *Was ist ein Gott?* für die Auseinandersetzung mit dem Wahrheitsanspruch des Offenbarungsglaubens siehe meine Schrift *Politische Philosophie und die Herausforderung der Offenbarungsreligion*. München 2013, p. 83–88 mit Anm. 72. Cf. S. 33 mit Anm. 32.

Lohn noch ein Fremdes, sondern, recht verstanden, ihr Selbst sei. Der alten Lehre, die Lohn und Strafe «in den Grund der Dinge hineingelogen» und Selbstlosigkeit verlangt hat, stellt Zarathustra die neue entgegen, die das Werden-zu-sich zur Aufgabe macht.[67]

Die letzten beiden Reden der ersten Fünfergruppe nehmen die Kritik auf, die die beiden Reden im Zentrum des Ersten Teils, «Vom neuen Götzen» (I, 11) und «Von den Fliegen des Marktes» (I, 12), in ständiger Rücksicht auf die Doktrinen der Gleichheit und der Verallgemeinerung am Staat, am Markt, an der Herrschaft der «Viel-zu-Vielen» übten. «Vom Gesindel» (II, 6) und «Von den Taranteln» (II, 7) treiben die Kritik von den modernen bis zu den christlichen «Predigern der Gleichheit» voran, aber zugleich richten sie den Blick zurück auf Zarathustra und bereiten, mit gebührendem Abstand, die entscheidende Wendung in seiner Lehre vor, indem sie den Ekel und die Rache zum Thema machen. «Vom Gesindel» spricht zu Vornehmen und zukünftigen Erkennenden, die sich von der Vorstellung des Reinen, der Reinheit und Reinlichkeit, leiten lassen und das Leben als ein «heiliges», d. h. unterschiedenes oder ideales, bejahen wollen, vom Ekel. Wie in der Vorrede, als er den Ekel zum ersten und beinahe einzigen Mal aufrief, setzt Zarathustra auf die Abstoßung vom Gemeinen, Niederen, Herabziehenden, um zur Selbstunterscheidung zu bewegen und zur Selbststeigerung anzustacheln. Dabei folgt er der Beobachtung, daß die Abkehr vom Leben ein Zeichen des vornehmen Bedürfnisses nach Reinheit sein kann. Der «Durst der Unreinen», die Macht des «Gesindels» befleckt für die moralisch Anspruchsvollen das Leben und droht, es den Begabtesten zu vergällen. So bekennt Zarathustra von sich: «ich fragte einst und erstickte fast an meiner Frage: wie? hat das Leben auch das Gesindel *nöthig*? / Sind vergiftete Brunnen nöthig und stinkende Feuer und beschmutzte Träume und Maden im Lebensbrode? / Nicht mein Hass, sondern mein Ekel frass mir hungrig am Leben!» Der Ausweg, den er aufzeigt, ist eine Itio in partes wie in I, 12, als er den «Liebhaber der Wahrheit» aufforderte:

67 II, 3, 12 (114); II, 4, 19; 23–26; 30–32 (118–119); II, 5, 6–10; 15; 35–36 (120–122). Zarathustras Lehre birgt die Einsicht des Weisen, dem die Jünglinge in der Stadt «die bunte Kuh» zu Füßen saßen, daß die Tugend nicht «ihr eigener Lohn» ist, sondern auf das eigene Gute hin verstanden werden muß. Aber er bestimmt ihren «Sinn» nicht länger als den guten Schlaf, sondern als das gute Leben. Cf. I, 2, 30 (34) und S. 29.

«Fliehe, mein Freund, in deine Einsamkeit und dorthin, wo eine rauhe, starke Luft weht.» Anders als bei der Aufforderung zum Exodus in «Von den Fliegen des Marktes» handelt es sich jetzt aber nicht mehr allein um die Sicherung der Unabhängigkeit, um die Befreiung von den Zumutungen der praktischen Jas und Neins des Marktplatzes, um die Ablösung von den Wertschätzungen des Volkes und den Aufführungen der Schauspieler, die dem Volk Eindruck machen. Es geht um nicht weniger als um die Bejahung des Lebens selbst. Die Itio in partes, die Zarathustra dem Zuhörer vor Augen stellt, hat eine räumliche und eine zeitliche Dimension. Zarathustra macht geltend, daß ihm sein «Ekel selber Flügel und quellenahnende Kräfte» schuf, «um in's Höchste» zu fliegen. Der Aufstieg führt zu einer natürlichen Trennung von allen, die nicht zu folgen vermögen. Und er verspricht, die Gegenstände des Ekels in weite Ferne zu rücken. In Eis und Hochgebirge gibt es ein Leben, «an dem kein Gesindel mit trinkt». Dem Aufstieg in die Höhe tritt der Ausgriff auf die Zukunft zur Seite: «Auf dem Baume Zukunft bauen wir unser Nest; Adler sollen uns Einsamen Speise bringen in ihren Schnäbeln! / Wahrlich, keine Speise, an der Unsaubere mitessen dürften!» Die Rückkehr des Adlers gibt einen Hinweis auf die Rolle des Stolzes in der futuristischen Lehre vom Übermenschen, die den Ekel einspannen und überwinden soll.[68] Zarathustra beansprucht in II, 6, sich vom Ekel «erlöst» zu haben. Dieser Anspruch dient zunächst der Beglaubigung des Weges, den er den Erkennenden weist. Weit wichtiger ist indes die späte Erläuterung, was genau es mit jener Weisheit auf sich hatte, die Zarathustra in der entscheidenden Rede an die Sonne zu Beginn des Buchs drängte, das Gebirge zu verlassen und den Untergang auf sich zu nehmen. Um seinen Ekel zu überwinden, war es für Zarathustra nicht genug, daß er sich in die Einsamkeit auf Bergeshöhen zurückzog. Auszug oder Abwendung, die sinnliche Reduktion ist eine Antwort auf den unmittelbar wirksamen Affekt des Ekels, eine Antwort, die den Affekt in seiner Schutzfunktion bestätigt und unangetastet läßt. Aber der Ekel, um den es für Zarathustra ging und geht, beschränkt sich nicht auf eine starke physische Vitalempfindung, sondern

68 Siehe S. 35. Der Adler war am Beginn und Ende der Vorrede und dann wieder im Prolog des Zweiten Teils vorgekommen: Vorrede, 1, 3 (11) und 10, 1 (27); beachte Vorrede, 10, 2–3 und 8–9 (27–28); II, 1, 10 (106); II, 2, 14 (110). Zu II, 6, 29 (126) siehe auch *1. Könige* XVII, 4 und 6.

ist der mit ihr verknüpfte und doch von ihr ablösbare Ausdruck eines tiefsitzenden moralischen Widerstands. Auf diesen Ekel, auf die nagende Entrüstung, glaubte Zarathustra mit dem Ausgriff auf die Zukunft, mit der Mission des Übermenschen, mit der Überwindung des Menschen die Antwort gefunden zu haben. Daß er sich während der zehn Jahre der Einsamkeit, in der seine Weisheit wuchs, allem Anschein nach vom Ekel befreite, bezeugte der Greis, der Zarathustra beim Aufstieg und beim Abstieg im Wald begegnete. Ihm fiel auf, daß Zarathustra verwandelt war. «Rein ist sein Auge, und an seinem Munde birgt sich kein Ekel.» Allerdings sah der Greis ihn bloß auf dem Weg zu den Menschen, nicht unter ihnen. Und was Zarathustra selbst betrifft: Wie gewiß kann er sich einer Erlösung sein, die auf die Zukunft baut? Die in einem Glauben gründet, der wesentlich Hoffnung ist?[69] — An keiner Stelle des Zweiten Teils spricht Zarathustra vernehmbarer mit der Stimme des Propheten als in der Rede «Von den Taranteln», wenn er die utopische Forderung erhebt, *«dass der Mensch erlöst werde von der Rache»*, und hinzusetzt, seine Forderung, wo nicht Erwartung, sei ihm «die Brücke zur höchsten Hoffnung und ein Regenbogen nach langen Unwettern». Der Philosoph indes weist durch die Abfolge der Reden über den Ekel und über die Rache mit einer Erlösungsforderung, die sich an eine Erlösungsbehauptung anschließt, subtil auf das Problem hin, das in Zarathustras Erlösung vom Ekel beschlossen liegt und das im Kapitel «Von der Erlösung» (II, 20) schließlich als das Problem des «Geistes der Rache» manifest werden wird. «Von den Taranteln» warnt die Zuhörer

69 II, 6, 1–4; 7–8; 11–21; 27–33 (124–127); cf. III, 12.14, 6–7 (257). I, 12, 39 (68). Die Äußerung des Greises im Wald über Zarathustra enthält den ersten Gebrauch von *Ekel*: Vorrede, 2, 4 (12). Danach gibt es bis zur Rede «Vom Gesindel» nur zwei Verwendungen: Vorrede, 3, 17 (15) und I, 6, 25 (47). Auf den dreifachen Ekel in II, 6, 13; 19 und 20 folgen noch 33 weitere Verwendungen. Die Auseinandersetzung mit dem Ekel liegt in II, 6 keineswegs hinter Zarathustra, der sich zu diesem Zeitpunkt von ihm erlöst zu haben glaubt. – Immanuel Kant nennt den Ekel («ein Anreiz, sich des Genossenen durch den kürzesten Weg des Speisecanals zu entledigen») eine «starke Vitalempfindung». Kant stellt eine Verbindung zur «nicht gedeihlichen Geistes-Nahrung» her, nicht aber zur moralischen Entrüstung. *Anthropologie in pragmatischer Hinsicht* 1. Teil, § 21 (Akademie Ausgabe, Bd. 7, p. 157). Zur sinnlichen Reduktion siehe in einem anderen Zusammenhang *Über das Glück des philosophischen Lebens. Reflexionen zu Rousseaus «Rêveries» in zwei Büchern.* München 2011, p. 286–289.

eindringlich vor den «Predigern der Gleichheit», die im Namen der Gerechtigkeit Rache nehmen an der Wirklichkeit. Die «Taranteln» begehren auf gegen Ungleichheit und Rangordnung. Sie sinnen auf Lohn und Strafe nach Maßgabe eines allgemeinen moralischen Gesetzes. Ihre Rache gilt den vom Leben Bevorzugten und den Begünstigten der Natur. Zarathustras politisch-moralische Kritik an den «Taranteln» ist gegen die säkularen wie die christlichen Verfechter der Gleichheit in jeder Ausprägung gerichtet, von denen, die jetzt «die Guten und Gerechten» heißen, bis zu jenen, die «ehemals die besten Welt-Verleumder und Ketzer-Brenner» waren. Mit besonderer Vehemenz wendet sie sich gegen «Taranteln», die Zarathustras Lehre entstellen, gegen «Gift-Spinnen», mit denen er nicht «vermischt und verwechselt» werden will, weil eine Verwechslungsgefahr besteht: «Es giebt Solche, die predigen meine Lehre vom Leben: und zugleich sind sie Prediger der Gleichheit und Taranteln.» Sie mögen in der Gegenwart lehren oder sich in der Zukunft auf die Lehre berufen, daß das Leben sich immer wieder selbst überwinden muß, um ihre utopischen Vorhaben zu rechtfertigen und die bestehenden Verhältnisse zum Tanzen zu bringen. Sie sind offenbar Anhänger einer revolutionären Konzeption des geschichtlichen Fortschritts. An die Stelle des Übermenschen tritt bei ihnen mutmaßlich der Neue Mensch, der die alten Unterschiede aufheben und allem, was Menschenantlitz trägt, ein anderes Gesicht geben soll. Um der Verwechslung vorzubeugen, bekräftigt Zarathustra seine Rede der Gerechtigkeit: daß die Menschen weder gleich sind noch gleich werden sollen. Der Übermensch verheißt keine neue Gattung Freier und Gleicher. Die «Übermenschen» werden mit den «letzten Menschen» koexistieren und diese nicht zum Verschwinden bringen. Zarathustras Verhandlung der Verwechslungsgefahr, der seine Lehre ausgesetzt ist, bereitet die letzte Wendung des Kapitels vor: das Bekenntnis des Propheten, selbst von seiner «alten Feindin», der Tarantel, gebissen worden zu sein. Dem Biß unmittelbar voraus geht eine Lobrede auf das große Bauen und den göttlichen Agon der Alten, die in der Aufforderung zur «sicheren» und «schönen» Feindschaft gipfelt: «Göttlich wollen wir *wider* einander streben!» Die Bedeutung des Bisses ist nicht darauf beschränkt, daß Zarathustra soeben die Früheren, die noch um das «Geheimniss alles Lebens» wußten, aufgeboten und sich nach ihrem Vorbild Feinde gleich gemacht hat, die ihm nicht gleich sind. Der Biß der Tarantel verweist auf eine Anfälligkeit für die «Rache», die weiter reicht und schwerer wiegt.

Zarathustra ermahnt seine Freunde nach dem Biß, ihn wie Odysseus an eine Säule zu binden, damit er nicht zu einem «Wirbel der Rachsucht» werde. An der Widerstrebigkeit und Widrigkeit der Wirklichkeit Rache zu üben, unter welchem Vorwand und mit welcher Kunst es auch sei, ist die größte Gefahr des Philosophen.[70]

Der Philosoph ist Gegenstand der mittleren Fünfergruppen des Zweiten Teils. Sie behandeln seine Stellung zum Volk, zur Weisheit und zum Leben, seine Liebe, seinen Willen zur Wahrheit, seine Selbsterkenntnis, seine Unterscheidung vom Helden, vom Gelehrten und vom Dichter. Mit dem Philosophen rückt Zarathustra ins Zentrum. Emphatischer als jemals zuvor spricht er von sich. Seine Rede steigert sich zum Gesang, und die drei Lieder, die er über sich singt (II, 9–11), bilden den Kern der zweiten Fünfergruppe. Die Verlagerung der Aufmerksamkeit, die sich in den letzten beiden Reden der ersten Fünfergruppe ankündigte, stimmt mit Zarathustras Löwen-Weisheit zusammen, sich nicht damit zu bescheiden, der Herold des Übermenschen sein zu wollen. Zugleich nimmt die Bedeutung ab, die Zarathustra der Ansprache seiner Jünger beimißt. Vermehrt spricht er zu sich selbst, unverhohlen wendet er sich an Zuhörer, die nicht anwesend sind. Der Leser der Guten Botschaft tritt im Laufe des Zweiten Teils zusehends an die Stelle der Jünger Zarathustras. In «Von den berühmten Weisen» (II, 8), der ersten Rede, in der die, zuletzt im Prolog genannte, Weisheit zurückkehrt, verwendet Zarathustra weder die Anrede «meine Freunde» noch «meine Brüder», die er in den fünf Reden davor gebrauchte, sondern, sechsmal, «ihr berühmten Weisen». Er richtet die scharfe Kritik, die seine «wilde Weisheit» an den berühmten Weisen übt, in direkter Rede an diese selbst: «Dem Volke habt ihr gedient und des Volkes Aberglauben, ihr berühmten Weisen alle! – und *nicht* der Wahrheit! Und gerade darum zollte man euch Ehrfurcht.» Den Vorhalt der Dienstbarkeit gegenüber dem Volk, den der erste Vers ausspricht, den die beiden Verse im Zentrum wiederholen – «Immer nämlich ziehen sie, als Esel – des *Volkes* Karren!» «Dienende bleiben sie mir und Angeschirrte» – und den der letzte Vers mit der Anrede «ihr Diener des Volkes, ihr berühmten Weisen» noch einmal bekräftigt, erhebt Zarathustra im Namen der Wahrhaftigkeit, die die berühmten Weisen selbst geltend machen und für sich in Anspruch nehmen. Die Kritik betrifft offenbar die Hypokri-

70 II, 7, 4–7; 10–11; 14; 21–32; 33–37; 38–42 (128–131). Beachte S. 26 und 46–47.

sie der Weisen. Sie können nicht der Wahrheit und dem Volk zugleich dienen. Wenn sie sich in den Dienst des Volkes stellen, damit dieses ihren *Unglauben* ertrage – einen Unglauben, gemessen am Glauben des Volkes –, stellen sie sich in den Dienst von Aberglaube, Gott und Götzenbildern, die zum Volk, zur Stadt und zu allen Oasen gehören. In einem harten Schnitt hält Zarathustra den Weisen das Bild des *freien Geistes* entgegen, der «dem Volke verhasst ist wie ein Wolf den Hunden»: «der Fessel-Feind, der Nicht-Anbeter, der in Wäldern Hausende» erntet nicht Ruhm und Verehrung, sondern Verfolgung. Die weiterreichende Kritik betrifft das Selbstmißverständnis der Weisen: «Eurem Volke wolltet ihr Recht schaffen in seiner Verehrung: das hiesset ihr ‹Wille zur Wahrheit,› ihr berühmten Weisen!» Der *Wille zur Wahrheit*, den Zarathustra im Prolog als den für den Erkennenden oder den Philosophen maßgeblichen Willen einführte, wird im Falle der berühmten Weisen von einem «verehrenden Willen» abgelenkt, irregeleitet, kompromittiert, von dem sie sich nie befreit haben und den sie sich nicht eingestehen. Die Weisen, zu denen Zarathustra spricht, wollen nicht nur vom Volk verehrt werden, sondern selbst verehren. Sie haben sich vielleicht «das Fell des Löwen» übergestreift. Doch es fehlt ihnen der Löwen-Wille, der die Verwandlung in der Wüste bezeugte. «Wahrhaftig – so heisse ich Den, der in götterlose Wüsten geht und sein verehrendes Herz zerbrochen hat.» Ein zweites Mal kontrastiert Zarathustra die Weisen mit den freien Geistern, die jetzt nicht mehr dem Wald, sondern der unwirtlichen Wüste zugewiesen werden: «Frei von dem Glück der Knechte, erlöst von Göttern und Anbetungen, furchtlos und fürchterlich, gross und einsam: so ist der Wille des Wahrhaftigen. / In der Wüste wohnten von je die Wahrhaftigen, die freien Geister, als der Wüste Herren; aber in den Städten wohnen die gutgefütterten, berühmten Weisen, – die Zugthiere.» Die Kritik hält den Weisen nicht nur vor, sie dienten dem Volk statt der Wahrheit, um sich zu schützen, und sie ließen sich vom Volk in die Pflicht nehmen, weil sie in seinen Verehrungen befangen seien, sondern sie blieben selbst Volk, insofern sie nicht wüßten, was Geist ist. «Geist ist das Leben, das selber in's Leben schneidet: an der eignen Qual mehrt es sich das eigne Wissen». Das Volk und die berühmten Weisen nähmen den Geist von außen und unten wahr: «Ihr kennt nur des Geistes Funken: aber ihr seht den Ambos nicht, der er ist, und nicht die Grausamkeit seines Hammers!» Schließlich seien sie keine Fliegenden, «keine Adler», weshalb ihnen auch «das Glück im Schrekken des Geistes» nicht zugänglich ist. «Und wer kein Vogel ist, soll sich nicht über Abgründen lagern.» Zarathustra zieht in der Verhandlung des Philosophen gleich zu Beginn alle Register, um die Spannung zwischen Philosophie und Politik, die Unvereinbarkeit von Wille zur Wahrheit und Glaube, die Kluft zwischen Aufstieg und Mäßigung des Geistes herauszustellen und den Horizont abzustecken, in dem die weitere Erörterung statthat, eine Erörterung, in die sich einzuschalten der Zuhörer aufgefordert ist. Der neuerliche Verweis auf den Fliegenden, in dem die Rede gipfelt, und die zweifache Kontrastierung der berühmten Weisen mit den freien Geistern, werfen Fragen auf, die Zarathustras Selbstverständnis betreffen: (1) Die *Wahrhaftigkeit*, in deren Namen Zarathustra Kritik an der Dienstbarkeit gegenüber dem Volk übt, ist, wie der Löwe zeigt, der seinen verehrenden Willen zerbricht, die Wahrhaftigkeit gegen sich selbst und, wie der Adler bedeutet, der in die Abgründe blickt, die Wahrhaftigkeit in der Betrachtung der Welt. Sie ist Ausdruck des Willens zur Wahrheit, der darauf gerichtet ist, sich selbst und die Dinge so zu sehen, wie sie sind. Die Wahrhaftigkeit, die in Rede steht, gebietet nicht das öffentliche Eintreten für die Wahrheit oder deren Verkündigung in den «Oasen». Sie ist nicht die Wahrhaftigkeit des *Vitam impendere vero*.[71] Zarathustra übt mithin, anders als es zunächst scheint, keine moralische Kritik. Bei der Hypokrisie der Weisen geht es im Ernst um deren Unaufrichtigkeit gegen sich selbst. Aus welchem Grund aber sollten die Wahrhaftigen in der Wüste wohnen? Wird die Wahrhaftigkeit durch die Soziabilität notwendig verdorben? Oder ist die Einsamkeit der Wüste den Wahrhaftigen, den freien Geistern am zuträglichsten? (2) Den aufschlußreichsten Fall der Dienstbarkeit gegenüber dem Volk spart Zarathustra in seiner Kritik aus: das Dienen, das das Herrschen verlangt. Das Schweigen von der *Herrschaft* der berühmten Weisen oder von ihrem *Willen zu herrschen* ist um so bemerkenswerter, als die Aussage, die Weisen wollten ihrem Volk «Recht schaffen in seiner Verehrung», jene Weisen in Erinnerung ruft, die die

71 Wenn die freien Geister um der «Wahrhaftigkeit» oder der «Reinheit» willen jede List und Verstellung ablehnten, unterlägen sie der Kritik, die Nietzsche später an der «Unfreiheit» der «freien Geister», d. h. an deren verehrendem Willen übt: *Jenseits von Gut und Böse* 105 (p. 92). Zum *Vitam impendere vero* cf. *Über das Glück des philosophischen Lebens*, Kapitel V und VI, insbesondere p. 200–202, 225, 233–235, 253–258.

«Tafeln der Güter» über den Völkern aufhängten. «Von den berühmten Weisen» erläutert, zu welcher Dienstbarkeit sich die Gründer und Gesetzgeber verstehen mußten, deren Ruhm «Von tausend und Einem Ziele» (I, 15) in hellem Licht zeigte. Die freien Geister sind «der Wüste Herren». Sie sind frei von aller Dienstbarkeit, weil sie über niemanden herrschen wollen, außer über sich selbst. Aus welchem Grund also sollten die freien Geister die «Wüste» verlassen? Was bestimmte die «Schaffenden» in der Vergangenheit, den Völkern ihre tausend Ziele zu geben? Und was kann Zarathustra bewegen, der Menschheit das Eine Ziel zu schaffen, das ihr fehlt? Die Antwort des Propheten lautete: die Liebe, die Liebe zu den Menschen und die Liebe zu herrschen.[72]

Die Liebe hat das erste der drei Lieder zum Thema, die Zarathustra in die Verhandlung des Philosophen einschaltet. «Das Nachtlied» (II, 9) – von dem Nietzsche in *Ecce homo* sagen wird, es sei «das einsamste Lied, das je gedichtet worden ist», und dessen Ausnahmestellung er dadurch unterstreicht, daß er es in seinem letzten Buch als einzige Dichtung des *Zarathustra* in voller Länge wiedergibt – unternimmt es, die *Liebe eines Gottes* zu denken. Es zeigt, genauer gesagt, in einem argumentum e contrario, daß die Liebe Gottes nicht anders denn im Sinne des Eros als Ausdruck eines Mangels, als Begehren zu denken ist.[73] Der erste Teil (Verse 3–10) abstrahiert vom Eros ebenso wie vom Willen zur Macht, d. h. vom Leben, das über sich hinaus will. Er experimentiert mit einer schenkenden Liebe, die nicht Eros, sondern schierer Überfluß, nicht Ausdruck eines Mangels, sondern überbordende Fülle ist, reine Weisheit, reine Erkenntnis, reines Licht. Zarathustras Seele singt und hat keine Zuhörer außer den Lesern. Wir erfahren in den beiden Versen, die den Auftakt und gleichlautend den Schluß bilden (1–2 und 27–28), über Ort und Zeit nicht mehr, als daß «Nacht ist». In der Nacht «erwachen alle Lieder der Liebenden». Ihre Sehnsucht, ihr Begehren nach dem Ziel ihrer Liebe bricht sich ohne Ablenkung Bahn. In der Nacht wird der

72 II, 8, 1–5; 6–12; 13–18; 19–20; 23; 24–29; 33; 35, 37–38 (132–135); cf. III, 12.7, 5 (251) und IV, 4, 30 (312). Vorrede, 2, 7 (13). I, 15, 19 (75). Beachte S. 61–62.

73 *Ecce homo* III, Also sprach Zarathustra 4 (p. 341) und 7 (p. 345–347). Nietzsche nennt das Nachtlied dort «die unsterbliche Klage» eines Dionysos, «durch die Überfülle von Licht und Macht, durch seine *Sonnen*-Natur, verurtheilt zu sein, nicht zu lieben» 7 (p. 345); «so leidet ein Gott, ein Dionysos. Die Antwort auf einen solchen Dithyrambus der Sonnen-Vereinsamung im Lichte wäre Ariadne ... Wer weiss ausser mir, was Ariadne ist!» 8, 1 (p. 348).

Gott, der ganz Licht und «von Licht umgürtet» ist, dessen Liebe nur zu schenken und nicht zu empfangen vermag, der der Bedürftigkeit der Nacht nach Licht ermangelt, seiner Einsamkeit gewahr. «Ich kenne das Glück des Nehmenden nicht; und oft träumte mir davon, dass Stehlen noch seliger sein müsse, als Nehmen.» Er, dessen Liebe kein Begehren sein soll, hat eine Begierde, die nicht umhin kann, «selber die Sprache der Liebe» im eigentlichen Verstande zu reden. Er wünschte, «dunkel und nächtig» zu sein, um an den «Brüsten des Lichts» saugen zu können. Er sehnt sich nach Sehnsucht. Er wird bewegt von «Begierde nach Begehren». Der zweite Teil (11–18) bringt das Begehren zurück. Es ist offenbar, sobald der schenkenden Liebe Gottes keine tiefe Gleichgültigkeit gegenüber den Beschenkten zugeschrieben wird. Und mit welchem Grund könnte sie «Liebe» genannt werden, wenn sie frei von jeder Absicht, jeder Erwartung, jedem Interesse wäre? «Sie nehmen von mir: aber rühre ich noch an ihre Seele? Eine Kluft ist zwischen Geben und Nehmen; und die kleinste Kluft ist am letzten zu überbrücken!» Der Gott der Liebe ist nicht indifferent gegen die Wirkung seines Gebens auf die Nehmenden. Er nimmt Interesse an dem Geist, in dem sie seine Gabe annehmen, oder an dem Gebrauch, den sie von ihr machen, an ihrer Dankbarkeit oder ihrem Gehorsam. Er ist empfänglich für die Freude am Glück der Empfangenden. Mit der Kluft, die sich durch Intention und Interesse zwischen Geben und Nehmen öffnet, kehren die Affekte der Soziabilität wieder. Ins Zentrum stellt Zarathustra die Rache, die seine Fülle «aussinnt». Das Sinnen auf Rache macht die Begrenztheit der Fülle augenfällig, da Rache einen Mangel an Macht anzeigt. Sie tritt auf, wo die Macht zur durchgreifenden Gestaltung, zur souveränen Herrschaft, zur unmittelbaren Bestimmung des Laufs der Dinge nicht hinreicht. Auf die gleiche Begrenztheit verweist Zarathustra, wenn er hinzusetzt, daß sein «Glück im Schenken» im Nichts-als-Schenken, im bloßen Verströmen der Fülle, «erstarb». Der Überfluß des gleichgültigen Austeilens kennt weder Höhen noch Tiefen. Er läßt die Tugend ihrer selbst müde werden. Scham und Schonung sind ihm so fremd wie die Genugtuung des Gelingens. Ihm fehlt die Möglichkeit des Scheiterns, des Unglücks. Erst Intention und Interesse machen einen Unterschied. Zarathustras Rede an die Sonne, mit der das Buch begann, hatte das Glück des Schenkenden von den Empfängern des Geschenks abhängig gemacht und mithin an die Möglichkeit des Scheiterns gebunden. Diese soziable Konzeption verklammert auch den ersten und den zweiten Teil des Nachtlieds: Der Gebende ist nur glücklich zu nennen, insofern er Gebender und Nehmender ist oder insofern er unglücklich sein kann. Der dritte Teil (19–26) spricht nicht länger vom Geben und Nehmen. Weder die Liebe noch das Glück werden ein weiteres Mal erwähnt. Zarathustras Sonne ist unter eine Vielzahl von Sonnen entrückt, und anders als in der Eröffnungsrede wird keiner von ihnen ein Interesse an Zarathustra zugesprochen. «Viel Sonnen kreisen im öden Raume: zu Allem, was dunkel ist, reden sie mit ihrem Lichte, – mir schweigen sie.» Die Sonnen ziehen ihre Bahnen, «das ist ihr Wandeln. Ihrem unerbittlichen Willen folgen sie, das ist ihre Kälte». Die Sonnen unterliegen der Notwendigkeit und mit ihnen der Gott, der Licht ist. Zu dieser Notwendigkeit gehört, daß die Vollkommenheit als Bewegung zu denken ist, die die Unvollkommenheit einschließt, von der sie sich abhebt. Zarathustra hält Abstand zur soziablen Konzeption des Glücks. Doch sie bildet den Hintergrund seiner Klage der Einsamkeit, mit der er den Bogen zurückschlägt zum ersten Teil des Nachtlieds: «Nacht ist es: ach dass ich Licht sein muss! Und Durst nach Nächtigem! Und Einsamkeit!» Das letzte Wort des dritten Teils gilt Zarathustras Verlangen: «nach Rede verlangt mich». Zarathustras Gesang läßt offen, ob die Rede, nach der ihn verlangt, sich an andere wendet oder zu ihm spricht, ob sie Ausdruck seiner Liebe zu den Menschen ist oder Artikulation seiner Selbstliebe.[74]

Das Leben steht im Zentrum des zweiten Lieds und des dritten Kapitels der zweiten Fünfergruppe. Im Unterschied zum Nachtlied, das ihm vorausgeht, und zum Grablied, das ihm folgt, enthält «Das Tanzlied» (II, 10) eine Rede Zarathustras, in die das titelgebende Lied eingefügt ist, weshalb das Kapitel anders als die Lieder davor und danach auch nicht mit «Also sang Zarathustra» schließt. Der Rede Zarathustras ist eine Einleitung des Erzählers vorangestellt, der außerdem mit jeweils einem Vers vor und nach Zarathustras Lied zu Wort kommt. Im Tanzlied selbst, das zwanzig der sechsunddreißig Verse des Kapitels umfaßt, berichtet Zarathustra von Unterredungen, die er «jüngst» mit dem Leben und seiner wilden Weisheit hatte. Um den Kern des «Tanzlieds», den Dialog mit Leben und Weisheit, sind mithin drei konzentrische Ringe der Erzählung, der Rede und des Berichts gelegt. Die elaborierte Rheto-

74 II, 9, 1–2; 3–10; 11–18; 19–26; 27–28 (136–138). Vorrede, 1, 2–12 (11–12). Beachte zum Nehmen, dessen die «schenkende Tugend» bedarf, I, 22.1, 6–9 (98).

rik, die in den beiden flankierenden Liedern kein Gegenstück hat, entspricht dem Gewicht der Frage, die das Lied behandelt. Denn welche Frage könnte für den Philosophen mehr Gewicht haben als die seines Verhältnisses zum Leben und zur Weisheit? Das Lied, das die ernste Frage behandelt, atmet Witz und Leichtigkeit. Es nimmt die Leichtigkeit des Tons auf, mit dem Zarathustra in der Rahmenhandlung auf die tanzenden Mädchen zugeht, denen er in Begleitung seiner Jünger eines Abends auf einer grünen Wiese begegnet. Er fordert die Mädchen mit allerlei Artigkeiten auf, den Tanz wieder aufzunehmen, den sie abbrachen, sobald sie «Zarathustra erkannten». Er beteuert, «kein Mädchen-Feind», «Gottes Fürsprecher» vor dem «Geist der Schwere» und «göttlichen Tänzen» nicht abhold zu sein. Er stellt sich den «Leichten» in seinem Maskenspiel nicht als Licht und leuchtend, sondern ganz im Gegenteil als ein «Wald und eine Nacht dunkler Bäume» vor: «doch wer sich vor meinem Dunkel nicht scheut, der findet auch Rosenhänge unter meinen Cypressen». Und er verspricht ihnen «den kleinen Gott, der den Mädchen der liebste ist». Cupido erfüllt offenbar das Kriterium, das Zarathustra im Ersten Teil als Mindestanforderung für einen Gott angab: Er versteht zu tanzen. Obschon Zarathustra nachhelfen und den «kleinen Gott» ein wenig «züchtigen» muß, damit er mit den Mädchen zu Zarathustras Lied tanzt. Der Witz des Liedes zielt wie seine Leichtigkeit auf den «Geist der Schwere», der die Frage des Lebens und der Weisheit unter das *Gedenke des Todes!* stellt und seinem *Du sollst!* unterwirft. So spricht Zarathustra an der einzigen Stelle, an der der Titel des Kapitels im Text aufscheint, nicht bloß von einem Tanzlied. Vielmehr heißt er das Lied, das er vor seinen Jüngern zum Tanz des kleinen Gottes und der Mädchen singt, ein «Tanz- und Spottlied auf den Geist der Schwere, meinen allerhöchsten grossmächtigsten Teufel». Zarathustra spottet des Geistes der Schwere, indem er sich und seine Rede von der *Unergründlichkeit* zum ersten Gegenstand des Spottes macht. Zu Beginn und am Ende des Liedes bekennt er, daß er sich «in's Unergründliche» zu sinken schien, wenn er dem Leben ins Auge schaute. Es war das Leben selbst, das Zarathustra «mit goldner Angel» aus dem Unergründlichen herauszog und das ihm von Zarathustra verliehene Epitheton mit Spott überzog: «So geht die Rede aller Fische; was *sie* nicht ergründen, ist unergründlich. / Aber veränderlich bin ich nur und wild und in Allem ein Weib, und kein tugendhaftes». Das zurechtbringende Lachen des Lebens – «ihr Männer beschenkt uns stets mit den eignen Tugenden – ach, ihr Tugendhaften!» – ist der Auftakt des Tanzes mit dem Leben und der Weisheit, den Zarathustra besingt. Das Leben, das sich «ein Weib», und die Weisheit, die er «ein Frauenzimmer» nennt, sind für Zarathustra beide verlockend, verführerisch, begehrenswert. Wenn das Leben «bös» von sich spricht, glaubt er der «Unglaublichen» nicht. Dagegen verführt die Weisheit dann am meisten, wenn sie von sich «schlecht» spricht. Die Weisheit gewinnt Zarathustra gerade durch ihre Fähigkeit zur Selbstkritik. Dagegen findet das Leben keinen Glauben bei ihm, wenn es böse von sich redet, weil sein tiefster Glaube sagt, daß das Leben gut sei. Darin bestärkt und bestätigt ihn der Einwand seiner «wilden Weisheit», die ihm «unter vier Augen» vorhält: «Du willst, du begehrst, du liebst, darum allein *lobst* du das Leben!» Die Rivalin spricht die Wahrheit: Das Wollen, Begehren, Lieben, das über das bloße Leben hinaus will, begehrt, liebt, macht das Leben lebenswert. Ebendas, was dem Gott der Fülle im Nachtlied fehlt, läßt das Leben jenseits von Gut und Böse gut sein. Es wird bejaht im Hinblick auf etwas, das über es hinaus geht und es in Gefahr bringt: die Verlockung der Weisheit. «So nämlich steht es zwischen uns Dreien», singt Zarathustra im Zentrum des Liedes. «Von Grund aus liebe ich nur das Leben – und, wahrlich, am meisten dann, wenn ich es hasse!» Zarathustra liebt das Leben am meisten, wenn er über es (sich) hinaus will. Um der Weisheit willen *leben* wollen, heißt, das Leben von Grund aus *lieben*. Zumal die Weisheit dem Leben zum Verwechseln gleicht. «Sie hat ihr Auge, ihr Lachen und sogar ihr goldnes Angelrüthchen: was kann ich dafür, dass die Beiden sich so ähnlich sehen?» Die Weisheit ist Leben, das das Leben in Frage zu stellen weiß und ihm kraft seiner Reflexivität zugute kommt. Wenn das Leben sich nur erhalten kann, indem es sich überwinden will, befindet sich die Weisheit im Einklang mit dem Leben, dem sie gegenübertritt. Sie ist so sehr Leben, daß die Frage des Lebens nach einer Weisheit, die vom Leben geschieden wäre, Zarathustra von neuem «in's Unergründliche» sinken zu lassen droht.[75]

Die Verbindung von Leben und Weisheit, die das Tanz- und Spottlied

75 II, 10, 1; 2–9; 10; 11–30; 31; 32–36 (139–141). Cf. I, 7, 22–26 (49–50). Im «Tanzlied» ist siebenmal vom *Leben*, sechsmal von der *Weisheit* und einmal von der *Torheit* die Rede: II, 10, 11; 18; 19; 20; 21; 23; 28; 29; 30; 34. Die *Wahrheit* kommt zweimal vor, ebensooft wie die «goldne Angel» bzw. das «goldne Angelrüthchen» von Leben und Weisheit: II, 10, 12; 19; 22.

auf den Geist der Schwere erhellt, fehlt dem Nachtlied und dem Grablied. Wie das Nachtlied vom Leben, so sieht das Grablied von der Weisheit ab. Zwar wird die Weisheit im Zentrum des Grablieds nicht weniger als dreimal namentlich erwähnt, doch es ist die «fröhliche Weisheit» seiner Jugend, von der Zarathustra zurückblickend spricht, und der Teil, in dem sie vorkommt, eine Rede von zwanzig Versen, die das Lied beschwert, ist keine Rede der Weisheit, sondern ein Zeugnis des Menschlich-Allzumenschlichen: Zarathustra wendet sich an seine Feinde, um bewegte Klage darüber zu führen, daß sie seiner Jugend «Gesichte und liebste Wunder» mordeten und ihm seine «Gespielen» nahmen. «Das Grablied» (II, 11) beginnt mit einer Fahrt über das Meer zur «Gräberinsel», auf die Zarathustra «einen immergrünen Kranz des Lebens» tragen will. Auf der Insel «sind auch» die Gräber seiner Jugend, die «Gesichte und Erscheinungen», die ihm allzu schnell starben und deren er als seiner «liebsten Todten» gedenkt. Die Trauer, die eingangs über dem Grablied liegt, schließt an die Melancholie an, mit der das «Tanzlied» endete, als «es Abend ward» und der Sänger sich fragte: «Was! Du lebst noch, Zarathustra?» Aber Zarathustra verharrt nicht in der Trauer um die «göttlichen Blicke und Augenblicke» der Jugend. Zum einen sieht er die, die ihm starben, in seiner Entwicklung geborgen: «Immer noch bin ich eurer Liebe Erbe und Erdreich, blühend zu eurem Gedächtnisse von bunten wildwachsenen Tugenden, oh ihr Geliebtesten!» Zum anderen spricht er sich – und darauf liegt das Hauptgewicht des Liedes – den Trost des unschuldig Leidenden zu: «unschuldig sind wir einander in unsrer Untreue. / *Mich* zu tödten, erwürgte man euch, ihr Singvögel meiner Hoffnungen! Ja, nach euch, ihr Liebsten, schoss immer die Bosheit Pfeile – mein Herz zu treffen!» Der Mensch, dem Zarathustra Stimme verleiht, hat sich offenbar nicht durch Nachdenken und Einsicht vom Wahn haltloser Hoffnungen befreit, noch hat er es verstanden, die Verlockung schwärmerischer Trugbilder durch Grausamkeit gegen sich selbst zu überwinden. In einer moralischen Aufwallung erklärt er sich zum Opfer der Bosheit eines nicht näher bestimmten «man», um schließlich seine Feinde des Mordes und schlimmerer Verbrechen anzuklagen: «Aber diess Wort will ich zu meinen Feinden reden: was ist alles Menschen-Morden gegen Das, was ihr mir thatet!» So legt er dem Gedächtnis der «seligen Geister» der Vergangenheit nicht nur einen «Kranz», sondern einen «Fluch» nieder. Der Fluch soll die Feinde treffen, die ihm sein «Heiligstes» vergällten und ihn um seinen «besten Tanz» brachten. «Ungeredet und unerlöst blieb mir die höchste Hoffnung! Und es starben mir alle Gesichte und Tröstungen meiner Jugend!» Doch das Lied erschöpft sich nicht in der Ausstellung von Nachgefühlen, und es bleibt nicht bei der Elegie auf die dreifach beschworenen «Gesichte» der Jugend stehen. Vom Dunkel der Klage hebt sich um so strahlender die Apotheose des Willens ab, die das Grablied und mithin die drei Lieder insgesamt beschließt. An der Stelle, an der Zarathustra im Tanzlied fragte: «Warum? Wofür? Wodurch? Wohin? Wo? Wie? Ist es nicht Thorheit, noch zu leben?» ruft er im Grablied aus: «Ja, ein Unverwundbares, Unbegrabbares ist an mir, ein Felsensprengendes: das heisst *mein Wille*. Schweigsam schreitet es und unverändert durch die Jahre.» Der «immergrüne Kranz des Lebens», den Zarathustra auf die «Gräberinsel» tragen wollte, erweist sich als die Botschaft seines Willens. Zarathustra preist ihn als den «Zertrümmerer» aller Gräber. «Und nur wo Gräber sind, giebt es Auferstehungen.» Der Gegen-Jesus verheißt die Auferstehung nicht bloß seiner «liebsten», sondern aller «Todten», nicht allein seiner jugendlichen, vielmehr der höchsten Hoffnungen. Er verheißt die Erlösung des Menschen durch seinen Willen.[76]

Die drei Lieder Zarathustras sind anders als die *Gathas* des persischen Propheten keine Verkündigungen des Reiches Gottes, der guten Herrschaft und der rechten Fügsamkeit, die sich an die Gemeinde richten. Es handelt sich auch nicht um Proömien im Sinne des Athenischen Fremden, die der Erklärung der Gesetzgebung dienen. Zarathustra singt die Lieder vorzüglich für sich. Sie stehen im Dienst der Selbstverständigung. Das Nachtlied bringt den Gott, das Grablied den Menschen zu Gehör. Das Tanzlied in der Mitte stellt den Philosophen vor Augen. Zunächst nimmt sich die Trias wie eine Insel im Fluß des Geschehens aus. Die erste Rede, die auf die Lieder folgt, scheint unmittelbar an die letzte Rede anzuschließen, die ihnen vorausging. «Von der Selbst-Ueberwindung» (II, 12) befaßt sich mit dem «Willen zur Wahrheit» der Weisesten ohne Ansehung ihres Ruhms oder ihrer Ehre, nachdem «Von den berühmten Weisen» (II, 8) den «Willen zur Wahrheit» der Weisen

76 II, 11, 1–2; 3–12; 13–32; 33–38 (142–145). II, 10, 31–36 (141). Beachte zur Anklage, die die Rede an die Feinde erhebt (II, 11, 13–32), die Darstellung, die Zarathustra zuvor vom «Wahn» seiner Jugend und dessen Überwindung gab: I, 3, 1–10 (35–36).

der Kritik unterzog, deren Ruhm und Ehre sich ihrer Dienstbarkeit gegenüber dem Volk verdankte. Zarathustra, der sich in II, 8 sechsmal an die «berühmten Weisen» wandte, wählt in II, 12 siebenmal die Anrede «ihr Weisesten». Dem Fortgang der Verhandlung, der sich den Adressaten der Reden ablesen, und der Vertiefung der Auseinandersetzung, die sich ihren Gegenständen entnehmen läßt, bleibt das Innehalten der Lieder indes nicht äußerlich. Augenscheinlich gilt das für das Tanzlied, das, wie wir gesehen haben, selbst in eine Rede eingebettet ist. In ihm hat das Leben seinen denkwürdigen ersten Auftritt, das Zarathustra in «Von der Selbst-Ueberwindung» sein Geheimnis offenbaren wird. Es gilt nicht minder für die Eloge auf den «unverwundbaren» Willen am Ende der Lieder, die den Auftakt zur Erörterung des Willens in II, 12 und II, 13, der letzten Rede der zweiten und der ersten Rede der dritten Fünfergruppe, bildet. — Zarathustra hält den «Weisesten» in der Rede, die er an sie richtet, nicht wie den «berühmten Weisen» vor, die Wahrhaftigkeit gegen sich im Dienst am Volk kompromittiert zu haben. Er spricht ihnen nicht ab, daß das, was sie «Wille zur Wahrheit» nennen, sie «treibt und brünstig macht». Er will ihnen lediglich und er will ihnen allerdings vor Augen führen, daß sie sich selbst nicht angemessen verstehen. «Wille zur Denkbarkeit alles Seienden: also heisse *ich* euren Willen!» Zarathustra knüpft an die Bestimmung des Willens zur Wahrheit an, die er gab, als er den Begriff zum erstenmal gebrauchte (II, 2, 9): «Aber diess bedeute euch Wille zur Wahrheit, dass Alles verwandelt werde in Menschen-Denkbares, Menschen-Sichtbares, Menschen-Fühlbares! Eure eignen Sinne sollt ihr zu Ende denken!» Mit ihrer Rede vom Willen zur Wahrheit laufen die Weisesten Gefahr, die aktive Rolle ihrer Sinne, ihres Fühlens, Sehens, Denkens, ihrer selbst zu verkennen. Ein Verkennen, das dazu führt, daß die Denkbarkeit alles Seienden auf die Angleichung alles Seienden an den Geist verengt wird, dem es sich «fügen und biegen» muß. «So will's euer Wille. Glatt soll es werden und dem Geiste unterthan, als sein Spiegel und Widerbild.» Ihr Wille erschafft sich die Welt nach ihrem Bild, nach dem Bild, das sie sich von sich selbst machen, nach der Vorstellung vom Geist, der in ihnen und in allem Seienden herrschen soll. An dieser Stelle, an der die Denkbarkeit alles Seienden im Sinne seiner Assimilation an das Vorstellen des Geistes oder aber gemäß der Notwendigkeit seiner Widerständigkeit und Widerstrebigkeit in Frage steht, im fünften Vers des Kapitels «Von der Selbst-Ueberwindung», führt Zarathustra den *Willen zur Macht* in die

Verhandlung des Philosophen ein. Er tut es ausgehend vom «Willen zur Wahrheit», mit dem das Kapitel beginnt, und in kritischer Absicht: «Das ist euer ganzer Wille, ihr Weisesten, als ein Wille zur Macht; und auch wenn ihr vom Guten und Bösen redet und von den Werthschätzungen. / Schaffen wollt ihr noch die Welt, vor der ihr knien könnt: so ist es eure letzte Hoffnung und Trunkenheit.» Der auffällige Bau des fünften Verses, der mit seinem nachklappenden «und auch» zwei Ebenen umfaßt, macht uns darauf aufmerksam, daß die Kritik des sechsten Verses sich auf die erste oder auf beide Ebenen beziehen kann. Die weiter reichende Kritik besagte, daß die Weisesten vermöge ihres Willens zur Macht eine Welt schaffen, die sie anerkennen und der sie sich unterordnen können, weil sie den Vorstellungen des Geistes entspricht und ihrer Vorstellung vom Geiste genügt. Diese Welt ihres Vorstellens wäre (1) *die wahre Welt* und (2) *die sittliche Welt*. Beide träfen sich in der Wertschätzung der Weisesten, aus deren Willen zur Macht sie hervorgingen. Nach der anderen Lesart, die die beiden Ebenen nicht zu Einer verbindet, sondern getrennt hält, beträfe die Kritik nur (1), nicht (2). Zarathustra wiese die Weisesten darauf hin, daß «auch» in ihrer Rede vom Guten und Bösen ihr Wille zur Macht zum Ausdruck kommt, ohne zu behaupten, daß sie (alle) an die sittliche Welt glaubten oder vor ihr knieten. Die Kritik an der wahren Welt des Geistes, die in Rücksicht auf den Willen zur Wahrheit für den Philosophen von besonderem Gewicht ist, wird von Zarathustra im Anschluß an den sechsten Vers nicht weiter verfolgt oder vertieft. Statt dessen lenkt er alle Aufmerksamkeit auf den mit dem «und auch» des fünften Verses aufgerufenen Willen zur Macht, der sich in der Rede vom Guten und Bösen ausspricht. Wenn die Weisesten den «Unweisen» Wertschätzungen zu vermitteln wissen, wenn sie dem Volk dienen, indem sie ihm ein Ziel geben, folgen sie ihrem «herrschenden Willen». Zarathustra schlägt den Bogen zurück zu der unvollständigen, den wichtigsten Gesichtspunkt aussparenden Erörterung der Rede «Von den berühmten Weisen» und von dort weiter zum Kapitel «Von tausend und Einem Ziele» (I, 15), in dem der «Wille zur Macht» zum ersten und einzigen Mal aufgetreten war. Diese frühere Verwendung nimmt Zarathustra an der zweiten Stelle auf, an der er den Begriff in II, 12 gebraucht: «Euren Willen und eure Werthe setztet ihr auf den Fluss des Werdens; einen alten Willen zur Macht verräth mir, was vom Volke als gut und böse geglaubt wird.» Eingedenk des Vorbehalts, den die Weisesten gegen den Fluß des Werdens oder gegen das

Volk hegen, dem sie die Wertschätzungen überantworten müssen, weist Zarathustra die Adressaten seiner Rede in einem dritten Schritt darauf hin, daß ihr politisch-herrschender Wille nicht an der Unbeständigkeit aller Dinge zuschanden wird. «Nicht der Fluss ist eure Gefahr und das Ende eures Guten und Bösen, ihr Weisesten: sondern jener Wille selber, der Wille zur Macht, – der unerschöpfte zeugende Lebens-Wille.» Wertschätzungen treffen auf Wertschätzungen, Wille trifft auf Willen, und der Wille zur Macht, der in Zarathustra am Werk ist, vermag die Notwendigkeit solchen Aufeinandertreffens aufzuklären. Zarathustras Aufklärung ist die eigentliche «Gefahr» für den Geltungsanspruch des Guten und Bösen der Weisesten und insgleichen für die Wertschätzung der Welt des Geistes als der wahren Welt; aber auch für die Lehre vom Übermenschen als dem Sinn der Erde. — Um den Weisesten und uns sein «Wort vom Guten und Bösen» verständlicher zu machen, fügt Zarathustra sein «Wort vom Leben» hinzu. Er unterstützt die Kritik durch die Exposition einer Doktrin. Er berichtet, daß er «dem Lebendigen» auf den größten und den kleinsten Wegen nachging und es aus hundert Perspektiven betrachtete, damit er seine Art und Weise «erkenne». «Aber, wo ich nur Lebendiges fand, da hörte ich auch die Rede vom Gehorsame. Alles Lebendige ist ein Gehorchendes.» Die Rede, die er dem «Auge» des Lebendigen ablas, war eine Menschen-Rede. Sie sprach nicht nur vom Gehorchen, sondern auch vom Befehlen, vom Gesetz, vom Richter, vom Rächer und vom Opfer. «Wie geschieht diess doch! so fragte ich mich. Was überredet das Lebendige, dass es gehorcht und befiehlt und befehlend noch Gehorsam übt?» Die Antwort unterbreitet Zarathustra im Zentrum des Kapitels den Weisesten, die sich auf Doktrinen verstehen, mit der Aufforderung, sie «ernstlich» zu prüfen: «Wo ich Lebendiges fand, da fand ich Willen zur Macht; und noch im Willen des Dienenden fand ich den Willen, Herr zu sein. / Dass dem Stärkeren diene das Schwächere, dazu überredet es sein Wille, der über noch Schwächeres Herr sein will: dieser Lust allein mag es nicht entrathen.» Der Kernaussage der Doktrin vom Leben als Wille zur Macht behält Zarathustra die vierte der sieben Verwendungen des Begriffs im Kapitel und die fünfte von neun im Buch insgesamt vor. Die nächsten drei Verwendungen kommen aus dem Mund des Lebens selbst, dem die Aufgabe zufällt, die Lehre zu entfalten und zu beglaubigen. Am Beginn seiner Rede gibt das Leben sich Zarathustra zu erkennen, wie Gott sich Moses zu erkennen gab. Aber im Unterschied zum Theologumenon des

Sinai verweist das Wort des Lebens auf die Notwendigkeit, die ihm innewohnt und die Erkenntnis erlaubt: «Siehe, ich bin das, *was sich immer selber überwinden muss.*» Im Zentrum seiner auf zehn Verse bemessenen Rede enthüllt das Leben das Geheimnis des Willens zur Wahrheit, der für den Philosophen im Mittelpunkt des Interesses steht: «Was ich auch schaffe und wie ich's auch liebe, – bald muss ich Gegner ihm sein und meiner Liebe: so will es mein Wille. / Und auch du, Erkennender, bist nur ein Pfad und Fusstapfen meines Willens: wahrlich, mein Wille zur Macht wandelt auch auf den Füssen deines Willens zur Wahrheit!» Zarathustra versteht sich nicht weniger als die Propheten vor ihm auf die Kunst, die Götter mit der eigenen Weisheit zu beehren, nur daß er das Leben nicht zu einer Göttin erhebt und aus seiner Lehre kein Gebot für die Unweisen, sondern eine Kritik der Weisesten gewinnt.[77] — Die Rede, die das Leben an ihn richtete, setzte Zarathustra in den Stand, die Weisesten in den Versen 1–11 des Kapitels darüber aufzuklären, daß der Wille zur Macht in ihren Wertschätzungen am Werk ist, sowohl in ihrem Willen zur Wahrheit, der auf die Erkenntnis der Welt und ihrer selbst geht, als auch in der Rede vom Guten und Bösen, die sie an die Unweisen richten. Den Ertrag der Aufklärung für den Willen zur Wahrheit, der für die weitere Entwicklung des Arguments von größter Bedeutung sein wird, kommt in den resümierenden Versen 37–42 nach der Rede des Lebens nicht zur Sprache. Wenn Zarathustra bekräftigt, daß er den Weisesten aus der Lehre des Lebens «noch das Räthsel» ihres Herzens zu lösen weiß, spricht er summarisch von den «Werthen» und von den «Worten von Gut und Böse», mit denen die «Werthschätzenden» Gewalt übten, und davon, daß ebendies ihre

77 Der *Wille zur Wahrheit* kommt in *Also sprach Zarathustra* viermal vor. Zarathustra verwendet den Begriff zuerst (II, 2, 9), das Leben zuletzt (II, 12, 32). Im Unterschied zur ersten und zur vierten Verwendung tritt der «Wille zur Wahrheit» bei der zweiten und dritten, wenn die «berühmten Weisen» (II, 8, 6) und die «Weisesten» (II, 12, 1) ihn in Anspruch nehmen, ohne sich über die Wirksamkeit des *Willens zur Macht* im klaren zu sein, in Anführungszeichen auf. – Die sechste und die siebte Erwähnung von *Wille zur Macht* in Kapitel II, 12 finden sich in den beiden letzten Versen der Rede des Lebens: «Nur, wo Leben ist, da ist auch Wille: aber nicht Wille zum Leben, sondern – so lehre ich's dich – Wille zur Macht! / Vieles ist dem Lebenden höher geschätzt, als Leben selber; doch aus dem Schätzen selber heraus redet – der Wille zur Macht!» II, 12, 35–36 (149). – Cf. S. 70–71 und *Exodus* III, 14 mit XXXIII, 19.

«verborgene Liebe» sei, Liebe, die herrschen will.[78] Er beleuchtet ihre politische Rolle, stellt die notwendige Begrenztheit ihrer Herrschaft heraus und betont den Wandel der «Werthe», dessen unwandelbares Prinzip er erkannt hat. «Aber eine stärkere Gewalt wächst aus euren Werthen und eine neue Überwindung: an der zerbricht Ei und Eierschale.» Da ein Schöpfer im Guten und Bösen erst ein Vernichter von «Werthen» sein muß, schließt der Erkennende, daß «das höchste Böse zur höchsten Güte gehört». Vorausgesetzt, die schöpferische Güte ist die höchste Güte. Das aber war die Annahme, die Zarathustras futuristischer Lehre von der «Vorrede» an zugrunde lag. Nach seinem Resümee fordert er die Weisesten in der siebten und letzten direkten Ansprache auf: «Reden wir nur davon, ihr Weisesten, ob es gleich schlimm ist. Schweigen ist schlimmer; alle verschwiegenen Wahrheiten werden giftig.» War für die Weisesten nicht alles unerhört, was Zarathustra ihnen vortrug? Waren sie, oder die meisten von ihnen, durchaus vertraut mit dem notwendigen Wandel der «Werthe»? Sagte Zarathustra ihnen nichts Neues, als er verkündete: «Wahrlich, ich sage euch: Gutes und Böses, das unvergänglich wäre – das giebt es nicht!» Redeten sie nur nicht davon? Verhüllten sie ihre Einsicht unter erbaulichen Lehren? Und mußten sie, da ihre Doktrinen sich verselbständigten, in Kauf nehmen, daß schließlich manche von ihnen an eine sittliche Weltordnung glaubten? Während andere vor der Wahrheit, die sie für tödlich hielten, bei einer Artisten-Metaphysik Zuflucht suchten?[79] Das letzte Wort gilt den vornehmen Adressaten: «Und mag doch Alles zerbrechen, was an unseren Wahrheiten zerbrechen – kann! Manches Haus giebt es noch zu bauen!»[80]

Wenn Zarathustra den Willen zur Macht herausstellt, der im Willen zur Wahrheit wirksam ist, verweist er die Weisesten auf die Notwendigkeit, den Willen zur Macht gegen sich selbst zu kehren. Und wenn er das Leben die Lehre vom Willen zur Macht als Lehre von der Selbstüberwindung vortragen läßt, versichert er dem Erkennenden, daß sein Wille, über den Willen zur Macht hinaus zu gelangen, dessen höchste Möglichkeit bezeichnet. Beide Male ist der Wille zur Macht nicht das

78 Cf. I, 15, 19 (75) und siehe S. 38–39.

79 Cf. *Vom Nutzen und Nachtheil der Historie für das Leben* 9, 7 (*KSA* 1, p. 319) und *Die Geburt der Tragödie.* Versuch einer Selbstkritik 2, 5 und 7 (*KSA* 1, p. 13, 17, 21).

80 II, 12, 1–11; 12–26; 27–36; 37–42; 43–44 (146–149).

letzte Wort. Von Beginn an dient der Begriff der Kritik und der Selbsterkenntnis des Philosophen. Die kritische Absicht wird durch die Rede unterstrichen, die auf die Präsentation der Doktrin unmittelbar folgt und die Trias zum Willen in der Mitte des Zweiten Teils komplettiert: Am Ende von II, 11 feiert Zarathustra seinen *unverwundbaren Willen*. In II, 12 richtet er den Blick auf den *Willen zur Macht im Willen zur Wahrheit*. Und in II, 13 fordert er den *abgeschirrten Willen*. «Von den Erhabenen» (II, 13) spricht über die «Erhabenen», die mit stolzer Brust und angehaltenem Atem aus dem «Walde der Erkenntniss» zurückkehren, die «Feierlichen», die ihre Jagdbeute an «hässlichen Wahrheiten» mit Genugtuung vorweisen, die «Büsser des Geistes», die sich ihre Grausamkeit gegen sich selbst als moralisches Verdienst anrechnen. Zarathustra unterwirft die nichts als redlichen Jäger und immer nur ernsten Helden der Erkenntnis der Kritik. Aus der höchsten Perspektive, von der Warte gelassener Heiterkeit und im Namen gelöster Schönheit übt er Kritik an dem Ernst und der Anspannung, die er den Schaffenden zuvor anempfahl und abverlangte.[81] Die Kritik wiegt um so schwerer, als in der Redlichkeit oder Grausamkeit gegen sich selbst der Wille zur Macht gegen ebenjenen Willen zur Macht antritt, der sich die Wirklichkeit nach Maßgabe der eigenen Vorurteile, Wünsche und Gewohnheiten anverwandelt und so die Wahrheit verfehlt. Weit davon entfernt, den Helden für seinen harten Kampf zu loben oder ihm ein weiteres Mal die befreiende Kraft des Willens anzupreisen, ermahnt ihn Zarathustra, daß er das Lachen und die Schönheit lernen muß. Mehr: «Auch seinen Helden-Willen muss er noch verlernen: ein Gehobener soll er mir sein und nicht nur ein Erhabener: – der Aether selber sollte ihn heben, den Willenlosen!» Der Wille zur Macht ist nicht die Lösung, sondern der Kern des Problems für den Philosophen. «Unerringbar ist das Schöne allem heftigen Willen. / Ein Wenig mehr, ein Wenig weniger: das gerade ist hier Viel, das ist hier das Meiste. / Mit lässigen Muskeln stehn und mit abgeschirrtem Willen: das ist das Schwerste euch Allen, ihr Erhabenen!» *Stehen*, nicht knien vor der Welt, *mit abgeschirrtem Willen* vor ihr innehalten, ohne daß der Wille zur Macht für die – vom

81 «Vom Kampfe kehrte er heim mit wilden Thieren: aber aus seinem Ernste blickt auch noch ein wildes Thier – ein unüberwundenes! / Wie ein Tiger steht er immer noch da, der springen will; aber ich mag diese gespannten Seelen nicht, unhold ist mein Geschmack allen diesen Zurückgezognen» II, 13, 7–8 (150).

«Büsser des Geistes» nicht als Mittel verstandene, sondern zum Zweck erhobene – Grausamkeit gegen sich selbst eingespannt bleibt, das ist die Forderung der Selbst-Überwindung, die Zarathustra dem Helden der Erkenntnis eröffnet. Wenn er das Höchste erreichen will, muß er zum Über-Helden werden. Das buchstäblich und nicht nur buchstäblich letzte Wort der Trias zum Willen ist der «Über-Held».[82]

Nach dem Aufschwung in die höchste Höhe und einer Folge von sechs Reden, in denen die Adressaten seiner futuristischen Lehre, mit einer Ausnahme, nur im Vorübergehen angesprochen wurden, kehrt Zarathustra in den nächsten drei Reden als Schaffender zurück, der zu Schaffenden spricht. Das übergreifende Thema der beiden mittleren Fünfergruppen wird durch die kontrastierende Kritik des lähmenden Historismus, der Vorstellung von der reinen Erkenntnis und des leerlaufenden Gelehrtentums weiter ausgeleuchtet. «Vom Lande der Bildung» (II, 14) beginnt mit dem Ausruf: «Zu weit hinein flog ich in die Zukunft» und endet mit dem Versprechen: «An meinen Kindern will ich es gut machen, dass ich meiner Väter Kind bin: und an aller Zukunft – *diese* Gegenwart!» Die futuristische Lehre wurzelt in der Kritik der Gegenwart, von der sie sich abhebt und abstößt. Zarathustra knüpft an die «Vorrede» an, in der er den fehlenden Willen der Zeitgenossen zur Selbstunterscheidung mit ihrem Stolz auf Bildung verband. Als harten Kern dieser Bildung macht er jetzt den Historismus aus, der in einem heillosen Eklektizismus und einer unfruchtbaren Sicht der Wirklichkeit seinen Niederschlag finde. Zarathustra hält den «Gegenwärtigen», an die er sich sechsmal in direkter Ansprache wendet, vor, «Buntgesprenkelte» zu sein, ohne eigene Gestalt und ohne eigenes Leben. «Aus Farben scheint ihr gebacken und aus geleimten Zetteln. / Alle Zeiten und Völker blicken bunt aus euren Schleiern; alle Sitten und Glauben reden bunt aus euren Gebärden.» Ihr Glaube, über die geschichtliche Bedingtheit und Vergänglichkeit aller Dinge im Bilde zu sein, läßt sie zu bloßen Schatten der Vergangenheit herabsinken. Und ihr Glaube, «ohne Glauben und Aberglauben» auszukommen, macht sie unempfänglich für die Lehre vom Übermenschen, die auf den Glauben baut, den «Sinn der Erde» allererst schaffen zu sollen und endlich schaffen zu können. Zarathustra faßt die Wirklichkeit der «Gegenwärtigen» in das Mephisto-

82 II, 13, 3–8; 18–27; 35 (150–152); cf. II, 12, 6 (146). Der *Über-Held* tritt im gesamten Buch nur dieses eine Mal auf.

Wort: «Alles ist werth, dass es zu Grunde geht.»[83] — Die Kritik des Historismus in II, 14, auf den das «Grablied» mit einem widrigen «Eulen-Unthier», das Zarathustra in jungen Jahren begegnete, vorausweist, hat mit der Kritik des Gelehrten in II, 16 gemeinsam, daß Zarathustra in beiden Fällen aus eigener Erfahrung spricht. Er war Gelehrter, aber er ist es nicht länger, und als er es war, war er mehr als bloß Gelehrter. Er blieb nie «auf das Erkennen abgerichtet wie auf das Nüsseknacken». Auch wollte er nie «in Allem nur Zuschauer sein». Die beiden Kapitel treffen sich in den Hauptpunkten der Kritik: der Unfruchtbarkeit und dem Mangel an Einheit des Lebens. In der Mitte der Rede «Von den Gelehrten» bringt Zarathustra die entscheidende Differenz, die die Gelehrten vom Philosophen wie vom Propheten trennt, bündig zum Ausdruck: «was will *meine* Einfalt bei ihrer Vielfalt!» Für den Philosophen heißt das: Eine Leidenschaft, die Leidenschaft der Erkenntnis, Ein herrschender Gedanke, die selbstgestellte Aufgabe, Ein Leben.[84] — Alle drei Kapitel verbindet die Betonung der schöpferischen Kraft. Zarathustra war mit seiner Forderung des Über-Helden, der den Willen zur Macht abzuschirren weiß und in der Betrachtung der Welt aus der höchsten Perspektive zur Bejahung des Ganzen gelangt, zu weit vorausgeeilt. «Von der unbefleckten Erkenntniss» (II, 15) holt die Kritik einer mißverstandenen Vita contemplativa nach, und im Zentrum der zentralen Rede der dritten Fünfergruppe begegnet uns der Held in Gestalt eines Appells an den Geist des Heroismus wieder: «Wo ist Schönheit? Wo ich mit allem Willen *wollen muss*; wo ich lieben und untergehn will, dass ein Bild nicht nur ein Bild bleibe. / Lieben und Untergehn: das reimt sich seit Ewigkeiten. Wille zur Liebe: das ist, willig auch sein zum Tode. Also rede ich zu euch Feiglingen!» Die Schönheit, von der Zarathustra in II, 15 spricht, ist die Schönheit des Edlen, nicht die Schönheit des Vollkommenen, die er den «Erhabenen» in II, 13 entgegenhielt. Im Un-

83 II, 14, 1; 5–15; 18–24; 33–35 (153–155). Vorrede, 5, 3–5 und 23 (19–20). «Unfruchtbare seid ihr: *darum* fehlt es euch an Glauben. Aber wer schaffen musste, der hatte auch immer seine Wahr-Träume und Stern-Zeichen – und glaubte an Glauben! – / Halboffne Thore seid ihr, an denen Todtengräber warten. Und das ist *eure* Wirklichkeit: ‹Alles ist werth, dass es zu Grunde geht›» II, 14, 22–23 (154). – Vers 23, der Höhepunkt der Kritik des Historismus in der Rede «Vom Lande der Bildung», gibt einen Fingerzeig, für wen die «Todtengräber» stehen, die als einzige Personen-Gruppe außer dem Volk in der Vorrede (8, 2) ihren Auftritt hatten.

84 II, 16, 6–10; 14; 21; 26 (160–162). II, 11, 21 (143–144).

terschied zu den Nichts-als-Redlichen in II, 13 kritisiert er die «Rein-Erkennenden», wenn nicht im Namen der Moral, so doch mit einem moralischen Gestus. Er attackiert sie als «Heuchler», «Lüsterne» und «Lügenbolde», bezieht sich auf ihre «Scham» und ihr «schlechtes Gewissen» und wirft ihnen vor, daß sie das Begehren verleumdeten, weil ihnen die «Unschuld in der Begierde» fehle. Die Sache, um die es geht, ist die Zurückweisung eines moralischen Verständnisses der Vita contemplativa als interesselos und selbstlos, frei von Begehren und dem Irdischen überhoben. Den «Rein-Erkennenden» läßt Zarathustra sagen: «Und das heisse mir aller Dinge *unbefleckte* Erkenntniss, dass ich von den Dingen Nichts will: ausser dass ich vor ihnen da liegen darf wie ein Spiegel mit hundert Augen.» Was in «Von der unbefleckten Erkenntniss» in Rede steht, ist die Verteidigung der Leidenschaft der Erkenntnis, die das *ganze Leben* des Philosophen erfaßt und bestimmt. Im Einklang damit trägt Zarathustra in den letzten sieben Versen des Kapitels eine modifizierte Konzeption der «Sonnen-Liebe» vor, die ihm seit der ersten Rede zur Auslegung der eigenen Liebe gedient hat. Er spricht der Sonne jetzt «Unschuld und Schöpfer-Begier» zu: «Am Meere will sie saugen und seine Tiefe zu sich in die Höhe trinken.» Dem «Durste der Sonne» antwortet die «Begierde des Meeres», das Luft werden will und Licht. Zarathustra bejaht sein Begehren und bekennt seine Zuversicht, dem nehmenden Geben werde ein gebendes Nehmen entsprechen: «Wahrlich, der Sonne gleich liebe ich das Leben und alle tiefen Meere. / Und diess heisst *mir* Erkenntniss: alles Tiefe soll hinauf – zu meiner Höhe!»[85]

Die Rede «Von den Dichtern» (II, 17) ist ein Abschluß und ein Auftakt. Nach der Kritik des berühmten Weisen, der dem Volk dienstbar bleibt, des Helden der Erkenntnis, der nichts als redlich sein will, des selbstvergessenen Betrachters, der sich einen reinen Spiegel der Welt wähnt, und des vielfältig fragmentierten Gelehrten, der sein Leben nicht an Eins zu wagen und zu Einem zu wenden weiß, markiert das letzte Kapitel der beiden Fünfergruppen, die den Philosophen zum Gegenstand haben, mit der Kritik des Dichters das Ende der kontrastierenden Reihe. Da Zarathustra die Kritik des Dichters als Selbstkritik vorträgt, bezeichnet die Rede aber zugleich den Beginn der Destruktion der

85 II, 16, 8–12; 15–17; 19–20; 22–25; 33–39 (156–159). Cf. Vorrede, 1, 2–11 (11–12); II, 9, 4–10; 19–25 (136–138), siehe S. 17–18 und 67–69.

Lehre, die Zarathustra als Dichter und Prophet verkündet hat. «Von den Dichtern» enthält die erste Begegnung mit einem einzelnen Jünger seit der Rede «Vom Baum am Berge». Und wie der Dialog mit dem Jüngling in I, 8, der einer vornehmen Ansprache bedurfte, bedeutet das Gespräch mit dem nicht näher bestimmten Jünger in II, 17, der für den Jünger schlechthin einstehen kann, einen Wendepunkt der Handlung.[86] Zarathustra eröffnet das Gespräch mit einer herausfordernden Aussage über den Geist, der im fünften der zehn Kapitel als der maßgebende Begriff des Willens zur Macht der «Weisesten» und ihres Vorstellens figurierte: Seit er den Leib besser kenne, sei ihm der Geist «nur noch gleichsam Geist», und was – wie der Geist – das «Unvergängliche» genannt wird, sei «auch nur ein Gleichniss». Auf den Geist im besonderen geht der Jünger nicht ein. Er erinnert sich jedoch, dergleichen von Zarathustra «schon einmal» gehört zu haben. Was jedenfalls für den Schluß der Aussage zutrifft. Tatsächlich ist ihm die Sentenz über das «Unvergängliche» aus der Rede «Auf den glückseligen Inseln» so gegenwärtig, daß er die Fortsetzung beinahe Wort für Wort wiederzugeben vermag: «damals fügtest du hinzu: ‹aber die Dichter lügen zuviel.›» Die Frage, die der Jünger anschließt – «Warum sagtest du doch, dass die Dichter zuviel lügen?» –, wird von Zarathustra barsch zurückgewiesen. Er gehöre nicht zu denen, «welche man nach ihrem Warum fragen darf». Die Vermutung, die Zarathustras Reaktion nahelegt, er verweigere die Auskunft über seine Gründe, weil er eine fraglose Hinnahme seiner Verkündigung, weil er Glaube oder Gehorsam erwarte, stellt sich ebenso rasch als haltlos heraus, wie sich Zarathustras Einlassung gegenüber dem Jünger als unwahr erweist, es überforderte sein Gedächtnis, wollte er die Gründe seines Urteils bei sich haben, zumal wenn es «lange her» sei, daß er sie «erlebte». Das Wort aus dem Prolog, das sich dem Jünger einprägte, betraf nichts Geringeres als die «Muthmaassung» Gottes, und kein Philosoph wird die Gründe vergessen, die er in der Auseinandersetzung mit einer ihn existentiell betreffenden Frage «erlebte» oder die mit seiner Antwort auf diese Frage in engstem Zusammenhang stehen. Er wird sie vielmehr so «bei sich haben», daß er sich Tag und Nacht über sie Rechenschaft zu geben weiß. Zarathustra versucht,

86 Siehe S. 33–35. – Die Jünger wurden zuletzt in II, 10, 1 (139) und davor in II, 4, 1 (117) erwähnt, die beiden einzigen Erwähnungen von Zarathustras Jüngern im Zweiten Teil vor II, 17 (cf. S. 53–54).

den Jünger hinreichend zu verunsichern, um ihn auf die Bewegung des Denkens zu verweisen: «Doch was sagte dir einst Zarathustra? Dass die Dichter zuviel lügen? – Aber auch Zarathustra ist ein Dichter. / Glaubst du nun, dass er hier die Wahrheit redete? Warum glaubst du das?» Auf Zarathustras Frage nach den Gründen antwortet der Jünger mit dem Bekenntnis: «ich glaube an Zarathustra.» Zarathustra schüttelt den Kopf. Er spricht noch immer zu Gläubigen. Nicht nur die politischen, auch die pädagogischen Hoffnungen, die er in der Abschiedsrede am Ende des Ersten Teils zum Ausdruck brachte, sind unerfüllt geblieben. Er tritt auf der Stelle.[87] «Der Glaube macht mich nicht selig», bekräftigt der Gegen-Jesus, «zumal nicht der Glaube an mich.» Nachdem die Ermahnung der Jünger «Vielleicht betrog er euch» ohne die erhoffte Wirkung verhallte, verschärft er jetzt den Ton: «Aber gesetzt, dass Jemand allen Ernstes sagte, die Dichter lügen zuviel: so hat er Recht, – *wir* lügen zuviel». Kein Vielleicht mehr. Zarathustra treibt die Entwöhnung entschieden voran. In zwei Durchgängen, auf die er zwei Drittel der Rede verwendet, stellt er unter Beweis, daß er die Gründe seines Urteils parat hat. Der erste Durchgang der Dichterkritik mündet in den Ausruf: «alle Götter sind Dichter-Gleichniss, Dichter-Erschleichniss!» Zarathustra wiederholt in faßlicher Verdichtung, was er bereits bei seinem ersten Auftritt in der Stadt «die bunte Kuh» lehrte, mit dem Unterschied, daß der *Lehrer des Übermenschen* sich damals nicht unter die Dichter einreihte.[88] Die Wiederholung bereitet den dramatischen Höhepunkt im zentralen Vers des Kapitels vor: «Wahrlich, immer zieht es uns hinan – nämlich zum Reich der Wolken: auf diese setzen wir unsre bunten Bälge

87 Im Zentrum des letzten Teils der Abschiedsrede hatte Zarathustra den Jüngern zugerufen: «Ihr sagt, ihr glaubt an Zarathustra? Aber was liegt an Zarathustra! Ihr seid meine Gläubigen: aber was liegt an allen Gläubigen! / Ihr hattet euch noch nicht gesucht: da fandet ihr mich. So thun alle Gläubigen; darum ist es so wenig mit allem Glauben» I, 22.3, 7–8 (101).

88 In «Von den Hinterweltlern» berichtete Zarathustra, daß er «einst», vor seinem Rückzug in die Einsamkeit, «gleich allen Hinterweltlern» seinen «Wahn jenseits des Menschen» geworfen und sich einen Gott als Schöpfer geschaffen, als Dichter erdichtet hatte: «Ach, ihr Brüder, dieser Gott, den ich schuf, war Menschen-Werk und -Wahnsinn, *gleich allen Göttern*!» I, 3, 7 (35), meine Hervorhebung. «Vieles krankhafte Volk gab es immer unter Denen, *welche dichten und gottsüchtig sind*; wüthend hassen sie den Erkennenden und jene jüngste der Tugenden, welche heisst: Redlichkeit» I, 3, 28 (37), meine Hervorhebung.

und heissen sie dann Götter und Übermenschen». Damit die Enthüllung der «Dichter-Erschleichniss» den Jünger gewiß erreiche, fügt Zarathustra sogleich hinzu: «Sind sie doch gerade leicht genug für diese Stühle! – *alle diese Götter und Übermenschen.*» Und er verfehlt nicht, am Ende der Selbstkritik, einen Bruch, Überdruß und Ungenügen, anzuzeigen. «Ach, wie bin ich der Dichter müde!»[89] Die Krisis, die Zarathustra mit der Unterminierung seiner ursprünglichen Lehre heraufführt, wird vom Erzähler lakonisch notifiziert. Der Jünger zürnt Zarathustra, und beide schweigen. Nur an einer Stelle davor, und an keiner danach, erfahren wir etwas darüber, daß ein Jünger oder daß die Jünger Zarathustra zürnten. Zarathustra bezieht sich dort auf die Reaktion, die seine Lehre bei den Jüngern auslöste, daß es keinen «Lohn- und Zahlmeister» für ihre Tugend gebe. Im einen Fall handelt es sich um den vorsehenden Gott, im anderen geht es um den sinngebenden Übermenschen. In beiden erntet Zarathustra den Zorn der Jünger, da er ihnen die Autorität nimmt, von der sie sich Halt versprechen, oder das Heil bestreitet, auf das sie ihre Hoffnung setzen und das außerhalb ihrer selbst liegen soll.[90] — Der zweite Durchgang der Dichterkritik dient vorzüglich der Trennung des Dichters vom Philosophen. Er ist nicht mehr an den Jünger adressiert, der in Stummheit verharrt, sondern Zukünftigem und Zukünftigen zugewandt. Zarathustra blickt auf die Dichter zurück. Statt von «wir» und «uns» spricht er jetzt von «sie» und «ihnen». Selbst das letzte Wort des ersten Durchgangs, «wie bin ich der Dichter müde», gehört der Vergangenheit: «Ich wurde der Dichter müde, der alten und der neuen: Oberflächliche sind sie mir Alle und seichte Meere.» Die Crux betrifft die Gründe und das Nachdenken, ebendas, worauf die Prüfung des Jüngers im vorangegangenen Gespräch zielte. «Sie dachten nicht genug in die Tiefe: darum sank ihr Gefühl nicht bis zu den Gründen. / Etwas Wollust und etwas Langeweile:

89 II, 17, 23–24 und 25 (164), meine Hervorhebung. Die beiden Erwähnungen der Übermenschen im Zentrum des Kapitels «Von den Dichtern» sind die einzigen Verwendungen der Pluralform in *Also sprach Zarathustra*. – Beachte zu den Übermenschen vor dem Evangelium Zarathustras *Die fröhliche Wissenschaft* 143 (p. 490–491).

90 «Als Zarathustra so sprach, zürnte ihm sein Jünger, aber er schwieg. Und auch Zarathustra schwieg; und sein Auge hatte sich nach innen gekehrt, gleich als ob es in weite Fernen sähe» II, 17, 26 (165). «Und nun zürnt ihr mir, dass ich lehre, es giebt keinen Lohn- und Zahlmeister?» II, 5, 6 (120); cf. II, 5, 39 (123).

das ist noch ihr bestes Nachdenken gewesen.» Daß die Dichter nicht wirklich in die Tiefe denken, ist für Zarathustras Urteil bestimmend. Alles Übrige folgt daraus: Daß sie «nicht reinlich genug» und auf Zuschauer erpicht sind, daß sie von ihrer Eitelkeit beherrscht werden und sich Himmel und Erde zurechtmachen, oder daß sie der Selbstberauschung anheimfallen und glauben, wenn sie zärtliche Regungen verspüren, «die Natur selber sei in sie verliebt». Ihr Wille geht zur Oberfläche, zum Schein, zur Täuschung. Da ihrem Geist der Halt fehlt, der sie in sich ruhen ließe, sieht Zarathustra aus den Dichtern schließlich jene «Büsser des Geistes» erwachsen, die nichts als redlich sein wollen und sich erhaben dünken, weil sie die Grausamkeit gegen sich selbst zur moralischen Pflicht erhoben haben. Zarathustra beendet die Kritik des Dichters mit dem Ausblick auf ebenden «Büsser des Geistes», mit dessen Kritik er die letzte Fünfergruppe zum Philosophen begann.[91] Der Philosoph ist weder mit dem einen noch mit dem anderen zu verwechseln. Was nicht heißt, daß er der Redlichkeit entraten könnte. Oder daß er sich der Dichtung nicht bedienen sollte. Ähnlich dem Sokrates der *Politeia*, der die Dichter aus der Stadt verbannt und am Ende selbst als Dichter spricht, geht es Zarathustra offenbar zuallererst um die Feststellung der Rangordnung. Zwei, nicht Eins.[92]

Die Krisis von Zarathustras Lehre ist das zentrale Thema der vierten Fünfergruppe des Zweiten Teils. Da die Krisis in Zarathustras Verhältnis zu den Jüngern manifest wird, kommt in den Kapiteln, die auf die Rede «Von den Dichtern» folgen, der Handlung besondere Bedeutung zu, und die Interventionen des Erzählers haben ein Gewicht, wie sie es seit der Vorrede nicht mehr hatten. Mit anderen Worten: nachdem Nietzsche Zarathustra die eingehendste Kritik am Typus des Dichters hat üben lassen, macht er den augenfälligsten Gebrauch von den Mitteln der Dichtung. «Von grossen Ereignissen» (II, 18) präsentiert in der phantastischen Erzählung vom «Gespräch mit dem Feuerhunde» Zara-

91 II, 17, 28–30; 32; 45 (165–166) und II, 17, 18–22 (164). II, 13, 3 und 13 (150–151); cf. Anm. 88. – Durch kennzeichnende Bezugnahmen und wörtliche Anleihen ruft Zarathustra in II, 17 u. a. die folgenden alten und neueren Dichter auf: Homer (Vers 12, gesetzt, daß Nietzsche in *Die fröhliche Wissenschaft* 84 die Wahrheit sagt) und Aristophanes (23), Markus und Matthäus (11 und 35), Shakespeare (21) und Goethe (1, 16, 22, 23 und 25; cf. II, 2, 18).

92 II, 17, 1–12; 13–25; 26; 27–42; 43–45 (163–166).

thustras Versuch, die Jünger über seine Sicht der Revolution ins Bild zu setzen. Der Erzählung Zarathustras, die neunundzwanzig der zweiundvierzig Verse umfaßt, schickt der Erzähler eine nicht minder phantastische Geschichte voraus. Sie spielt auf einer Insel, auf der «beständig ein Feuerberg raucht» und von der «das Volk» glaubt, auf ihr sei das Tor zur Unterwelt oder der Eingang zur Hölle zu finden. Die Besatzung eines Schiffs, das dort vor Anker ging, weil die Mannschaft auf der Insel Kaninchen schießen wollte, meinte «gegen die Stunde des Mittags» eine Stimme zu hören, die deutlich sagte: «es ist Zeit! Es ist die höchste Zeit!» Und sie glaubte, Zarathustra «gleich einem Schatten» in Richtung Feuerberg fliegen zu sehen. Wir können der Geschichte von den Seeleuten, über deren Herkunft wir nichts erfahren, zunächst entnehmen, daß das Volk weit über die glückseligen Inseln hinaus Zarathustra kennt und liebt, «wie das Volk liebt: also dass zu gleichen Theilen Liebe und Scheu beisammen sind». Außerdem führt uns der Erzähler vor Augen, wie Liebe und Scheu aus den Metaphern, die Zarathustra in seinen Reden verwandte, vom großen Mittag über das Fliegen bis zum Schatten des Übermenschen, die Realien eines Wunderberichts zu gewinnen verstehen, der den Propheten aus dem Morgenland ins Reich des Übernatürlichen entrückt. Noch der Ruf «es ist Zeit!», der aus der Höhe ergeht, knüpft an eine Rede Zarathustras an, und zwar an die bekannteste aller seiner Reden, «welche man auch ‹die Vorrede› heißt».[93] Der Erzähler fährt mit der Parodie fort: Zur Zeit, da die Seemänner den fliegenden Zarathustra über der «Feuerinsel» bestaunten, sorgte auf den glückseligen Inseln das Gerücht für Unruhe, Zarathustra sei bei Nacht verschwunden; «nach drei Tagen aber kam zu dieser Unruhe die Geschichte der Schiffsleute hinzu – und nun sagte alles Volk, dass der Teufel Zarathustra geholt habe.» Die Jünger glaubten nicht an die Höllenfahrt. Sie lachten über das Gerede des Volkes, doch «im Grunde der Seele waren sie Alle voll Besorgniss und Sehnsucht: so war ihre Freude gross, als am fünften Tage Zarathustra unter ihnen erschien». Zarathustra erzählt den Jüngern, daß er über das Meer gegangen sei, um das Geheimnis des «Feuerhundes» zu ergründen, und tatsächlich habe er

93 II, 18, 1–3 (167). Siehe I, 7, 26 (50); I, 22.3, 11–14 (102); II, 2, 34 (112); Vorrede, 5, 7 (19) sowie 26 (20). – In II, 18, 1 ist zum erstenmal seit der Überschrift des Kapitels II, 2 von den glückseligen Inseln die Rede, die hier die «glückseligen Inseln Zarathustras» genannt werden.

«die Wahrheit nackt gesehn». Die Wahrheit, die Zarathustra den Jüngern mit seinem wunderlichen Bericht nahezubringen sucht, lautet, daß um die Revolution wie um den Staat, der «durchaus das wichtigste Thier auf Erden sein will», zwar «viel Gebrüll und Rauch» ist, aber weder von der Revolution noch vom Staat «grosse Ereignisse» zu erwarten sind. «Die grössten Ereignisse – das sind nicht unsre lautesten, sondern unsre stillsten Stunden. / Nicht um die Erfinder von neuem Lärme: um die Erfinder von neuen Werthen dreht sich die Welt; *unhörbar* dreht sie sich.» Zarathustra unterstreicht die Botschaft für die Jünger, indem er dem Asche und Rauch speienden Feuerhund am Ende der Parabel einen «anderen Feuerhund» entgegenstellt, dessen Atem «Gold haucht». Zarathustras Gegen-Revolution beansprucht, «wirklich aus dem Herzen der Erde» zu sprechen. Sie will von dort nicht nur, wie Hölderlins Hyperion, das geheimnisvoll wachsende Gold bergen, sondern insgleichen das Lachen.[94] Zarathustras Vision einer Gegen-Revolution voll Gold und Lachen dringt so wenig zu den Jüngern durch, wie sein Wort von der stillsten Stunde sie erreicht. Sie hören ihm kaum zu. Zu groß ist «ihre Begierde, ihm von den Schiffsleuten, den Kaninchen und dem fliegenden Manne zu erzählen». Die kleinen Ereignisse des Volkes nehmen sie ganz gefangen. Zarathustra schüttelt abermals den Kopf. Er fragt sich, warum «das Gespenst», von dem ihm die Jünger berichten, «es ist Zeit!» schrie. «*Wozu* ist es denn – höchste Zeit?» Der Ruf, den er einst an das Volk auf dem Markt richtete, kommt ihm nicht in den Sinn. Es ist nicht mehr sein Ruf.[95]

Zarathustras Lehre hat von der revolutionären Forderung, daß der Übermensch der Sinn der Erde *sei*, zur gegen-revolutionären Zuversicht, daß das Herz der Erde von Gold *ist*, einen langen Weg zurückgelegt. Die Jünger sind ihn nicht mitgegangen. Für sie blieb die futuristische Doktrin intakt. Nicht in dem Verstande, daß sie den entscheidenden Umschwung ins Werk setzten oder auch nur nennenswerte Schritte unternähmen, ihn vorzubereiten, wohl aber, daß sie sich um den von Zarathustra gepflanzten Glauben scharen und unverwandt an ihm festhalten. Die Wandlung Zarathustras, die sein Ungenügen an den Dichtern

94 II, 18, 4–6; 7–35 (168–170). Zu II, 18, 17–18 cf. I, 12, 16 (66). Zu II, 18, 31–34 siehe I, 22.1, 2–9 und 25 (97–99), I, 7, 10–13 und 22–26 (48–50) sowie S. 33, 35, 45–48.
95 II, 18, 36–42 (170–171). Siehe S. 21.

wie seine Geringschätzung für die großen Ereignisse anzeigten, hat die Jünger allenfalls erzürnt, nicht jedoch so verstört, daß sie sie in eine fruchtbare Unruhe versetzt hätte. Deshalb trifft sie die Erschütterung unvorbereitet, die die apokalyptische Prophezeiung im Kapitel «Der Wahrsager» (II, 19) bei Zarathustra auslöst, und die Wendung, die er schließlich vollzieht, muß sie ratlos zurücklassen. Die Prophezeiung kommt aus dem Nirgendwo. Sie beginnt mit den Worten «und ich sahe», mit denen sieben der zweiundzwanzig Kapitel der *Offenbarung des Johannes* beginnen: «– und ich sahe eine grosse Traurigkeit über die Menschen kommen. Die Besten wurden ihrer Werke müde. / Eine Lehre ergieng, ein Glauben lief neben ihr: ‹Alles ist leer, Alles ist gleich, Alles war!› / Und von allen Hügeln klang es wieder: ‹Alles ist leer, Alles ist gleich, Alles war!›» Das Gesicht der allgemeinen Erschöpfung, Verkehrung und Vergeblichkeit betrifft nicht allein die Menschen, sondern ebenso die Früchte und Felder, alle Brunnen und am Ende das Meer, das Zarathustra als erstes Bild des Übermenschen aufgeboten hatte: «‹Ach, wo ist noch ein Meer, in dem man ertrinken könnte›: so klingt unsre Klage – hinweg über flache Sümpfe. / Wahrlich, zum Sterben wurden wir schon zu müde; nun wachen wir noch und leben fort – in Grabkammern!»[96] «Also», berichtet der Erzähler, «hörte Zarathustra einen Wahrsager reden». Über Ort und Zeit, Veranlassung oder Zusammenhang der «Weissagung», die wie ein Blitz einschlägt, erfahren wir nichts. Wohl aber, daß sie Zarathustra «zu Herzen» ging und ihn «verwandelte». Sie trifft ihn so sehr, daß er «Denen gleich» wird, «von welchen der Wahrsager geredet hatte». Was zeigt ihm die Prophezeiung, das er nicht selbst sah? War er mit dem Historismus, der ihm in ihr begegnet, nicht lange vertraut? Vom Egalitarismus ganz zu schweigen. Und hatte er nicht ebendem, was gemeinhin «Nihilismus» genannt wird, seine futuristische Lehre entgegengestellt? Warum also erfaßt ihn die große Traurigkeit und Müdigkeit, die der Wahrsager verkündet? Zu seinen Jüngern spricht er von der «langen Dämmerung», die droht. «Ach, wie soll ich mein Licht hinüber retten!» Wie im Prolog des Zwei-

96 II, 19, 1–9 (172). Vorrede, 3, 15–16 (15). «Der Wahrsager» ist das einzige Kapitel, das mit einem Gedankenstrich und mitten im Satz beginnt. Die Worte «Und ich sahe» eröffnen in Luthers Übersetzung die Kapitel V, VI, X, XIV, XV, XX und XXI der *Offenbarung des Johannes*. Sie kehren in den zweiundzwanzig Kapiteln des Buchs darüber hinaus häufig wieder. Siehe S. 15 mit Anm. 7.

ten Teils scheint Zarathustras Sorge seiner Lehre zu gelten. Sah er sie damals «in Gefahr», da seine Feinde ihr «Bildniss» entstellt hatten, so bedrängt ihn jetzt die Frage, wie sie die hereinbrechende Welt-Finsternis zu überdauern vermag, wenn sich die Weissagung bewahrheiten sollte. In «Das Kind mit dem Spiegel» (II, 1) wollte Zarathustra wie «ein Schrei und ein Jauchzen» zu seinen Freunden aufbrechen, um der Lehre beizustehen. Achtzehn Kapitel später hat er vor Augen, daß seine Jünger auf der Stufe des Kamels verharren. Es ist ihm nicht gelungen, sich Gefährten zu schaffen. Aber sind Kamele nicht ausreichend, um die Lehre durch eine Zeit der Dürre zu tragen, sie zu bewahren und weiterzugeben? Angesichts eines wachsenden Gefolges von Jüngern, die sich an der Lehre aufrichten, ihr treu ergeben sind, sie im Wortlaut gegenwärtig haben, sollte ihr Licht durchaus hinüber zu retten sein. Es sei denn, mit der Rettung ihres Lichts steht nicht ihre Überlieferung, sondern die Lehre selbst in Frage: ihre Angemessenheit, ihre Eignung für die gestellte Aufgabe, ihre Wahrheit.[97] — Zarathustra geht nach der Weissagung ruhelos umher, trinkt und ißt drei Tage lang nichts, verliert «die Rede» und fällt endlich in einen tiefen Schlaf. Anders als der Schlaf am Ende der Vorrede, aus dem er mit der «neuen Wahrheit» erwachte, daß er künftig nicht zum Volk, sondern zu Gefährten reden solle, dauert der Schlaf dieses Mal nicht nur einige Stunden. In «langen Nachtwachen» sitzen die Jünger um ihn und bangen, bis «er wach werde und wieder rede und genesen sei von seiner Trübsal». Als er erwacht, wendet er sich «wie aus weiter Ferne» mit der Erzählung eines Traums an seine Jünger und fordert sie auf, daß sie ihm helfen, dessen Sinn zu «rathen». Denn während er den Traum in «Das Kind mit dem Spiegel» mühelos zu deuten und seinem Begehren nach Wiederaufnahme der Lehrtätigkeit dienstbar zu machen wußte, sagt er von dem Traum, den er jetzt träumte, daß er ihm noch ein Rätsel sei. Tatsächlich macht die enigmatische Erzählung die tiefe Krisis anschaulich, in die der Wahrsager Zarathustra mit dem Wort *Alles ist leer, Alles ist gleich, Alles war* gestürzt hat. Zarathustra träumt, er habe allem Leben abgesagt und hüte als Nacht- und Grabwächter auf der «einsamen Berg-Burg des Todes» gläserne Särge, aus denen ihn «überwundenes Leben» anblickt. Mit dem «rostigsten aller Schlüssel» versteht er, das «knarrendste aller Thore» zu öffnen. Er weckt einen Vogel, dessen «bitterböses Gekrächze» durch

97 II, 19, 10–12 (172–173). II, 1, 4–10; 14; 22 (105–107).

die langen Gänge läuft. Noch «furchtbarer und herzzuschnürender» ist es, wenn das Geschrei wieder verstummt und er allein sitzt in «tückischem Schweigen». Endlich schlagen «gleich Donnern» dreimal Schläge ans Tor. Zarathustra ruft dreimal «Alpa!» und «Wer trägt seine Asche zu Berge?» Er kann mit seinem Schlüssel das Tor nicht öffnen, bis «ein brausender Wind» dessen Flügel auseinanderreißt und ihm einen schwarzen Sarg zuwirft, der zerbirst und ein «tausendfältiges Gelächter» ausspeit. Aus «tausend Fratzen» lacht und höhnt und braust es wider Zarathustra. «Grässlich erschrak ich darob: es warf mich nieder. Und ich schrie vor Grausen, wie nie ich schrie.» Während Zarathustra den Traum, aus dem ihn sein Schrei weckte, noch nicht zu deuten weiß, ist «der Jünger, den er am meisten lieb hatte», sogleich mit einer Auslegung zur Stelle. Er faßt Zarathustra bei der Hand und versichert ihn, sich und die anderen Jünger des strahlenden Sieges der Lehre. Um den Traum im Sinn der Lehre auszulegen, muß der Jünger allerdings eine Vertauschung vornehmen. Den Schlüssel liefert ihm das Leben: «Dein Leben selber deutet uns diesen Traum, oh Zarathustra!» Zarathustra ist nicht der Nacht- und Grabwächter, der allem Leben absagte, sondern ganz im Gegenteil der Wind, der die Tore der «Burgen des Todes» aufreißt, und der Sarg, mit dem das Leben in «alle Todtenkammern» einzieht. Sein Gelächter triumphiert über die Schrecken des Todes. «Und auch, wenn die lange Dämmerung kommt und die Todesmüdigkeit, wirst du an unserm Himmel nicht untergehn, du Fürsprecher des Lebens!» Zarathustra ist der Bringer des Lichts, der mächtige Retter, die Zuversicht seiner Jünger: «Nun wird immer Kindes-Lachen aus Särgen quellen; nun wird immer siegreich ein starker Wind kommen aller Todesmüdigkeit: dessen bist du uns selber Bürge und Wahrsager!» Daß Zarathustra seinen «schwersten Traum» träumte, weiß der Jünger damit zu erklären, daß Zarathustra den Traum seiner Feinde träumte, die, wenn sie erst aufwachen, zu ihm kommen und die Schar seiner Jünger vermehren werden. Der Gegen-Jesus scheint auf dem Höhepunkt seiner Wirksamkeit angelangt zu sein. Sein Untergang ist im Glauben der Jünger überwunden. Er ist für sie der Weg und die Wahrheit und das Leben.[98] — Setzt die Lehre den Jünger in den Stand, den Meister besser zu verstehen, als dieser sich selbst verstand? Denn mit der Auslegung

98 II, 19, 13–14; 15–32; 33–43 (173–175). Cf. II, 11, 38 (145). Siehe *Johannes* XIII, 23 und XX, 2.

von Zarathustras «schwerstem Traum» steht zugleich das Verständnis der Krisis in Frage, die die Prophezeiung des Wahrsagers aufbrechen ließ. Erkannte Zarathustra nicht, daß er der wahre Gegen-Wahrsager ist und daß die Weissagung seiner Lehre nichts anzuhaben vermag? Oder ist in der Deutung, die der Lieblingsjünger vorträgt, «viel klingendes Spiel», das die Besorgnis des Kreises übertönt und allen, dem Meister und den Jüngern, Mut machen soll? Zarathustra sieht auf seine Jünger und prüft ihre Gesichter. Aber «noch» erkennt er sie nicht. Als sie ihn «auf die Füsse» stellen, verwandelt sich «mit Einem Male sein Auge», er begreift «Alles, was geschehen war», und streicht sich den Bart. Zarathustra begreift, was es mit der Krisis der Lehre auf sich hat, wie der Traum zu deuten ist und wer die sind, die ihn umgeben. Die Krisis liegt hinter ihm. Er fordert die Jünger auf, für eine gute gemeinsame Mahlzeit zu sorgen. Der Wahrsager soll an seiner Seite sein, denn er «will ihm noch ein Meer zeigen, in dem er ertrinken kann.» Die Jünger spricht er jetzt, da er sie «erkannt» hat, nicht mehr mit «ihr Freunde», sondern als «meine Jünger» an. Es ist das erste Mal im Zweiten Teil und das dritte und letzte Mal im Buch, daß er sie «meine Jünger» nennt. Dem Jünger schließlich, der den Traum deutete, blickt er lange ins Gesicht und schüttelt dabei den Kopf. Dreimal, in drei aufeinanderfolgenden Kapiteln, haben sich die Jünger als Gläubige erwiesen. Dreimal haben sie sich auf ihren Glauben an Zarathustra zurückgezogen. Dreimal schüttelt Zarathustra den Kopf. Auch der Lieblingsjünger wird nicht in der Lage sein, der Lehre mit Gründen beizustehen und sie so zu berichtigen, daß sie die Dämmerung überdauern kann. Weit entfernt, daß er den Geburtsfehler der futuristischen Doktrin zu erkennen vermöchte, zeigte er sich unempfänglich für das Verdikt des Wahrsagers *Alles war!*, das ihre Zukunft bezeichnet.[99]

Alle Wege Zarathustras führen zu der Rede «Von der Erlösung» (II, 20). Alle Erwartungen an den Propheten gehen in sie ein. Alle Fragen an den Philosophen sind in ihr verdichtet. Alle Handlungsstränge verknüpfen und lösen sich in Einer Rede, die das Werk in zwei ungleiche

99 II, 19, 44–47 (175–176). Zarathustra schüttelt dreimal den Kopf: II, 17, 10; II, 18, 40; II, 19, 47. In II, 19 verwendet er zwei Anreden: in Vers 15 «ihr Freunde», in Vers 45 «meine Jünger». Die Anrede «meine Jünger» verwendete er davor nur in der Abschiedsrede des Ersten Teils: I, 22.1, 5 und I, 22.3, 2. *Jünger* kommt in *Also sprach Zarathustra* siebenundzwanzigmal vor. Sechsundzwanzigmal bezieht sich der Begriff auf die Jünger Zarathustras, einmal auf die Jünger Jesu.

Hälften bricht. Zu den Besonderheiten des Kapitels zählt, daß wir Zarathustra zum Volk, zu den Jüngern und zu sich selbst sprechen hören und daß wir auf die unterschiedliche Ansprache der Adressaten, sollten wir ihr bis dahin keine Beachtung geschenkt haben, eigens hingewiesen werden.[100] Zarathustra spricht zum Volk, nicht weil er den Entschluß aufgegeben hätte, seine Rede nicht mehr an das Volk zu richten, sondern weil «die Krüppel und Bettler» ihn umringen, wie sie nach den alten Evangelien Jesus umringten, wenn sie ihn mit seinen Jüngern erkannten. Als Zarathustra «eines Tags über die grosse Brücke» geht, tritt ein «Bucklichter» auf ihn zu und sagt: «Siehe, Zarathustra! Auch das Volk lernt von dir und gewinnt Glauben an deine Lehre: aber dass es ganz dir glauben soll, dazu bedarf es noch Eines – du musst erst noch uns Krüppel überreden!» Zarathustra trifft allenthalben auf Gläubige. Das Volk gibt sich indes anders als die Jünger nicht mit Bildern und Gleichnissen zufrieden. Um Glauben zu fassen, will es von Taten hören. Seine Liebe und Scheu verlangen nach Wundern: Die Krüppel ließen sich «überreden», wenn der Prophet ihnen die Gebrechen nähme, an denen sie leiden, wenn seine Lehre ihre Wahrheit dadurch erwiese, daß sie die Welt neu machte, wenn der Übermensch die Erlösung für alle bedeutete. Wen vermag Zarathustra, nachdem er «über die grosse Brücke» gegangen ist, zu erlösen? Das Volk? die Jünger? sich selbst? Das Begehren, seine Herrlichkeit durch Wunder zu bezeugen, weist er von sich. «Wenn man dem Bucklichten seinen Buckel nimmt, so nimmt man ihm seinen Geist – also lehrt das Volk.» Zarathustra wird den Krummen nicht gerade, den Lahmen nicht gehend, den Blinden nicht sehend machen. Er ist kein Wunder-Heiler, kein Wunder-Täter, kein Wunder-Verkünder. Die Berufung auf das, was das Volk lehrt – «warum sollte Zarathustra nicht auch vom Volke lernen, wenn das Volk von Zarathustra lernt?» –, scheint bei all dem nicht mehr als eine rhetorische Ausflucht zu sein. Tatsächlich wird sich Zarathustras Weisheit jedoch daran zu bewähren

100 «Von der Erlösung» ist das längste Kapitel des Zweiten Teils und das mittlere der letzten Fünfergruppe. Es ist nach II, 19 und vor II, 22 das einzige Kapitel des Zweiten Teils, das weder mit «Also sprach Zarathustra» noch mit «Also sang Zarathustra» endet. Es ist nach I, 15 (einmal) und II, 12 (siebenmal) das dritte und letzte Kapitel des Buchs, in dem der *Wille zur Macht* vorkommt (einmal), neben II, 13 eines von zweien, in denen vom *abgeschirrten Willen* die Rede ist (jeweils einmal), und das einzige, in dem der *Geist der Rache* seinen Auftritt hat (zweimal).

haben, daß sie die Vernunft, die in der Lehre der Nichtweisen beschlossen liegt, zu bergen weiß: *Alles hat sein Gutes.* Zunächst aber schlägt er einen Kurs ein, der ihn geradewegs zum Glutkern der futuristischen Lehre führt. Er antwortet auf die Klage der Krüppel über ihre Gebrechen mit der Klage über «umgekehrte Krüppel», deren Gebrechen das Volk für Zeichen von Größe und Genie hält, über Menschen, «denen es an Allem fehlt, ausser dass sie Eins zuviel haben». Zarathustra bekennt, daß Krüppel im gewöhnlichen Verstande ihm «das Geringste» sind. Was ihn aufbringt, was ihn mit Abscheu erfüllt, sind die Abirrungen, Vereinseitigungen, Zersplitterungen, ist das Stückwerk, das sich zu keinem sinnerfüllten Ganzen fügt. Das Volk versteht sich auf Krüppel im gewöhnlichen Verstande. Auf «umgekehrte Krüppel» versteht es sich nicht, weil ihm die Vorstellung davon fehlt, was der Mensch im besten Falle sein kann und sein soll.[101] Vom Volk wendet sich Zarathustra «mit tiefem Unmuthe» zu den Jüngern: «Wahrlich, meine Freunde, ich wandle unter den Menschen wie unter den Bruchstücken und Gliedmaassen von Menschen!» Zarathustras Zorn gilt nicht allein den Menschen der Gegenwart, sondern ebenso denen der Vergangenheit. Ob er um sich blickt oder zurückschaut, sein Auge «findet immer das Gleiche: Bruchstücke und Gliedmaassen und grause Zufälle – aber keine Menschen!» Zarathustra knüpft an die Diagnose an, die er der Menschheit im Zentrum der Abschiedsrede des Ersten Teils stellte und die die Therapie der futuristischen Lehre begründen sollte: «Noch kämpfen wir Schritt um Schritt mit dem Riesen Zufall, und über der ganzen Menschheit waltete bisher noch der Unsinn, der Ohne-Sinn.» Aber erst jetzt spricht er aus, was das Verdikt über die Geschichte der Menschheit, die Verlagerung allen Sinns in die Zukunft, zur Konsequenz hat: Es gab bisher keinen Menschen, und es wird keinen Menschen geben, solange der alles entscheidende Umschwung, der bewußt herbeizuführende große Mittag, das einst zu erhoffende Ereignis aussteht. Zarathustra geht noch weiter. Er bekennt, was er in keinem der dreiundvierzig Kapitel davor, geschweige in der Vorrede bekannte: «Das Jetzt und das Ehemals auf Erden – ach! meine Freunde – das ist *mein* Unerträglichstes; und ich wüsste nicht zu leben, wenn ich nicht noch ein Seher wäre, dessen, was kommen muss.» In der Rede an die Sonne, mit der das Buch begann,

101 II, 20, 1–6 (177–178). Cf. *Matthäus* XI, 5 und XV, 30–31. Zur *Brücke* siehe Vorrede, 4, 4; 11; 19 (16–17); I, 4, 22 (41); I, 5, 18 (43); I, 11, 39 (64); II, 7, 7 (128).

hatte Zarathustra sich darauf verständigt, daß ein Überfluß an Weisheit ihn veranlaßte, aus der Einsamkeit zu den Menschen zurückzukehren. Er wurde zum Propheten aus Liebe zum Menschen, einer Liebe, die sich als Forderung an die Menschen äußern mußte und die er als Ausdruck der Fülle verstehen wollte. Im «Nachtlied» überzeugte er sich davon, daß selbst die Liebe eines Gottes aus einem Mangel zu begreifen ist. Und nun gesteht er sich in beinahe so vielen Worten ein, daß der Liebe des Propheten ein tiefes Ungenügen an den Menschen, an der Welt, wie sie ist, und an ihm selbst zugrunde liegt. Zarathustra wußte nicht zu leben, ohne Prophet zu werden. Die Welt schien ihm unerträglich ohne die Aussicht, sie umzuschaffen. Alles, die Gegenwart und die Vergangenheit, hielt er der Rettung durch die Zukunft bedürftig. «Ein Seher, ein Wollender, ein Schaffender, eine Zukunft selber und eine Brücke zur Zukunft – und ach, auch noch gleichsam ein Krüppel an dieser Brücke: das Alles ist Zarathustra.»[102] Als Prophet, der Rettung will und Sinn schafft, gehört Zarathustra bereits der Zukunft, zu der er für andere eine Brücke schlägt. Aber mit der Zukunftsgespanntheit seines Wollens, seines Schaffens, seines Seins ist er selbst noch – hier setzt die grundstürzende Wendung der Rede ein – «gleichsam» ein Krüppel. Die Diagnose des Arztes zeigt, daß der Arzt kein Genesener ist. Seine Ausrichtung an der Zukunft erweist sich als Abhängigkeit von der Zukunft, vom Imaginären. Die Erlösung, die Zarathustra verheißt, verwandelt alles Jetzt und Ehemals auf Erden in ein Reich des Unerlösten, Zarathustra eingeschlossen. Die futuristische Lehre wurzelt in der Empörung über die Wirklichkeit. Da der Nerv der Lehre freigelegt ist, wird die Frage nach dem Lehrer akut: *Wer ist uns Zarathustra?* Zarathustra stellt sie für die Jünger, die in Schweigen verharren. Er hatte die Frage seit den Reden «Vom Gesindel» (II, 6) und «Von den Taranteln» (II, 7) vorbereitet, als er auf die Rolle des *Ekels*, den er überwunden zu haben be-

102 II, 20, 7–12 (178–179); I, 22.2, 8 (100). Zarathustra fährt in Vers 13 fort: «Und auch ihr fragtet euch oft: ‹wer ist uns Zarathustra? Wie soll er uns heissen?› Und gleich mir selber gabt ihr euch Fragen zur Antwort.» In den Versen 14 und 15 folgen sieben Fragen-Paare. Das erste Paar lautet: «Ist er ein Versprechender? Oder ein Erfüller?», das letzte: «Ein Guter? Oder ein Böser?» In der Mitte steht das Paar «Ein Arzt? Oder ein Genesener?», das in einem Entwurf zunächst am Ende der Reihe gestanden hatte. Es verdrängt «Ist er ein Dichter? Oder ein Wahrhaftiger?» aus der zentralen Position, die dieses Paar im Entwurf innehatte. Cf. *Matthäus* XVI, 13–20.

anspruchte, und der *Rache*, die er als ernste Versuchung kennzeichnete, aufmerksam machte. Danach wandte er zehn Reden und Lieder an eine eingehende Selbstbefragung und Selbsterklärung, deren Ertrag ihn allererst in den Stand setzte, die Wendung zu vollziehen, die in «Von der Erlösung» an den Tag kommt. In der letzten dieser Reden zog er sich den Zorn eines Zarathustra-Gläubigen zu, als er die Lehre vom Übermenschen unterminierte, indem er Einblick in die Dichterwerkstatt gab, der sie entstammt. Nachdem er den Jüngern die Fragen «Ist er ein Dichter? Oder ein Wahrhaftiger?» in den Mund gelegt hat, stellt Zarathustra am Ende seines Rückblicks in vier zusammenfassenden Versen den Anteil des Dichters an der futuristischen Lehre heraus. In Vers 16 nimmt er die Aussage auf, mit der er die Rede an die Jünger acht Verse zuvor begann: «Ich wandle unter Menschen als den Bruchstücken der Zukunft: jener Zukunft, die ich schaue.» Das *wie* aus Vers 8 ersetzt er durch ein *als* und bedient sich so der subtilen Unterscheidung, die er in der ersten Lehrrede des Zweiten Teils einführte, um eine «Spottrede» zu berichtigen: Der Dichter und Prophet sieht die Menschen *als* Bruchstücke einer Zukunft, die er imaginiert. Die futuristische Lehre *macht* sie zu Bruchstücken des erst noch zu schaffenden Ganzen. Vers 17 wiederholt die alles entscheidende Bedeutung der rettenden Tat und ruft das Wort von der «Dichter-Erschleichniss» in Erinnerung: «Und das ist all mein Dichten und Trachten, dass ich in Eins dichte und zusammentrage, was Bruchstück ist und Räthsel und grauser Zufall.» Vers 18 bekräftigt und beleuchtet das «Unerträglichste» als das eigentliche Movens der Mission: «Und wie ertrüge ich es, Mensch zu sein, wenn der Mensch nicht auch Dichter und Räthselrather und der Erlöser des Zufalls wäre!» Vers 19 schließlich markiert den Punkt, an dem das Verdikt des Dichter-Propheten auf das Verdikt des Wahrsagers treffen muß und die Machtlosigkeit der futuristischen Lehre offenbar wird: «Die Vergangnen zu erlösen und alles ‹Es war› umzuschaffen in ein ‹So wollte ich es!› – das hiesse mir erst Erlösung!» Der Versuch, die Vergangenheit durch eine späte Sinngebung umzuschaffen und alles, was war, durch ein zukünftiges Ereignis zu erlösen, wird an der apokalyptischen Weissagung seines notwendigen Scheiterns gewahr, da das Ereignis, dem die Erlösung aufgebürdet wird, seine ausgezeichnete Stellung in der Zeit gegen alles *Es war* nicht zu behaupten vermag, vielmehr selbst dem *Alles war!* des Wahrsagers verfällt.[103]

103 II, 20, 13–19 (179); beachte S. 60–64. II, 3, 1–5 (113); siehe S. 57. Zu den Ver-

Als Zarathustra nach seinem «schwersten Traum» zur Besinnung kam und «Alles» begriff, «was geschehen war», erkannte er in eins mit der Machtlosigkeit der futuristischen Lehre deren Unwahrheit. Seine Kritik des Willens zur Macht, der im Willen zur Wahrheit am Werk ist, erlaubte ihm, die Ausweichbewegung zu bestimmen, zu der sich sein eigener Wille zur Macht angesichts der Ohnmacht vor dem *Es war* verstand: Was sich dem direkten Zugriff des Willens entzog, wurde ihm indirekt unterworfen, in der Wahrnehmung entstellt, in der Bewertung herabgesetzt. In der zweiten Hälfte der Rede «Von der Erlösung» wird Zarathustra im Blick auf diese Ausweichbewegung des Willens zur Macht vom *Geist der Rache* sprechen. Er ist die größte Gefahr für den Philosophen, da er den Willen zur Wahrheit nicht an sein Ziel gelangen läßt. Die futuristische Lehre rächt sich an dem *Es war*, an dem ihre Macht versagt, indem sie es dem Unsinn oder Ohne-Sinn zuschlägt und Rettung verheißt für die, denen keine Rettung not tut. Wer außer einem Zarathustra-Gläubigen könnte glauben, daß Sokrates der Erlösung durch Zarathustra bedürftig wäre? Da Zarathustra weiß, daß er auf Gläubige nicht bauen kann, hat er allen Grund, die Lehre selbst so zu verändern, daß sie die geweissagte Welt-Finsternis zu überdauern vermag. Die Jünger haben zum erstenmal von Zarathustra gehört, daß der Lehrer des Sinns der Erde «noch gleichsam» ein Krüppel war, der mit dem Jetzt und Ehemals nur in der Hoffnung auf dessen künftige Überwindung zu leben wußte. Aber die Bedeutung des Geistes der Rache setzt er ihnen nicht am Beispiel der Doktrin auseinander, die er ihnen früher vortrug. Er beginnt mit der Löwen-Weisheit vom Willen als «Befreier und Freudebringer», die er sie nach seiner zweiten Rückkehr aus der Einsamkeit lehrte, um jetzt, ergänzend und tatsächlich alles verändernd, hinzuzufügen, daß der Wille selbst «noch ein Gefangener» des *Es war* sei. «Ohnmächtig gegen Das, was gethan ist», da er die Zeit nicht zu «brechen» vermag, wird der Wille, der schaffen, nicht schauen will, in seiner Tatenlosigkeit gefangen, «allem Vergangenen ein böser Zuschauer». Der Wille erweist sich als das Gegenteil eines Freudebringers. «Dass die Zeit nicht zurückläuft, das ist sein Ingrimm; ‹Das, was war› – so heisst der Stein, den er nicht wälzen kann.» Die Löwen-Weisheit gipfelt in der Einsicht der großen Verkehrung des Willens: «Und so wälzt

sen 11–12 cf. II, 6, 11–13 und 17 und siehe S. 61–62 mit Anm. 69. Zu Vers 17 cf. II, 17, 22–25 und *Genesis* VI, 5–7.

er Steine aus Ingrimm und Unmuth und übt Rache an dem, was nicht gleich ihm Grimm und Unmuth fühlt.» Zarathustra konstatiert die fatale Inversion im zentralen Vers seiner Rede. Daß er in ihm nicht nur über den Willen im allgemeinen, sondern über sich und zu sich selbst spricht, geht aus allem hervor, was er über das für ihn «Unerträglichste» gesagt hat. Der Erzähler stellt die selbstkritische Wendung zusätzlich heraus, indem er Zarathustra unmittelbar vor der Rede an die Jünger zum ersten und einzigen Mal «tiefen Unmuth» bescheinigt.[104] Der Unmut, der Ärger, der Thymos treibt den Willen in die Verkehrung. «Also wurde der Wille, der Befreier, ein Wehetäter: und an Allem, was leiden kann, nimmt er Rache dafür, dass er nicht zurück kann. / Diess, ja diess allein ist *Rache* selber: des Willens Widerwille gegen die Zeit und ihr ‹Es war.›» Der Widerwille des Willens zur Macht entzündet sich an dem, was dem Willen vorausliegt und woran seine Macht versagt, von der eigenen Natur bis zu aller Notwendigkeit, die *war*, bevor er *will*. Die Rache ist Ausdruck eines Mangels an Macht, eine Ausflucht und Ablenkung des Willens, der vergeblich gegen die Notwendigkeit aufbegehrt. Zarathustra spricht von der «grossen Narrheit», die in «unserem» Willen wohne und die, zum *Geist der Rache* gesteigert, «bisher der Menschen bestes Nachdenken» gewesen sei. Dieses Nachdenken erläutert er in einer besonderen Ausprägung: «wo Leid war, da sollte immer Strafe sein». Die Rache des Willens, der seiner Ohnmacht inne wurde, moralisierte die Welt. Das Leid, das seinen Unmut erregte, wurde als Strafe ausgelegt und so unter die Gerechtigkeit gezwungen. An die Stelle der Gerechtigkeit gegen die Welt, das Leben, das Selbst, die der Erkennende im Sinne einer adaequatio rei zu erreichen sucht, tritt die Gerechtigkeit der sittlichen Weltordnung, die von einer Absicht regiert werden und einen Sinn verbürgen soll. Der Geist der Rache ersinnt ein moralisches Gesetz, dem er die Unschuld des Werdens unterwerfen, oder einen höheren Willen, durch den er eine Ordnung begründen

104 Der Vers, in dem Zarathustra zweimal vom *Unmut* spricht und die *Rache* in «Von der Erlösung» einführt, ist der zwanzigste von neununddreißig Versen seiner Rede an die Jünger und der siebenundzwanzigste der dreiundfünfzig Verse des Kapitels. Bei dem *Unmut*, den der Erzähler in Vers 7 Zarathustra zuschreibt, handelt es sich um den ersten Gebrauch im ganzen Buch. Der doppelten Verwendung durch Zarathustra in Vers 27 folgen noch zwei weitere in III, 2.1, 16 (198) und III, 12.19, 4 (261).

kann, die der Wille aus eigener Macht nicht zu schaffen vermag. Auf dem Pfad, den Zarathustra den Jüngern aufzeigt, erreichte der Geist der Rache sein Ziel, indem er das Wollen selbst als Strafe entstellte und mithin das Leben zur Strafe herabsetzte. Die Folgen solcher Entstellung und Herabsetzung führt er seinen Zuhörern in einem Panoptikum von Urteilen vor Augen, die «der Wahnsinn» schließlich «predigte». Er beginnt mit einer Variation der Mephisto-Sentenz, die er in «Vom Lande der Bildung» (II, 14) zur Charakterisierung der Wirklichkeit der «Gegenwärtigen» herangezogen hatte: «Alles vergeht, darum ist Alles werth zu vergehn!» Und er endet mit der späten Lehre der Selbsterlösung des Willens vom Wollen zum Nicht-Wollen, die ihn in die Gegenwart zurückkehren läßt. In der Mitte der Reihe, im dritten der fünf Urteile, die die vom Geist der Rache geforderte Gerechtigkeit veranschaulichen sollen, knüpft er an eines der ältesten Philosophen-Worte an: «Sittlich sind die Dinge geordnet nach Recht und Strafe. Oh wo ist die Erlösung vom Fluss der Dinge und der Strafe ‹Dasein›?»[105] Von dergleichen «Fabelliedern» wollte Zarathustra die Jünger, wie er eigens vermerkt, wegführen, als er sie lehrte, daß der Wille ein Schaffender sei. Die Lehre vom Willen als «Befreier und Freudebringer» muß im Licht der vollendeten Löwen-Weisheit nur noch um den einen, entscheidenden, Schritt vorangetrieben werden, der den Willen vom Unmut gegen das *Es war* befreit. Zarathustra nimmt den Faden vom Ende des ersten Teils der Rede auf, als er im Rückblick auf die futuristische Doktrin sagte: «Die Vergangenen zu erlösen und alles ‹Es war› umzuschaffen in ein ‹So wollte ich es!› – das hiesse mir erst Erlösung!» Die Aufgabe wird jetzt neu gefaßt: «Alles ‹Es war› ist ein Bruchstück, ein Räthsel, ein grauser Zufall – bis der schaffende Wille dazu sagt: ‹aber so wollte ich es!›» Vom *Umschaffen* des «Es war», das die futuristische Lehre durch ein sinnstiftendes Ereignis in Angriff zu nehmen beanspruchte, ist nicht mehr die Rede. Auch müssen die Vergangenen nicht länger erlöst werden. Zu erlösen ist der Wille von seiner Empörung über die Wirklichkeit und von seinem Aufbegehren gegen die Notwendigkeit, von der Entstellung

105 Der Spruch des Anaximander lautet in der Übersetzung des jungen Nietzsche: «Woher die Dinge ihre Entstehung haben, dahin müssen sie auch zu Grunde gehen, nach der Nothwendigkeit; denn sie müssen Buße zahlen und für ihre Ungerechtigkeiten gerichtet werden, gemäß der Ordnung der Zeit.» *Die Philosophie im tragischen Zeitalter der Griechen* 4 (*KSA* 1, p. 818).

in der Wahrnehmung dessen, was ist, und der Herabsetzung in der Bewertung dessen, was war. Zarathustra berichtigt sich nach einem Gedankenstrich: «– Bis der schaffende Wille dazu sagt: ‹Aber so will ich es! So werde ich's wollen!›» Der Wille wird sich selbst zum Befreier, wenn er zum Werden im Ganzen Ja sagen, das Gewesene als Gewesenes, das Gegenwärtige als Gegenwärtiges bejahen kann, präsentisch *und* futurisch, da der Wille voraus will. Alles, was Zarathustra anschließt, sind Fragen, die sich ihm stellen und auf die er schwerlich eine Antwort von seinen Jüngern erwarten kann, acht Fragen zum Willen: «Aber sprach er schon so? Und wann geschieht diess? Ist der Wille schon abgeschirrt von seiner eignen Thorheit?» Die dritte Bestimmung aus der Verhandlung des Willens in der Trias II, 11–13, der *abgeschirrte Wille*, kehrt zurück. So wie dem Willen des Helden in der Rede «Von den Erhabenen» (II, 13) das Geschirr der zum Zweck erhobenen Grausamkeit gegen sich selbst abgenommen werden mußte, wenn er zur Gelassenheit des Über-Helden aufsteigen sollte, so muß der Wille zur Macht des Erkennenden überhaupt aus dem Geschirr ausgespannt werden, das ihn in einem fort ziehen und stürmen und weiter stürmen und ziehen macht, auf welche Wege, Umwege oder Abwege er auch gerät bei dem Versuch, die Zeit zu brechen und die Notwendigkeit zu zwingen. Abgeschirrt werden kann der Wille nur durch die *Einsicht* in die Torheit, die ihm innewohnt und ihn irreleitet. «Wurde der Wille sich selber schon Erlöser und Freudebringer? Verlernte er den Geist der Rache und alles Zähneknirschen? / Und wer lehrte ihn Versöhnung mit der Zeit, und Höheres als alle Versöhnung ist?» Der Wille bedarf der Ausrichtung und Lenkung durch die Einsicht, die ihn vor dem Unmut bewahrt und aus der Abirrung in die Rache herausführt, wenn sie ihn eines Besseren *belehrt*. Zarathustra fordert aber mehr als Belehrung durch Einsicht. Er verlangt eine Lehre, die «Höheres» verheißt denn Versöhnung mit der Zeit und mit der Notwendigkeit. Die Erkenntnis der Welt, wie sie ist, erscheint ihm nicht hinreichend, da sie nicht der Richtung des Willens selbst entspricht und so die Gefahr eines neu aufkeimenden Unmuts nicht bannt. Um dem Widerwillen zu begegnen, muß entweder die Erkenntnis durch die Liebe unterstützt oder aber der Wille zu dem Glauben bekehrt werden, er selbst sei der Grund der Anerkenntnis der Welt, wie sie ist, so daß sie mit der Richtung seines Wollens zusammenstimme. Zarathustra folgt der zweiten Option. «Höheres als alle Versöhnung muss der Wille wollen, welcher der Wille zur

Macht ist –: doch wie geschieht ihm das? Wer lehrte ihn auch noch das Zurückwollen?» Im letzten Vers der Rede wird der Wille zur Macht beim Namen genannt, den Zarathustra beständig im Auge hatte. Aber die Jünger erfahren nichts über die *Doktrin*, die geeignet wäre, den Willen zur Macht von seiner Torheit abzuschirren. Dagegen liegt es für alle Zuhörer am Tage, daß die Tat dessen, der den Willen das Zurückwollen lehrte, sich mit der Tat des Erlösers zu messen vermöchte, der den Stein vom Grabe wälzte.[106] — Dreimal hatte Zarathustra den Kopf geschüttelt über etwas, das seine Jünger sagten. Jetzt blickt er mit «erschrecktem Auge» auf sie, da er offenbar etwas sagte, das er nicht sagen wollte oder das Weiterungen hat, über die er nichts sagen will. Die Jünger könnten ihn nach der Doktrin fragen, die den Willen zur Macht das Zurückwollen zu lehren vermöchte. Einige könnten aus dem geforderten Zurückwollen den Schluß ziehen, daß Zarathustra ihnen ansinnt, nicht nur den Aufstieg, das, was zum großen Mittag hinführt, sondern auch den Abstieg, das, was auf den großen Mittag folgt, zu wollen. Der eine oder andere schließlich könnte den Gedanken fassen, daß das Zurückwollen für ihn den Sinn hat, das Jetzt und Ehemals auf Erden von der Erlösungsbedürftigkeit zu erlösen. Doch die Jünger bleiben stumm. Tatsächlich haben wir sie nach Zarathustras drittem Kopfschütteln nichts mehr sagen hören, und wir werden sie auch nie wieder etwas sagen hören. Als Zarathustra mit einer scherzenden Bemerkung aus dem Engpaß herausfindet und die Kluft, die sich durch sein plötzliches Innehalten auftat, mit einem Lachen überspielt, meldet sich der «Bucklichte» zurück, der der Rede an die Jünger mit bedecktem Gesicht gelauscht und augenscheinlich auf jede Änderung in der Intonation von Zarathustras Stimme geachtet hat. «Aber warum», fragt er, «redet Zarathustra anders zu uns als zu seinen Jüngern?» Zarathustra parodiert die Antwort, die Jesus seinen Jüngern, nicht dem Volk, auf eine vergleichbare Frage gab. «Mit Bucklichten darf man schon bucklicht reden!» Auf die nächste Frage erwidert er dagegen nicht mehr, so daß der «Bucklichte», dem das Volk Geist zuspricht, das letzte Wort behält und «Von der Erlösung» als einziges Kapitel mit einem Fragezeichen schließt: «Aber warum redet Zarathustra anders zu seinen Schülern – als zu sich

106 II, 20, 20–46 (179–181). II, 2, 26 (111). II, 13, 20; 27; 35 (151–152). II, 14, 23 (154). Siehe S. 68, 74, 77, 78–80. Zu II, 20, 26 cf. *Lukas* XXIV, 2.

selber?» Hier endet die Gemeinsamkeit der Erlöser.[107] — Nachdem wir Zarathustra zum Volk, zu den Jüngern und insonderheit zu sich selbst sprechen hörten, können wir mutmaßen, wie er seinen «schwersten Traum» deutete, als ihm «Alles» klar wurde. Die Berg-Burg des Todes mag ihn an die Einsamkeit im Gebirge verwiesen haben. Dort hütete er gläserne Särge, aus denen ihn überwundenes Leben anblickte, da er die Vergangenen und alles «Es war» erlösen wollte. Im rostigsten aller Schlüssel, mit dem er das Tor im Innern der Burg aufschloß, erkannte er den Geist der Rache, der der Vergangenheit Herr zu werden suchte. Der Vogel, den er aufscheuchte, als er das Tor durch seine auf die Zukunft setzende Sinngebung aufstieß, krächzte ihm «Alles ist leer, Alles ist gleich, Alles war» entgegen. Danach lastete das Schweigen noch furchtbarer auf ihm, das ihn mit denen verband, die seine Doktrin erlösungsbedürftig gemacht hatte. Das Tor nach draußen, zum Leben, zur Welt, wie sie ist, konnte er nicht öffnen, da sein Wille zur Macht nicht abgeschirrt war. Bei dem, der dreimal ans Tor schlug, handelte es sich nicht um einen künftigen Phönix, der aus der Asche der Selbstüberwindung neu ersteht. Was der brausende Wind ihm vor die Füße warf, war der Futurismus, der dem «Es war» anheimfällt. Er brachte ihm einen Sarg mehr in die Burg des Todes. Im Gelächter, das Zarathustra schreien ließ, wie nie er schrie, bedrängte ihn die Frucht der Lehre, die seiner Erwartungen und Hoffnungen spottete. Aber hatte Zarathustra nicht schon im Ersten Teil für sich geltend gemacht, fliegen zu können und über alle Trauer-Spiele und Trauer-Ernste hinaus zu sein? Und stellte er seinen Reden nicht die Vision eines Kindes voran, das mit Wertsetzungen und Lehrgehalten spielerisch umgeht? Wie also kann Zarathustra an die futuristische Lehre geglaubt haben? Vielleicht in diesem Sinne: Der Prophet-Philosoph entwickelt eine Konzeption, die er für das Ergebnis seiner nichts als schenkenden Weisheit hält, um dann auf dem Wege der Lehre, indem er sich den Menschen exponiert, zu erfahren, daß er, weit davon entfernt zu fliegen, tatsächlich an die Menschen gebunden ist, die er liebt, weil oder insofern er sie ändern will, und der endlich gewahr wird, daß ihn von Anbeginn an ein Unerträgliches angetrieben hat, das ihn empörte und auf Rache sinnen ließ. Wie er die Sonnen-Liebe in II, 15 nicht länger im Sinne einer überbordenden

107 II, 20, 47–53 (181–182); cf. II, 12, 43–44 (149) und siehe S. 78. *Matthäus* XIII, 10–17.

Fülle, sondern als «Durst» versteht, so begreift er sich in II, 20 als «Krüppel», der nicht im Ernste spielend zu Werke geht, sondern aus einer zuvor nicht eingestandenen Bedürftigkeit heraus schaffen will. Die Krisis der Lehre befördert seine Selbsterkenntnis. Der nicht abgeschirrte Wille zur Macht war kein Problem für den Propheten, er ist aber ein Problem für den Philosophen. Zwei, nicht Eins.[108]

Die Zweiheit, die sich zu keiner Einheit fügt, besteht nach der Peripetie fort. Zarathustra bringt sie in den letzten beiden Reden, die er an die Jünger richtet, auf seine Weise zum Ausdruck. «Von der Menschen-Klugheit» (II, 21) stellt den «doppelten Willen» heraus, der Zarathustras Herz innewohnt, und «Die stillste Stunde» (II, 22) bietet eine innere Deliberation auf, die die Spannung zwischen der Sendung des Propheten und dem Weg des Philosophen sinnfällig hervortreten läßt. Den doppelten Willen erläutert Zarathustra in Rücksicht auf die «Gefahr», daß sein Blick «in die Höhe stürzt» und seine Hand sich halten möchte «an der Tiefe»: «An den Menschen klammert sich mein Wille, mit Ketten binde ich mich an den Menschen, weil es mich hinauf reisst zum Übermenschen: denn dahin will mein andrer Wille». Der Übermensch, der hier – die natürliche Neigung von Zarathustras Wille paradox bezeichnend – als Zarathustras «Abhang» in Rede steht, ist offenbar nicht länger das Eine Ziel der Menschheit, in dem die Spezies sich selbst überwinden soll. Er erscheint vielmehr als eine Option Zarathustras, die geeignet ist, ihn von seiner Liebe zu den Menschen zu entfernen, von seiner Forderung an die Menschen abzubringen, seine Lehre für die Menschen hinter sich zu lassen. Nach dem jähen Blick, den die Eröffnung freigibt, richtet Zarathustra im weiteren Verlauf der Rede das Augenmerk der Jünger auf die «Menschen-Klugheit», die es ihm erlaubte, unter den Menschen auszuharren, angefangen bei der ersten Klugheit, sich von den Menschen betrügen zu lassen, bis zur vierten und letzten Klugheit, sich ihnen verkleidet zu zeigen – damit sie ihn und er sich verkenne. Dabei rückt der Übermensch wieder in die Ordnung der programmatischen Forderung ein. Die starke Präsenz des Übermenschen, der in II, 21 häufiger auftritt als in irgendeinem anderen Kapitel nach der Vorrede,[109] bedeutet indes nicht die bruchlose Wieder-

108 II, 19, 17–32, siehe S. 90–91. Cf. S. 82 und 94–96.

109 In II, 21 kommt *Übermensch* sechsmal vor, ebensooft wie im gesamten Zweiten Teil vor der Unterminierung der Doktrin im Kapitel «Von den Dichtern»

aufnahme der futuristischen Lehre. Zarathustra wird den Übermenschen nicht noch einmal zum «Sinn der Erde» erheben. Er überträgt ihm nach II, 20 auch nicht die zukünftige Erlösung alles Jetzt und Ehemals durch das späte Umschaffen der Geschichte. Er bürdet ihm nicht auf, die Vergangenen vom Walten des Zufalls, des Unsinns, des Ohne-Sinns zu befreien. Zarathustra kann an der Forderung des Übermenschen festhalten, um den Willen des Menschen dazu zu bewegen, daß er über sich hinaus wolle, über sich hinaus schaffe, über sich hinaus gelange, ohne die Lehre mit den geschichtlich-eschatologischen Erwartungen zu befrachten, die sich in der Krisis als irregeleitet, als philosophisch unhaltbar erwiesen. Dafür, daß er ihn ohne solche Befrachtung in die Natur zu übersetzen sucht, spricht etwa, daß er dem Übermenschen in II, 21 einen Drachen, «der seiner würdig ist», einen «Über-Drachen» in Aussicht stellt. Der Übermensch bedarf nicht anders als der Mensch der Aufgabe, die ihn ganz fordert, um zu werden, was er sein kann. Aber wie immer es sich mit dem Übermenschen als Ziel für die Menschheit nach dem Kapitel «Von der Erlösung» verhalten mag, für den Philosophen verweist die Rückkehr des Übermenschen in II, 21 auf eine Parallele, die die entscheidende Einsicht unterstreicht: Wie der Held nur zum *Über-Helden* zu werden vermag, wenn es ihm gelingt, seinen Willen abzuschirren, so gilt für den wichtigsten Fall, daß der Übergang vom Menschen zum *Übermenschen* das *Abschirren des Willens* verlangt: die Überwindung der Torheit des Willens, zwingen zu wollen, was zu zwingen dem Willen nicht zukommt.[110] — In der Ab-

(II, 17), in dem zweimal von *Übermenschen* im Plural die Rede war. Vor II, 21 wurde der *Übermensch* im Singular zuletzt in Kapitel II, 7 «Von den Taranteln» (einmal) genannt. Dem gingen fünf Erwähnungen in II, 4 «Von den Priestern» (einmal) und in II, 2 «Auf den glückseligen Inseln» (viermal) voraus. Der Zweite Teil enthält mithin je sechs Erwähnungen im Singular vor und nach der Krisis sowie die beiden einzigen Verwendungen des Plurals in den vier Teilen des Buchs.

110 II, 21, 1–5; 10–11 und 40–41; 31 (183–186). Der *abgeschirrte Wille* kommt, wie erwähnt, nur in II, 13 und II, 20 zur Sprache; der *Über-Held* ist das letzte Wort von II, 13; der *Übermensch* tritt zu Beginn von II, 21 zum erstenmal wieder auf. Cf. S. 78–80 und 97–101. – Interpreten, die der Überzeugung sind, das Problem, das das Kapitel «Von der Erlösung» herausstellt, könne nur durch die Lehre der Ewigen Wiederkunft gelöst werden, haben die Ansicht vertreten, es sei diese Lehre, die den Übermenschen erfordere. Die Doktrin der Ewigen Wiederkunft verlangt aber an ihr selbst keinen Übermenschen. Sie verlangt Gläubige.

schiedsrede des Zweiten Teils spricht Zarathustra nicht von seinem doppelten Willen. Ebensowenig erwähnt er den Übermenschen. Statt dessen beschreibt er sich gegenüber den Jüngern, die er verläßt, als «verstört, fortgetrieben, unwillig-folgsam, bereit zu gehen» angesichts eines Gebots, dem er sich nicht entziehen kann: «Ach, meine zornige Herrin will es so, sie sprach zu mir». Und er versäumt nicht, den Bezug zur Abschiedsrede des Ersten Teils herzustellen, in der die futuristische Lehre ihren Gipfel erreichte: «Ja, noch Ein Mal muss Zarathustra in seine Einsamkeit: aber unlustig geht diessmal der Bär zurück in seine Höhle!» Der Name der «furchtbaren Herrin», die ihm fortzugehen gebietet, sagt er den Jüngern, sei *meine stillste Stunde*. Mit dem höchst ungewöhnlichen Namen zur Bezeichnung einer Herrin schlägt er in der fünften Rede der abschließenden Fünfergruppe nicht nur den Bogen zurück zur ersten Rede (II, 18), in der er den Jüngern nahezubringen suchte, daß die größten Ereignisse «unsre stillsten Stunden» sind, sondern er gibt am Ende des Zweiten Teils außerdem zu verstehen, daß das Denken für ihn das größte Ereignis ist. Denn Zarathustras «stillste Stunde» erweist sich als sein Denken, wenn anders wir das innere Gespräch der Seele mit sich selbst, das ohne Stimme vor sich geht, Denken nennen.[111] Die Herrin tut Zarathustra einen Dienst, der an jenen erinnert, den das Daimonion Sokrates tat. Das Gebot einer Autorität macht die Absage, die Verneinung, die Zurückweisung für die Betroffenen erträglicher. Die Berufung auf die «furchtbare Herrin» entlastet Zarathustra, dem daran gelegen ist, daß das Herz seiner Jünger «sich nicht verhärte gegen den plötzlich Scheidenden». Als Zarathustra zum erstenmal von den «stillsten Stunden» sprach, zeigten die Jünger wenig Interesse, da sie zu sehr mit Wundererzählungen und anderen Glaubensdingen beschäftigt waren. Jetzt kleidet er die «stillste Stunde», die ihn veranlaßt, in die Einsamkeit zurückzukehren, in ein solches Gewand, daß sie auch ihnen als großes Ereignis erscheinen kann. Obschon es durchweg ein «es» ist, das «ohne Stimme» zu einem «ich» spricht, ist die Darstellung, die Zarathustra vom Gespräch seiner Seele mit sich

111 II, 18, 17 (169); II, 22, 1–4 (187). Platon: *Sophistes* 263e3–5. Zarathustra sagt über die andere Seite im inneren Gespräch seiner Seele zehnmal: «Dann sprach es ohne Stimme zu mir», «Da sprach es wieder ohne Stimme zu mir» (achtmal), «Da sprach es wieder wie ein Flüstern zu mir»: II, 22, 10; 12; 14; 16; 18; 20; 22; 25; 30; 33 (187–189).

selbst gibt, geeignet, bei den Zuhörern den Eindruck zu erwecken, es handelte sich um die Unterredung Zarathustras mit seiner *Herrin* – die tatsächlich zwei «Stimmen» hat – nach dem Vorbild der Unterredung eines Propheten mit seinem Gott. Die hohe Dichte von Anleihen bei und Anspielungen auf Bibel-Worte verstärkt diesen Eindruck. Dem Es ohne Stimme fällt im Dialog die Rolle zu, auf die Erfüllung der Mission zu dringen, während das Ich sich der Erfüllung beharrlich zu entziehen versucht. Eine Seite von Zarathustra gebietet das Opfer, das seine Liebe zu den Menschen fordert: «Was liegt an dir, Zarathustra! Sprich dein Wort und zerbrich!» Die andere Seite ist um keine Ausflucht verlegen, die Seher, Wahrsager oder Gesandte Gottes in einer vergleichbaren Lage bemühten: «Ach, ist es *mein* Wort? Wer bin ich? Ich warte des Würdigeren; ich bin nicht werth, an ihm auch nur zu zerbrechen.» Auf dem Höhepunkt des Dialogs bekräftigt der Prophet und Gesetzgeber den herrschaftlichen Auftrag: «Grosses vollführen ist schwer: aber das Schwerere ist, Grosses befehlen. / Das ist dein Unverzeihlichstes: du hast die Macht, und du willst nicht herrschen.» Darauf gibt Zarathustras Ich, Moses parodierend, dem Alter ego zur Antwort: «Mir fehlt des Löwen Stimme zu allem Befehlen.» Der Philosoph, dessen Gestalt im Zweiten Teil zusehends schärfere Konturen gewinnt, bleibt bis zum Ende bei seiner Weigerung: «Ich will nicht.» Zarathustra schließt die dramatische Erzählung vom großen Ringkampf, in dem er nach eigenem Zeugnis «weinte und zitterte wie ein Kind», mit der Versicherung, daß sein Nein ihm ein Lachen eintrug, das ihm «die Eingeweide zerriss und das Herz aufschlitzte», wonach der Ruf an ihn erging: «Oh Zarathustra, deine Früchte sind reif, aber du bist nicht reif für deine Früchte! / So musst du wieder in die Einsamkeit: denn du sollst noch mürbe werden.»[112] — Anders als am Ende des Ersten Teils muß Zarathustra nicht in die Einsamkeit zurückkehren, um den Jüngern zur selbständigen Aneignung seiner Lehren zu verhelfen. Nicht die Entwicklung der Jünger, sondern die Entwicklung Zarathustras begründet den abermaligen Abschied und Aufschub. Der Prophet erklärt seine Lehren

112 II, 22, 15; 16–17; 27–29; 35; 36–38. Cf. *Exodus* IV, 10 und Kontext. Auf die Antwort «Mir fehlt des Löwen Stimme zu allem Befehlen» erwidert das Alter ego: «Die stillsten Worte sind es, welche den Sturm bringen. Gedanken, die mit Taubenfüssen kommen, lenken die Welt» II, 22, 30 (189). Das Es ohne Stimme spricht in siebzehn Versen, das Ich antwortet in zehn.

für «reif», doch er selbst ist offenbar noch nicht «reif», als Zeuge der Wahrheit für sie einzustehen. Oder er hat noch nicht das Alter erreicht, in dem er bereit wäre, die Mission mit dem Opfer seines Lebens zu besiegeln.[113] Die Darstellung, die Zarathustra von der inneren Beratschlagung gibt, dient der Schonung der Jünger und der Rechtfertigung des Propheten nach Maßgabe seiner Sendung. Sie ist für die Ohren von Gläubigen bestimmt. Wir haben keinen Anlaß, anzunehmen, daß er zu seinen Schülern im Augenblick der Trennung *nicht* anders redet als zu sich selber.[114] Wir wissen, mit anderen Worten, nicht, ob Zarathustra wieder in die Einsamkeit geht, weil er für die Erfüllung des herrschaftlichen Auftrags «mürbe werden» soll, oder weil er der Einsamkeit in Rücksicht auf das eigene Gute den Vorzug gibt. Sicher ist, daß Zarathustra keine der Hoffnungen wiederaufruft, die die Abschiedsrede des Ersten Teils bestimmten. Weder von der Verheißung eines auserwählten Volkes, das einst aus den Jüngern erwachsen werde, ist die Rede noch von der Erwartung, daß die Jünger, oder doch einige unter ihnen, einen durch Erkenntnis begründeten Stand zu Zarathustras Lehren zu gewinnen vermögen. Nach allem, was der Philosoph im Zweiten Teil gesehen und gehört hat, bleibt ihm von den Schülern politisch nicht viel und philosophisch so gut wie nichts zu hoffen. Reicht die Weigerung, auf der das Ich im Dialog mit dem Es beharrte, mithin nicht aus für den Entschluß, von den glückseligen Inseln Abschied zu nehmen und ins Gebirge zurückzukehren? Der Erzähler berichtet diesmal von keinem Geschenk der Jünger. Er erwähnt auch nicht, daß Zarathustra «ein Freund des Alleingehens» sei. Er schließt mit der Beteuerung, «die Gewalt des Schmerzes und die Nähe des Abschieds» habe Zarathustra so überfallen, «dass er laut weinte; und Niemand wusste ihn zu trösten». Zarathustra ist am Ende des Zweiten Teils nicht minder zerrissen als an dessen Beginn. Doch seine Zerrissenheit weist in eine andere Richtung.

113 Siehe zu II, 22, 37 (189) den Prolog «Auf den glückseligen Inseln», II, 2, 1–2 (109). Cf. I, 21, 34–36 (95–96) und S. 44, ferner IV, 1, 1 (295).
114 Cf. II, 20, 53 (182); II, 21, 41 (186) und IV, 1, 4–5 (296).

Das Nothwendige nicht bloss ertragen, noch weniger verhehlen, sondern es *lieben* ...

Friedrich Nietzsche: *Ecce homo*

III

Auf das Tiefste läßt Nietzsche das Höchste folgen. Kreiste der Zweite Teil um die Selbsterkenntnis des Philosophen, so bildet dessen Heimkehr die Mitte des Dritten Teils. Welche Höhe mit ihr zu erwarten steht, zeigt das Motto an, das Nietzsche dem Dritten Teil vorangestellt hat. Es entstammt der Rede «Vom Lesen und Schreiben» (I, 7), die die erste Krisis in Zarathustras Verhältnis zu seinen vornehmen Zuhörern heraufbeschwor, und gipfelt in dem Vers: «Wer auf den höchsten Bergen steigt, der lacht über alle Trauer-Spiele und Trauer-Ernste.» Wenn Zarathustra dahin gelangt, wo zu sein er früh für sich in Anspruch nahm, wenn er seinen Ekel überwindet, wenn er den Geist der Rache bezwingt, wenn er tatsächlich eine Höhe erreicht, in der er sich jenseits der Tragödie weiß – was wird dann aus der Forderung der Menschen-Liebe, aus der Sendung des Propheten, aus seinem zweifach angekündigten Untergang? — Im Unterschied zu den Teilen I und II beginnt der Dritte Teil nicht mit einem Abstieg, und anders als die Teile II und IV ist er nicht durch «Monde und Jahre» von dem Teil getrennt, der ihm vorhergeht. Der dritte Akt des Dramas schließt fugenlos an den zweiten an. Das Ende von II und der Anfang von III sind nach Ort und Zeit Eins. Die Mitte des Werks ist präzise bestimmt: Um Mitternacht tritt Zarathustra auf den glückseligen Inseln den Weg an, der ihn zur Einkehr bei sich selbst führen soll. Über den Rücken der Insel, auf der er von den Jüngern Abschied genommen hat, begibt er sich zu einem Ankerplatz, um sich einzuschiffen. Er fährt tagelang über das Meer, wandert auf dem Festland bis zur Stadt «die bunte Kuh», in der er einst die Lehrtätigkeit begann, und steigt schließlich zu seiner Höhle im Gebirge hinauf, wo er nicht nur die zweite Hälfte des Dritten Teils verbringt, sondern bis zum Ende des Werks bleiben wird.[115] Schon den Aufstieg zur Spitze des Berges, den er bei seinem einsamen Gang zum Meer überqueren muß, erfährt Zarathustra als Rückkehr zu dem, was er seiner Natur nach ist, nämlich «ein Wanderer und ein Bergsteiger», und als Vorschein der Sammlung, zu der er sich aufgemacht hat: «Es kehrt nur zurück, es kommt mir endlich heim – mein eigen Selbst, und was von ihm lange in der Fremde war und zerstreut unter alle Dinge und Zufälle.» Als Seher in eigener Sache verheißt er sich seinen «letzten Gipfel», das, was ihm «am längsten aufgespart war» und worin «Gipfel und Abgrund» in eins beschlossen sein wird. Damit ihn sein «bester Muth» auf seiner «einsamsten Wanderung» nicht verlasse, zieht er alle Register heroischer Selbstaufrichtung und Selbstvergewisserung. In vier aufeinanderfolgenden Versen spricht er viermal von seinem «Weg der Grösse». Daß darüber «Unmöglichkeit» geschrieben stehe, befeuert seine Entschlossenheit. Der vergleichende Blick auf andere, die mit ihm wetteifern könnten, bestärkt seinen Stolz: «hier soll dir Keiner nachschleichen!» Er ruft sich zu, auf den eigenen Kopf und über das eigene Herz hinweg zu steigen. Alle Milde an ihm und jede Schonung gegen sich will er abtun: «Gelobt sei, was hart macht!» Der Erzähler erklärt und urteilt, daß Zarathustra «mit harten Sprüchlein» sein Herz tröstete, «denn er war wund am Herzen wie noch niemals zuvor». Die Aufforderung, die Zarathustra an sich richtet: Du mußt über dich selber steigen, hinan, hinauf, bis du auch deine Sterne noch unter dir hast, diese Aufforderung, in der die erste Rede des Dritten Teils kulminiert, gehört indes weder zum Arsenal erbaulicher Maximen noch zum Repertoire tröstender Sprüche, die der Heroismus bereithält. Sie ist vielmehr eine Konse-

115 Der Zweite Teil schließt: «Des Nachts aber gieng er allein fort und verliess seine Freunde.» Der Dritte Teil beginnt: «Um Mitternacht war es, da nahm Zarathustra seinen Weg über den Rücken der Insel». – Für die Artikulation des Dritten Teils variiert und kombiniert Nietzsche die Strukturelemente der ersten beiden Teile, die Bestimmung des Prologs und der zusammengehörenden Gruppen durch die Schauplätze und die Adressaten der Reden, durch Eigenheiten der Materie und Besonderheiten der Form. III, 1: Prolog: «Der Wanderer», auf den glückseligen Inseln. III, 2–4: erste Dreiergruppe, auf dem Meer. III, 5–8: erste Vierergruppe, auf dem Festland. III, 9: Zentrum und zweiter Prolog: «Die Heimkehr», im Gebirge. III, 10–13: zweite Vierergruppe, im Gebirge, Reden gerichtet an sich selbst und Gespräche mit imaginierten Adressaten. III, 14–16: zweite Dreiergruppe, im Gebirge, Reden zur eigenen Seele und Lieder gesungen für sich selbst.

quenz, die Zarathustra aus der Krisis des Zweiten Teils zieht. «Ja! Hinab auf mich selber sehn und noch auf meine Sterne: das erst hiesse mir mein *Gipfel*, das blieb mir noch zurück als mein *letzter* Gipfel!» Zarathustra wird zu zeigen haben, daß er dem philosophischen Erfordernis zu genügen weiß.[116] Der Prolog des Dritten Teils enthält eine weitere Selbstkritik Zarathustras in Rücksicht auf die beiden vorangegangenen Teile, die für den Philosophen von Bedeutung ist. Als der Wanderer die Klippen erreicht und dem Meer, das er schlafen wähnt, versichert, daß er es «von bösen Träumen erlösen» möchte, springt ihm angesichts seiner Torheit, die er mit einem befreienden Lachen quittiert, der *Mangel an Unterscheidung* ins Auge, an dem sein Wunsch zu lieben und zu erlösen von allem Anfang an leidet: «Die *Liebe* ist die Gefahr des Einsamsten, die Liebe zu Allem, *wenn es nur lebt!* Zum Lachen ist wahrlich meine Narrheit und meine Bescheidenheit in der Liebe!» Der Mangel seiner Liebe, den Zarathustra bündig feststellt, ein Mangel, der den Propheten vom Philosophen trennt, wird durch den letzten Vers des Kapitels unterstrichen und zusätzlich beleuchtet, der uns die moralische Zerrissenheit eines Nichtphilosophen vor Augen stellt: «Also sprach Zarathustra und lachte dabei zum andern Male: da aber gedachte er seiner verlassenen Freunde –, und wie als ob er sich mit seinen Gedanken an ihnen vergangen habe, zürnte er sich ob seiner Gedanken. Und alsbald geschah es, dass der Lachende weinte: – vor Zorn und Sehnsucht weinte Zarathustra bitterlich.» Der Erzähler berichtet von Zarathustra, was der Evangelist Matthäus von Petrus berichtet, wobei die Liebe und die Gewissensbisse des Petrus den Lehrer betrafen, den der Jünger dreimal verleugnete, während sie im Falle Zarathustras die Jünger betreffen, die ihm Grund gaben, dreimal den Kopf zu schütteln. Am Ende des letzten Kapitels von Teil II und am Ende des ersten Kapitels von Teil III, zweimal und einzig an diesen beiden Stellen, erwähnt der Erzähler, daß Zarathustra weinte, *laut* und *bitterlich*. Im Zentrum von *Also sprach Zarathustra* zeigt uns Nietzsche einen Propheten, der von seiner Liebe zu den Menschen überwältigt wird.[117]

116 III, 1, 2–17 und 18 (193–195). Das Kapitel «Der Wanderer» umfaßt vier Reden, die Zarathustra an sich selbst richtet, wobei die erste die bei weitem längste ist. Entsprechend kommt «Also sprach Zarathustra» (mit einer Abwandlung) viermal vor: III, 1, 18; 25; 31; 35 (194–196).

117 II, 22, 43 (190); III, 1, 25–35 (195–196). *Matthäus* XXVI, 75. Beachte die ein-

Das Wichtigste ereignet sich auf hoher See. Es geschieht im Blick auf die Bewegung des Wassers. Es stellt sich ein inmitten des Unbegrenzten. Die innere Befreiung, Wandlung und Einkehr Zarathustras wird in drei Reden auseinandergelegt, mit denen er im offenen Horizont des Meeres zu sich und anderen Erkennenden spricht, die die Sicherheit des Festlands hinter sich gelassen haben. Nach zwei Tagen, die er, noch immer «kalt und taub vor Traurigkeit», auf dem Schiff in Schweigen verharrt, löst ihm das «Seltsame» und «Gefährliche», das ihm von den Seefahrern zu Ohren kommt, die Zunge, und er trägt den «kühnen Suchern, Versuchern» ein Rätsel vor, das er «das Gesicht des Einsamsten» nennt. Hatte Zarathustra in «Der Wanderer» die nicht unterscheidende Liebe als die Gefahr des Einsamsten erkannt, so faßt er in «Vom Gesicht und Räthsel» die Einrede der unterschiedslosen Nichtigkeit seiner Liebe und seiner Weisheit ins Auge. Die erste Szene der Vision erinnert in ihrer dunklen Färbung und beklemmenden Stimmung an den Traum von der «einsamen Berg-Burg des Todes» in II, 19: «Düster gieng ich jüngst durch leichenfarbne Dämmerung, – düster und hart, mit gepressten Lippen. Nicht nur Eine Sonne war mir untergegangen.» Zarathustra müht sich einen «Berg-Pfad» aufwärts, während ein Alp, «halb Zwerg, halb Maulwurf», auf ihm lastet und dem Wanderer, ihn unablässig «abwärts», «abgrundwärts» ziehend, «lahm» und «lähmend», «Bleitropfen-Gedanken» ins Gehirn träufelt. Zarathustra identifiziert den Alp als den «Geist der Schwere». Er hatte seinen «Teufel» und «Erzfeind», durch den «alle Dinge fallen», in «Vom Lesen und Schreiben» (I, 7) zum erstenmal beim Namen genannt und in II, 10 ein «Tanz- und Spottlied» auf ihn gesungen. Doch erst jetzt und nur in III, 2 läßt er den Widersacher, den Feind alles göttlichen Tanzens, Lachens und Fliegens, selbst zu Wort kommen. Was der Geist der Schwere Zarathustra

zige andere Stelle, an der wir darauf aufmerksam gemacht werden, daß jemand «bitterlich» weinte: I, 8, 19 (52) und siehe S. 33–35. – Während die Kapitel II, 22 und III, 1 das Zentrum des Werks im Hinblick auf dessen Gliederung in vier Teile bilden, ergibt sich ein anderes Zentrum, sobald wir die Teile II und III, die allein ohne Wechsel von Ort oder Zeit aufeinander folgen und ineinander übergehen, als dramatische Einheit begreifen. Bei dieser Betrachtung erweist sich, daß die Kapitel II, 19 und II, 20, die die Peripetie des Dramas enthalten, das arithmetrische Zentrum der 38 Kapitel der Teile II und III ausmachen. Tatsächlich sind die Reden «Der Wahrsager» und «Von der Erlösung» aus mehr als einem Grund das philosophische Zentrum des Buchs.

beim Höhersteigen ins Ohr sagt, gehorcht in jeder Wendung dem Gedanken der Vergeblichkeit: «Oh Zarathustra, du Stein der Weisheit, du Schleuderstein, du Stern-Zertrümmerer! Dich selber warfst du so hoch, – aber jeder geworfene Stein – muss fallen!» Die Einflüsterung des Alps hat den Refrain: Alles, was Zarathustra begann, beginnt und beginnen wird, muß fallen, auf ihn zurückfallen. Er ist «zur eignen Steinigung» verurteilt. Der Geist der Schwere kontert Zarathustras Rede vom Tode Gottes mit der Aussicht auf den Tod Zarathustras zur Bekräftigung des ewigen *Umsonst!* Um sich vom Alp der Vergeblichkeit, der ihn drückt und den er nicht länger tragen will, ein für allemal zu befreien, fordert Zarathustra den Geist der Schwere schließlich auf Tod und Leben heraus: «Zwerg! Du! Oder ich!» Er wählt den Angriff, entscheidet sich für den Mut, der ihm, wie er sagt, bisher «jeden Unmuth» totgeschlagen habe. Er begegnet der Einrede der unterschiedslosen Nichtigkeit mit der rückhaltlosen Bejahung des Lebens im Ganzen: «Muth, der angreift: der schlägt noch den Tod todt, denn er spricht: ‹War *das* das Leben? Wohlan! Noch Ein Mal!›» In seinem Kommentar zu Zarathustras Willensbekundung stellt der Erzähler wiederum die heroische Selbstaufrichtung heraus, und er verweist auf den Glauben, der ihr innewohnt: «In solchem Spruche aber ist viel klingendes Spiel. Wer Ohren hat, der höre.»[118] Tatsächlich sucht der Zarathustra des Traum-Gesichts den Geist der Schwere nicht durch Lachen, sondern in einem Messen des Willens zu bezwingen, in dem die Stärke den Ausschlag gibt. Wenn Zarathustra die Herausforderung auf Leben und Tod wiederholt – wobei er das «Du! Oder ich!» umkehrt –, läßt er keinen Zweifel daran, daß er den Geist der Schwere auf dem Feld des Ernstes besiegen will: «Halt! Zwerg! sprach ich. Ich! Oder du! Ich aber bin der Stärkere von uns Beiden –: du kennst meinen abgründlichen Gedanken nicht! *Den* – könntest du nicht tragen!» Zarathustra gedenkt, über den Gedanken des Alps, der ihn «abgrundwärts» zog, durch einen «ab-

118 III, 2.1, 1–5; 6–22 (197–199). Zum *Geist der Schwere* cf. I, 7, 23–24 (49); II, 10, 3; 9–10 (139–140) und siehe S. 33 sowie 70. Zum *Unmut* und zum *klingenden Spiel* cf. S. 98 mit Anm. 104 und S. 110. – Nietzsche hatte für die drei Verse (II, 2.1, 11–13), mit denen sich der Geist der Schwere an Zarathustra wendet, in der Reinschrift des Manuskripts zweimal die Anrede «du Mörder Gottes» vorgesehen und außerdem den Vers erwogen: «Du Schleuderer, Stern-Zertrümmerer, langsam zermalmt durch Sternen-Splitter, zersplittert und zerschleudert durch Gottestrümmer! – du mußt noch fallen!» *KGW* VI 4, p. 339; cf. p. 336 und 337.

gründlichen» Gedanken zu triumphieren, in einem Wettstreit des Tragen-Ertragen-Könnens, nach Maßgabe des größten Schwergewichts.[119] Zarathustra führt den Gedanken, der später seinen Niederschlag in der Lehre der Ewigen Wiederkunft finden wird, nicht als «Ideal» ein. Er präsentiert ihn nicht als Gegenstand des Hoffens, Sehnens oder Wünschens, sondern im Gegenteil als etwas, das geeignet ist, Furcht einzuflößen und Abscheu zu erregen. Ebendas soll den «abgründlichen Gedanken» der Probe durch die Grausamkeit gegen sich selbst entziehen, vor dem Einspruch der Redlichkeit bewahren und ihn gegen den Verdacht schützen, er sei aus dem Geist der Rache geboren. Die heroische Absicht, den Sieg über den Widersacher durch das Aufbieten des Schwersten zu erringen, kommt nicht nur zu Beginn des Wettkampfs zum Ausdruck. Sie blitzt auch in Zarathustras Zorn über die Herablassung auf, mit der der Herausgeforderte auf den Angriff reagiert, dessen Tragweite er zunächst nicht erkennt. Als Zarathustra im Torweg-Gespräch mit dem Zwerg auf die lange Gasse, die zurück, und die andere lange Gasse, die hinaus führt, verweist, die beide eine Ewigkeit währen und sich im Torweg mit dem Namen «Augenblick» begegnen, gibt der Zwerg auf die Frage, ob er glaube, daß diese Wege sich ewig widersprechen, «verächtlich» zur Antwort: «Alles Gerade lügt», und er setzt hinzu: «Alle Wahrheit ist krumm, die Zeit selber ist ein Kreis.» Der Geist der Schwere sieht sich durch Zarathustras Frage in seiner Überlegenheit bestätigt, da die Einrede des immer gleichen *Umsonst!* mit der zyklischen Zeitauffassung nicht nur vereinbar ist, sondern sie, wie aus dem vierten und letzten Vers des Geistes der Schwere erhellt, selbst in Anspruch nimmt und gegen das Leben wendet: Was entsteht, vergeht, das Leben führt zum Tod, der Aufstieg endet im Niedergang, alles Hohe muß fallen, ewig dreht sich der Kreis der Vergeblichkeit. Zarathustra erwidert «zürnend», der Geist der Schwere solle es sich «nicht zu leicht» machen. Denn Zarathustra hat mit dem Verweis auf die beiden Wege, die sich im Augenblick der Gegenwart treffen und ewig «zurück» und ewig «hinaus» laufen, etwas unendlich viel Schwereres im Sinn, als der Zwerg sich träumen läßt. Sein abgründlicher Gedanke sucht die beiden langen Gassen als Eine zu fassen, in der jeder Augenblick, in der alle Ereignisse in der gesamten Folge ihres Eintretens ewig wiederkehren müssen, eine Gasse, die Zarathustra und der Zwerg mit-

119 Beachte II, 20, 11 und 18 (179) und S. 94–96, 99–101.

hin in der Vergangenheit immer schon gelaufen wären und in der Zukunft immer wieder zu laufen hätten.[120] Was Zarathustra im Sinn hat, ist unendlich viel schwerer, weil er gegen den Tod überhaupt den einzelnen Tod aufbietet, der ohne Ende gestorben, und weil er gegen den Niedergang im allgemeinen den besonderen Niedergang stellt, der immer aufs neue verwunden werden muß. Die Last, die er dem Zwerg auflädt, ist die endlose Wiederholung nicht des Fallens und Vergehens, sondern jenes Fallens und dieses Vergehens. Mit anderen Worten: Im Wettstreit um das Schwerste will Zarathustra über das Verdikt einer ewigen Wiederkehr des Gleichen mit dem Konzept der ewigen Wiederkunft des Selben den Sieg davontragen. — Sobald Zarathustra das Konzept umrissen hat, tastend und «immer leiser» redend, da er sich, wie er einräumt, vor den eigenen «Gedanken und Hintergedanken» fürchtete, entschwindet der Alp vollständig aus dem Blickfeld. Eine neue Traumszene überlagert die vorangegangene. Zarathustra hört einen Hund heulen und erinnert sich, daß er «in fernster Kindheit» einen Hund so heulen hörte – wohingegen er von keiner Erinnerung zu berichten wußte, daß er das Gespräch mit dem Zwerg im Torweg schon einmal geführt hatte. Das Heulen des Hundes versetzt Zarathustra an einen öden Ort zwischen «wilden Klippen», wo er einen jungen Hirten, «dem eine schwarze schwere Schlange aus dem Munde hieng», sich am Boden winden, würgen, zucken sieht. «Sah ich je so viel Ekel und bleiches Grauen auf Einem Antlitze?» Das «Gesicht des Einsamsten» gipfelt im Ekel. Im Ekel, den das Schwerste hervorruft, im Ekel, den zu überwinden das Schwerste ist. Auf den Ekel des Hirten, in dessen Schlund sich die Schlange festgebissen hat, antwortet der Ekel Zarathustras, der den Hirten nicht von der Schlange zu befreien vermag: «Beiss zu! Beiss zu! / Den Kopf ab! Beiss zu!» Zarathustra fordert die «Räthsel-Frohen», die sich «in unerforschte Meere» einschifften, auf, das Rätsel des Gleichnisses zu raten. «*Wer* ist der Hirt, dem also die

120 «Muss nicht, was laufen *kann* von allen Dingen, schon einmal diese Gasse gelaufen sein? Muss nicht, was geschehn *kann* von allen Dingen, schon einmal geschehn, gethan, vorübergelaufen sein?» «Und diese langsame Spinne, die im Mondscheine kriecht, und dieser Mondschein selber, und ich und du im Thorwege, zusammen flüsternd, von ewigen Dingen flüsternd – müssen wir nicht Alle schon dagewesen sein? / – und wiederkommen und in jener anderen Gasse laufen, hinaus, vor uns, in dieser langen schaurigen Gasse – müssen wir nicht ewig wiederkommen? –» III, 2.2, 10; 14–15 (200).

Schlange in den Schlund kroch? *Wer* ist der Mensch, dem also alles Schwerste, Schwärzeste in den Schlund kriechen wird?» Anders als nach Zarathustras Traum in II, 19 ist diesmal kein Zuhörer mit einer Deutung zur Stelle. Allerdings spricht Zarathustra auch nicht zu Jüngern, sondern er wendet sich an «Sucher, Versucher», die ihm nicht bekannt sind. Und ebenso wenig sagt er, daß er das Rätsel selbst noch nicht zu deuten wisse. Tatsächlich stellt das Gesicht den unbekannten Adressaten vor keine sonderlich schwer zu lösende Aufgabe. Im Schwersten und Schwärzesten, das den Menschen mit Grauen und Ekel erfüllen wird, ist nach der ersten Traumszene ohne weiteres die ewige Wiederkunft des Selben und in Zarathustras Schrei «Beiss zu!» ist leicht die Ermutigung auszumachen, den Ekel durch einen Willensakt zu überwinden. Der Hund, der die Verbindung herstellt zwischen Zarathustras Kindheit und dem jungen Hirten, weist außerdem darauf hin, daß Zarathustra niemand anderen zur erlösenden Tat ermutigt als sich selbst. Der Leser, der sich daran erinnert, daß der Zarathustra der Vorrede, der seine Hoffnung noch auf Gefährten setzte, es von sich wies, «einer Heerde Hirt und Hund» zu werden, wird sich die Frage vorlegen, ob die Rückkehr von Hirt und Hund im «Gesicht des Einsamsten» anzeigt, daß die Lehre der Ewigen Wiederkunft dereinst die «Heerde» erreichen soll. Wird Zarathustra sich dazu verstehen, der Hirt der Guten Botschaft zu werden? Erfüllt sich seine Sendung in einer Verkündigung, die an alle ergeht? Muß der Gegen-Jesus den Opfergang des Stifters einer neuen Religion auf sich nehmen?[121] Der Hirt der Vision beißt zu. Er speit den Kopf der Schlange weit von sich, springt

121 In *Jenseits von Gut und Böse* wird Nietzsche den einzigen Aphorismus, der die Ewige Wiederkunft verhandelt (ohne sie beim Namen zu nennen), dem Dritten Hauptstück vorbehalten, das «Vom religiösen Wesen» überschrieben ist. Nietzsche knüpft dort mit der Charakterisierung der Haltung des «übermüthigsten lebendigsten und weltbejahendsten Menschen», der alles, «*so wie es war und ist*, wieder haben will, in alle Ewigkeit hinaus, unersättlich da capo rufend» (p. 75), an das Zarathustra-Wort an, das der ersten Beschwörung des «abgründlichen Gedankens» unmittelbar vorausgeht: «War *das* das Leben? Wohlan! Noch Ein Mal!» Zumindest für Aphorismus 56 trifft zu oder erweist sich als fruchtbar, was Nietzsche gegenüber einem Freund für *Jenseits von Gut und Böse* geltend machte: daß das Buch «eine Art von Commentar» zu *Also sprach Zarathustra* sei. (Brief vom 26. Oktober 1886 an Reinhart von Seydlitz, *KGB* III 3, p. 270.) Siehe auch Anm. 6, S. 36 und Anm. 71.

auf und lacht als ein Verwandelter. «Niemals noch auf Erden lachte je ein Mensch, wie *er* lachte!» Das Lachen des Hirten im Gesicht von III, 2 antwortet auf den Schrei Zarathustras im Traum von II, 19: «Und ich schrie vor Grausen, wie nie ich schrie.» Zarathustra bekennt, daß die Sehnsucht nach jenem Lachen, nach einem Lachen ohne geschichtliches Beispiel unter den Menschen, nach dem Lachen eines «Umleuchteten», der seinen Ekel bezwungen hat, an ihm «frisst». Ganz ebenso wie er früher bekannte, daß er nicht zu leben wüßte, wenn er «nicht noch ein Seher wäre, dessen, was kommen muss». Der Wettstreit um das am schwersten zu Ertragende endet mit dem befreiendsten Lachen. Das Lachen über den Geist der Schwere will verdient sein. Durch das Aufsuchen des größten Schwergewichts, das den größten Mut, die größte Entschlossenheit, die größte Selbstüberwindung verlangt. Das «Gesicht des Einsamsten» weist den Weg des Helden. Sein Lachen ist ein Gegenstand des Sehnens. Ein Versprechen der Zukunft.[122]

In der mittleren der drei Reden, die der Freiheit des Meeres gehören, sucht Zarathustra die Sendung des Propheten mit der Einkehr des Philosophen übereinzubringen oder einen Ausgleich zwischen seiner Liebe zu den Menschen und der Ausrichtung am eigenen Guten herzustellen. Zu Beginn des Kapitels, das in der Reinschrift noch den Titel «Auf hoher See» trug, bescheinigt der Erzähler Zarathustra, daß er, vier Tage von den glückseligen Inseln entfernt, «allen seinen Schmerz überwunden» hat. Er stehe «mit festen Füssen wieder auf seinem Schicksal» und spreche zu einem «frohlockenden Gewissen». Der neue Stand, den Zarathustra bei der Fahrt übers Meer gewinnt, ist zunächst eine Frucht der Einsicht in die Abhängigkeit, in der ihn sein Begehren nach Liebe hielt. Eine Einsicht, die bis auf die Selbstverständigung des «Nachtlieds» zurückgeht und im zentralen Vers der Rede «Von der Seligkeit wider Willen» (III, 3) ausgesprochen wird: «Aber ich lag angekettet an die Liebe zu meinen Kindern: das Begehren legte mir diese Schlinge, das Begehren nach Liebe, dass ich meiner Kinder Beute würde und mich an sie verlöre.» Zarathustra verlor sich an die Gefährten, die er sich im Hinblick auf seine die Menschheit im ganzen betreffende Mission schaffen wollte. Die Liebe zu seinen Geschöpfen ließ ihn außer sich sein. Die

122 III, 2.2, 1–34 (199–202). (Der Titel von III, 2 lautete in der Reinschrift: «Vom Gesicht des Einsamsten».) Vorrede, 9, 3 und 15 (25–26). II, 19, 31 (174). II, 20, 11 (179). Beachte S. 33.

Bindung an die Jünger, die ihm die Lehre eingetragen hatte, hinderte ihn an der Umkehr, obschon ihm «Alles in Zeichen» zuredete: «es ist Zeit!» Der Ausgleich, der sein Gewissen «frohlocken» macht, lautet, eben seine Mission, sein «Werk», gebiete, eben die Liebe zu den Jüngern, die er von Stund an seine «Kinder» nennt, verlange, daß er den Weg zu sich geht: «um seiner Kinder willen muss Zarathustra sich selbst vollenden». Der Widerstreit, den er beim Abschied von den glückseligen Inseln ins Auge faßte, soll so versöhnt werden, daß die Positionen schließlich in eins fallen oder in eins zu fallen scheinen. Ob Zarathustra von seinem Gebirge herab- oder wieder zu ihm hinaufsteigt, immer will er «mitten» in seinem «Werk» sein. Die Spannung zwischen Hingabe und Selbstliebe schickt er sich an, in einer Rede von Größe und Schwangerschaft aufzulösen: «wo grosse Liebe zu sich selber ist, da ist sie der Schwangerschaft Wahrzeichen». Denn «von Grund aus», versichert er dem Gewissen, «liebt man nur sein Kind und Werk».[123] Doch gesetzt, sein Werk gebiete Zarathustras Vollendung *und* Untergang, verlangt die Vollendung des Philosophen den Untergang des Propheten? Oder verlangt die Vollendung des Propheten den Untergang des Philosophen? Wir sind vorausgeeilt. Über Zarathustras «Kinder» hören wir, daß es sich um «Bäume» seines «Gartens» und des «besten Erdreichs» handle, die, so sie schon gepflanzt sind, ihm noch «in ihrem ersten Frühlinge grünen». Die Kinder, auf die er vorausschaut, unterscheiden sich von den Jüngern, die er zurückließ. Sie sind weder einem Ort noch einer Zeit zugeordnet. «Wo solche Bäume bei einander stehn, da *sind* glückselige Inseln!» Auch verknüpft er mit ihnen nicht die Erwartung, daß aus ihnen ein Volk erwachse. Vielmehr will er die «Bäume» dereinst «ausheben und einen Jeden für sich allein stellen: dass er Einsamkeit lerne». Jeder soll erkannt und geprüft werden, ob er Zarathustras «Art und Abkunft» ist. Nur wenn er in der wichtigsten Rücksicht mit Zarathustra übereinstimmt, nur wenn er das Wichtigste mit ihm gemeinsam hat, kann Zarathustra hoffen, in ihm einen «Mitschaffenden» und «Mitfeiernden» zu finden, der sich sein Werk zu eigen macht, einen, von dem Zarathustra wahrhaft zu sagen vermag, er sei «ein Solcher, der mir meinen Willen auf meine Tafeln schreibt: zu aller Dinge vollerer Vollendung».

123 In *Ecce homo* wird Nietzsche Werk, Kind und Schwangerschaft klar und deutlich vom philosophischen Leben unterscheiden, das der Gegenstand seiner letzten Schrift und des Schlußsteins seines Œuvre ist.

Mit dem schlechterdings nicht zu überbietenden Anspruch an den Gefährten seiner Aspiration verbindet Zarathustra den Aufruf an sich, den Weg des Heroismus zu Ende zu gehen, den die beiden vorangegangenen Kapitel wiesen und ankündigten, zu seiner «letzten Prüfung und Erkenntniss».[124] Als bestimmende Kraft für einen Weg, auf dem das Glück im Verdacht steht, vom Ziel abzulenken, und die Bereitschaft zum Unglück als Versicherung dient, Kurs zu halten, bietet Zarathustra seinen «abgründlichen Gedanken» auf. Erst als sein «Abgrund sich rührte» und sein Gedanke ihn «biss», erfahren wir jetzt, entschloß er sich zur Umkehr. Aber «noch niemals» habe er gewagt, den abgründlichen Gedanken «*herauf* zu rufen», den er mit sich, den er in sich, an dem er schwer trägt. Rief er ihn in der Rede zuvor, in der er ihn einführte, *nicht* herauf, weil er in einem Traumgesicht von ihm überfallen wurde? Oder weil er ihn nicht bei seinem Namen nannte? Weil er sich ihm nicht willentlich aussetzte? Oder weil er ihn sich nicht wissentlich dienstbar machte? Wenn Zarathustra den Mut aufbringen wird, um dem «Furchtbaren» seines Gedankens standzuhalten, und die Stärke der «Löwen-Stimme» findet, die er sich am Ende des Zweiten Teils absprach, um ihn endlich heraufzubeschwören, ist damit die vorletzte Station auf seinem «Weg der Grösse» markiert: «Wenn ich mich dessen erst überwunden habe, dann will ich mich auch des Grösseren noch überwinden; und ein *Sieg* soll meiner Vollendung Siegel sein!» Ist das «Grössere», von dem Zarathustra zu seinem Gewissen spricht, die Verkündigung der Ewigen Wiederkunft? Und weist der «Sieg» voraus auf das *Es ist vollbracht*, das das Opfer des Religionsstifters beschließt? Oder nimmt Zarathustra die Überwindung seines Ekels vorweg? Und sieht er seine Vollendung durch das höchste, weil im tiefsten Ernst gegründete Lachen besiegelt? Was das *Größere* heißt, was *Sieg* bedeutet, ist nicht von der Frage zu trennen, wie Zarathustra das Verhältnis von Werk und Vollendung bestimmt. Steht das Werk im Dienst der Vollendung oder die Vollendung im Dienst des Werks? «Von der Seligkeit wider Willen» stellt das Werk in den Vordergrund und erklärt die «Kinder» zum Umwillen von Zarathustras Vollendung. Jedes einzelne dieser Kinder indes soll Zarathustra zum Verwechseln gleichen oder, anders als die früheren

124 Die «Prüfung und Erkenntniss» des Gefährten korrespondiert und ist Teil der «Prüfung und Erkenntniss», die Zarathustra zum Subjekt und Objekt in eins hat: III, 3, 14–15 und 17 (204).

Jünger, seiner «Art und Abkunft» sein. Durch die Erfahrung auf den glückseligen Inseln belehrt, will Zarathustra sich nicht noch einmal in die Abhängigkeit begeben, in die ihn das Begehren nach Liebe verstrickte. «Begehren – das heisst mir schon: mich verloren haben.» Wenn er sich zuruft: «*Ich habe euch, meine Kinder!* In diesem Haben soll Alles Sicherheit und Nichts Begehren sein», so bezeichnet das Haben die Sicherheit eines Selbstverhältnisses. Die Kinder werden zum imaginären Alter ego des Selbstgesprächs und der Selbstverständigung. Vom Haben der Kinder in der Welt aus Raum und Zeit ist Zarathustra weit entfernt. Sie bleiben ein Ziel seines Hoffens. Die Brücke zu ihnen vermag einzig das Buch zu schlagen, das Zarathustras Reden und Handeln, Untergang und Vollendung, Sicherheit und Begehren dem Leser zu bedenken gibt.[125]

Den Gipfel, den der Wanderer zu Beginn des Dritten Teils ins Auge faßte, erreicht er nicht erst nach der Rückkehr ins Gebirge, sondern in der dritten und letzten Rede auf hoher See. Im Unterschied zu den beiden Reden, die ihr vorausgehen, wird sie nicht von Furcht und Sehnsucht bestimmt. Sie richtet sich weder an der Forderung von Hingabe und Größe aus, noch ist sie in der Hoffnung von Kind und Werk auf die Zukunft gespannt. Sie atmet das Glück des Philosophen, der sich mit dem Ganzen im Einklang weiß. In der mittleren Rede scheute Zarathustra vor dem Glück zurück. Er mißtraute der «tückischen Schönheit», die ihn von seinem Werk abhielte. Er fürchtete, daß die «Seligkeit wider Willen» sich zur Unzeit einstellte. Ganz im Sinne des Heroismus, der ihm vom Prolog an als Leitstern diente, war er willig zu seinem «tiefsten Schmerz». Er «wartete», wie der Erzähler berichtet, «auf sein Unglück die ganze Nacht: aber er wartete umsonst.» Das Glück, das er tapfer «vor sich her» gestoßen hatte, «kam ihm immer näher und näher». «Gegen Morgen», wenn III, 3 abbricht, setzt III, 4 ein, und der Heroismus weicht der Kontemplation. «Vor Sonnen-Aufgang» beginnt mit dem Lobpreis: «Oh Himmel über mir, du Reiner! Tiefer! Du Licht-Abgrund! Dich schauend schaudere ich vor göttlichen Begierden.» Der Ausruf *Oh* verbindet «Vor Sonnen-Aufgang» (III, 4) mit den beiden einzigen anderen Kapiteln, die gleichfalls mit *Oh* beginnen, «Die Heimkehr» (III, 9) und «Von der grossen Sehnsucht» (III, 14). Ist der Ausruf

125 III, 3, 1; 6–17; 18; 20–21; 25–30 (203–206); cf. Vorrede, 9, 2–5; 9; 16 (25–26) und siehe S. 26–27; ferner II, 22, 28–30 (189) und S. 107.

in III, 4 an den Himmel über Zarathustra gerichtet, so gilt er in III, 9 der Einsamkeit als Zarathustras Heimat, und in III, 14 wendet Zarathustra sich mit ihm an seine Seele. Tatsächlich aber sind in der schönsten Rede des Buchs die wesentlichen Momente des Arguments, das die Trias entfalten wird, bereits vereinigt: Im Himmel von «Vor Sonnen-Aufgang» erkennt Zarathustras Seele sich wieder, und in der Bewegung, die beide miteinander verschränkt, im Dialog, den seine Seele mit dem Himmel führt, ist Zarathustra ganz bei sich selbst.[126] Bei dem «Himmel», der in Rede steht, handelt es sich weder um den Wohnsitz der Götter noch um den bestirnten Himmel über uns. Es ist nicht der Himmel aus der Zweiheit von Himmel und Erde, die die Welt des Menschen bedeutet. Der «Himmel», den Zarathustra dreimal als «Du Licht-Abgrund!» anspricht, ist der Himmel der einhelligen, unterschiedslosen, durchscheinenden Dunkelheit vor Sonnenaufgang, ohne Mond und Sterne, ohne leuchtende oder strahlende Körper. Zarathustras Lobpreis gilt dem Abgrund, der alles Licht in sich aufnimmt und alles Licht freigibt. Um in die höchste Höhe des Himmels und in die tiefste Tiefe der Seele zu steigen, um über sich und die Sonne hinauszugelangen, um den Gipfel zu erreichen, von dem aus er auf sich und seine Sterne «hinabzusehen» vermag, geht Zarathustra zu dem zurück, was jeder Artikulation vorausliegt. Er sucht das Ungeschiedene, das Grenzenlose, das Apeiron auf, aus dem «Himmel» und «Seele» durch Unterscheidungen und Begrenzungen das artikulierte Ganze hervorgehen lassen. Dabei weiß Zarathustra, der dem Himmel die «Schwester-Seele» zu seiner Einsicht zuspricht, vor Augen zu führen, wie der «Licht-Abgrund» zu den Attributen Schönheit und Weisheit kommt, wie ihm Liebe und Scham zuwachsen. Die einzige Erwähnung von *Offenbarung* in *Also sprach Zarathustra* ist dieser Betrachtung der Entstehung und Erkenntnis der

126 In *Ecce homo* attestiert Nietzsche der Rede «Vor Sonnen-Aufgang» ein «smaragdenes Glück» und eine «göttliche Zärtlichkeit», wie sie «noch keine Zunge» vor ihm gehabt habe (III, Also sprach Zarathustra 7, p. 345). – Im Licht der drei Kapitel, die mit *Oh* beginnen, können wir den streng symmetrischen Aufbau des Dritten Teils präziser fassen: III, 1: Prolog. III, 2–4: erste Dreiergruppe, endend mit der ersten Rede, die *Oh* als Auftakt hat. III, 5–8: erste Vierergruppe. III, 9: Zentrum und zweiter Prolog, zweite Rede, die mit *Oh* beginnt. III, 10–13: zweite Vierergruppe. III, 14–16: zweite Dreiergruppe, beginnend mit der dritten Rede, die *Oh* als Auftakt hat. Siehe Anm. 116.

Welt vorbehalten.[127] Doch wichtiger als der Himmel, den Zarathustra, ihm zum Bilde, in seiner Rede schafft, bleibt der «Himmel» des Ungeschiedenen, in dem er den gemeinsamen Grund seiner Seele und ihrer Schwesterseele findet. Das Ja und Amen, das dieser «Himmel» *ist*, wird von Zarathustra als *sein* Ja und Amen ausgesprochen. In «Vor Sonnen-Aufgang» behauptet die Einsicht in das, was ist, ihren unbedingten Vorrang vor aller Weltveränderung. Zarathustra bekennt, zum Segnenden und Jasagenden geworden zu sein, «und dazu rang ich lange und war ein Ringer». Segnen heißt hier soviel wie durch Erkennen in Schutz nehmen oder Schutz gewähren. Zarathustra sieht sich «über jedwedem Ding als sein eigener Himmel stehn, als sein rundes Dach, seine azurne Glocke und ewige Sicherheit». Das Glück, das solchem Segnen innewohnt, erwächst aus der Übereinstimmung des Erkennenden mit seiner Erkenntnis der Welt: «Denn alle Dinge sind getauft am Borne der Ewigkeit und jenseits von Gut und Böse.»[128] Hatte Zarathustra den Jüngern in der Abschiedsrede des Ersten Teils, als die futuristische Lehre ihren Zenit erreichte, zugerufen: «Noch kämpfen wir Schritt um Schritt mit dem Riesen Zufall, und über der ganzen Menschheit waltete bisher noch der Unsinn, der Ohne-Sinn», so verkündet er jetzt in der Rede, die er an den «Himmel» richtet: «Wahrlich, ein Segnen ist es und kein Lästern, wenn ich lehre: ‹über allen Dingen steht der Himmel Zufall, der Himmel Unschuld, der Himmel Ohngefähr, der Himmel Übermuth›.» Als Lästerung erschiene diese Lehre nicht nur dem «Geist der Rache» des alten Glaubens. Auch die Bewohner der glückseligen Inseln

127 «Den Gott verhüllt seine Schönheit: so verbirgst du deine Sterne. Du redest nicht: *so* kündest du mir deine Weisheit. / Stumm über brausendem Meere bist du heut mir aufgegangen, deine Liebe und deine Scham redet Offenbarung zu meiner brausenden Seele. / Dass du schön zu mir kamst, verhüllt in deine Schönheit, dass du stumm zu mir sprichst, offenbar in deiner Weisheit: / Oh wie erriethe ich nicht alles Schamhafte deiner Seele! *Vor* der Sonne kamst du zu mir, dem Einsamsten. / Wir sind Freunde von Anbeginn: uns ist Gram und Grauen und Grund gemeinsam; noch die Sonne ist uns gemeinsam. / Wir reden nicht zu einander, weil wir zu Vieles wissen –: wir schweigen uns an, wir lächeln uns unser Wissen zu» III, 4, 3–8 (206).

128 Daß die Bestimmung *jenseits von Gut und Böse*, die Nietzsche zum Titel seines ersten Werks nach *Also sprach Zarathustra* erhebt, von Zarathustra in «Vor Sonnen-Aufgang» eingeführt wird, ist ein Beleg mehr für die herausragende Bedeutung, die der Rede zukommt.

hätten wohl gegen sie aufbegehrt. An die Stelle der alles verändernden, Sinn verheißenden Zielsetzung tritt die Befreiung der Dinge von Absicht und Zweck: «‹Von Ohngefähr› – das ist der älteste Adel der Welt, den gab ich allen Dingen zurück, ich erlöste sie von der Knechtschaft unter dem Zwecke.» Der Schutz, den der Segen des Erkennenden gewährt, ist der Schutz der Welt vor dem Walten eines «ewigen Willens» und vor der Herrschaft einer «ewigen Vernunft». Die Erlösung, die die neue Lehre in Aussicht stellt, ist die Erlösung von der Not der Erlösung. Was Zarathustra in «Von der Erlösung» sein «Unerträglichstes» nannte, weiß er in «Vor Sonnen-Aufgang», getragen von der gleichförmigen Bewegung des Wassers und umfangen von der lichten Dunkelheit des Himmels, in das Ja und Amen aufzunehmen, das seine Seele, ihrer Höhe und der Tiefe der Welt gewahr, zum Ganzen sagt.[129]

Auf das Ja und Amen zum Ganzen folgt das Ja und Nein unter den Menschen. Himmel und Erde verlangen Verbindung *und* Trennung. Die Wirklichkeit des Tages fordert die Unterscheidung von Recht und Unrecht, Gut und Böse, Für und Wider. Die Kapitel III, 5–8 zeigen Zarathustra nach der Fahrt übers Meer und vor der Heimkehr ins Gebirge auf seinem Weg durch die Städte des Festlands. Sie bringen den Propheten zum letztenmal mit dem Volk in Berührung, der sich mächtiger denn je vernehmbar macht. Nicht von ungefähr sind die vier Kapitel übersät mit Anspielungen auf Reden, Gestalten und Orte der Bibel. Zwei von ihnen, «Auf dem Oelberge» (III, 6) und «Vom Vorübergehen» (III, 7), stellen bereits durch die Überschrift den kontrastierenden Bezug zu Jesus und zum Gott des Moses her.[130] Der Prophet ergreift das Wort, wie er das zuletzt in der ersten Fünfergruppe des Zweiten Teils (II, 3–7) und zuerst in der Vorrede tat. Aber er sucht die Menschen nicht in der Absicht auf, einen neuen Anlauf zur Verkündigung der Guten Botschaft zu unternehmen. Daß er «nicht stracks auf sein Ge-

129 III, 3, 31–39 (206). III, 4, 1; 19; 22–28; 36–37 (207–210). I, 22.2, 8 (100). II, 20, 10–11; 16–19 (178–179). Siehe S. 46–48 und 94–101. – Die erste Zeile aus III, 4, Vers 36 «Die Welt ist tief –: und tiefer als je der Tag gedacht hat» wird im Gesang «Oh Mensch! Gieb Acht!», der «Das andere Tanzlied» (III, 15) beschließt und den «Das Nachtwandler-Lied» (IV, 19) wiederholt, zur buchstäblich zentralen Aussage. Cf. Anm. 126 und 128.

130 Siehe *Matthäus* XXIV–XXV; cf. *Lukas* XIX, 29; 37; XXI, 37; XXII, 39. Siehe *Exodus* XXXIII, 22; *1. Könige* XIX, 11; cf. *Matthäus* XX, 30; *Lukas* XVIII, 37; *Johannes* IX, 1.

birge und seine Höhle» zugeht, hat vielmehr, wie der Erzähler zu berichten weiß, seinen Grund darin, daß er in Erfahrung bringen will, «was sich inzwischen *mit dem Menschen* zugetragen habe: ob er grösser oder kleiner geworden sei». Die glückseligen Inseln waren für diese Erkundung offenbar ungeeignet, da sie ausschließlich von Jüngern bevölkert oder maßgeblich von ihnen geprägt sind. Das Schicksal des Menschen vollzog sich in den Jahren, die seit dem Ende des Ersten Teils vergingen, getrennt von dem der Jünger.[131] Zarathustras Ergebnis duldet keinen Zweifel. Seitdem er in der seiner Höhle nächstgelegenen Stadt sprach und danach in der Stadt «die bunte Kuh» lehrte, hat ein merklicher Abstieg stattgefunden. «Es ist *Alles* kleiner geworden!» Zarathustras Lehre vermochte die Verkleinerung auf den glückseligen Inseln aufzuhalten. Über den Kreis der Jünger hinaus hat sie dem Niedergang nicht gesteuert oder ihn auch nur verlangsamt. Dabei war und ist Zarathustra den Menschen allem Anschein nach kein Unbekannter. In der ersten Rede, die uns der Erzähler vom Gang des Propheten durch das Volk mitteilt, erfahren wir, daß «Alle» von Zarathustra reden. Allerdings setzt Zarathustra hinzu: «sie reden von mir, aber Niemand denkt – an mich!» An den Gegen-Jesus zu denken, auf ihn zu hören, ihm nachzufolgen, wird zum unum necessarium, und eine Zeit, die in Rücksicht auf das Eine, was not tut, fehlt, ist gerichtet: «‹Wir haben noch keine Zeit für Zarathustra› – so wenden sie ein; aber was liegt an einer Zeit, die für Zarathustra ‹keine Zeit hat›?»[132] Als Grund für die allgemeine Verkleinerung macht der Prophet aus, daß das Volk noch immer der falschen Lehre folgt, einer «Lehre von Glück und Tugend», die am Behagen ausgerichtet ist. Damit schlägt er den Bogen zurück zu der Rede, mit der er sich einst auf dem Marktplatz an das Volk wandte. Wenn er das «Fliegen-Glück» geißelt und der Verwechslung der Tugend mit dem entgegentritt, was den Menschen «zu des Menschen bestem Hausthiere» macht, wiederholt er in anderen Wendungen die frühere Kritik der Selbstzufriedenheit und Mittelmäßigkeit. Doch diesmal geht die Stoßrichtung geradewegs auf die «Lehrer der Ergebung», und er macht

131 Kapitel III, 5 «Von der verkleinernden Tugend» unterstreicht die besondere Lage, die insulare Konstellation, die für den Zweiten Teil zu beachten ist: Der Zustand der Jünger und mithin der Erfolg und Mißerfolg von Zarathustras Lehre bilden den Rahmen der gesamten Handlung. Siehe S. 53–54.

132 III, 5.2, 5 und 10 (212–213). *Lukas* X, 42.

keinen Hehl daraus, daß er die Wurzel des Übels in der Vorstellung von Gott sieht, die jene Lehrer leitet. So hämmert er in einer «Predigt», von der er sagt, sie sei «für *ihre* Ohren» bestimmt, viermal das Bekenntnis ein, das geeignet ist, den zugrundeliegenden Gegensatz scharf hervorzutreiben und dem Leser sinnfällig vor Augen zu führen: «Ich bin Zarathustra, der Gottlose.» Tatsächlich erwartet Zarathustra mit der Predigt, in der er aufs neue zur großen Liebe und zur großen Verachtung aufruft, kein Gehör zu finden, «wo Niemand *meine* Ohren hat». Die Rede «Von der verkleinernden Tugend» (III, 5) erreicht ihr Ziel erst in der Verkündung der bevorstehenden Entscheidung, des schließlichen Ja und Nein: «*ihre* Stunde kommt! Und es kommt auch die meine!» Der Prophet spricht von «dürrem Gras», das nach «Feuer» lechzt, und von «Flammen-Zungen», die verheißen sollen: «Er kommt, er ist nahe, *der grosse Mittag!*» Der große Mittag, der in der Rede «Von der schenkenden Tugend» (I, 22) bestimmt war, die Hoffnungen der futuristischen Lehre zu bündeln und zu beflügeln, steht bei seiner Wiederkehr ein für die Prophezeiung des Gerichts.[133] — Auch die andere Rede der Vierergruppe, die die Stimme des Propheten erschallen läßt, mündet in eine Evokation des «grossen Mittags». «Vom Vorübergehen» (III, 7) setzt mit der eifernden Rede eines Fanatikers ein, den der Erzähler einen «schäumenden Narren» nennt, während «das Volk» ihn – ein weiterer Beleg für Zarathustras Bekanntheit – «den Affen Zarathustra's» heißt. Der Narr tritt vor den Toren der «grossen Stadt» auf Zarathustra zu, um ihn durch eine ausschweifende Schilderung ihrer Verworfenheit davon abzuhalten, die Stadt, seinen Bereich, zu betreten. Statt durch «Schlamm» zu «waten», solle Zarathustra umkehren. Nicht weniger als viermal drängt er Zarathustra, auf die große Stadt und ihr Tor zu «speien», bis Zarathustra ihm voll Ekel Schweigen gebietet. Die Begegnung mit dem «schäumenden Narren» erhellt den Unterschied, der zwischen der Verachtung aus Haß und der Verachtung aus Liebe besteht oder einer Verachtung, die der Abstoßung und der Selbstüberwindung dient. Die Kontrastierung mit dem Fanatiker bekräftigt außerdem den früheren Befund, daß der Prophet in der Liebe und im Ekel seine stärksten Antriebe hat, in der Liebe zum Menschen, wie er sein soll, und in der Entrüstung über die Welt, wie sie ist. Das Aufeinandertreffen

133 III, 5.1, 1–8; 5.2, 1, 15–16; 25–35; 5.3, 4–9; 12; 21–23; 25–28 (211–217). Vorrede, 3, 17–20 (15–16); 4, 6; 10–12 (17); 5, 11–15 und 25 (19–20). I, 22.3, 11–14 (102).

von Zarathustra und seinem «Affen», der manches sagt, was Zarathustra zuvor sagte, und anderes, das Zarathustra sagen könnte, weist den Leser schließlich in karikierender Überzeichnung darauf hin, wie viel daran liegt, *wer* etwas sagt und *aus welchem Grund* er es sagt – oder wie wenig das Wort des Autors mit dem seines Geschöpfs in eins zu setzen ist. Zarathustra scheidet von dem Fanatiker mit der Lehre: «wo man nicht mehr lieben kann, da soll man – *vorübergehn!*» Er wendet sich vom Narren wie von der «grossen Stadt» ab, die ihn nicht jammern, sondern ekeln. Er geht an beiden vorüber. Doch erst, nachdem er für sich das «Wehe» ausgesprochen hat, das der Prophet Jona im Auftrag Gottes zur «grossen Stadt Ninive» sprach: «Wehe dieser grossen Stadt!» Zarathustra fährt mit alttestamentarischem Gestus fort: «Und ich wollte, ich sähe schon die Feuersäule, in der sie verbrannt wird! / Denn solche Feuersäulen müssen dem grossen Mittage vorangehn.»[134] — Zwischen den beiden prophetischen Reden, die Zarathustra «durch viel Volk und vielerlei Städte langsam hindurchschreitend» hält, kommt das einzige Kapitel des Dritten Teils zu stehen, das mit «Also sang Zarathustra» endet. «Auf dem Oelberge» (III, 6) unterbricht den Furor von Entscheidung und Gericht. Anders als für Jesus, der auf dem Ölberg seine eschatologische Rede über die Wiederkunft Christi und das Ende der Welt hielt, bezeichnet der Ölberg für Zarathustra keinen Ort seiner Sendung, sondern den «Sonnen-Winkel» seines Glücks. Nietzsche gibt dem Leser in «Auf dem Oelberge», das zunächst «Das Winterlied» überschrieben war, Einblick in das Glück, das Zarathustra für sich besingt, während er es durch das kunstvolle Schweigen einer Rede von Kälte, Eis und Not nach Kräften vor Neidern zu verbergen sucht.[135]

134 III, 7, 1; 3; 19; 21; 24; 26; 30–31; 37–40 (222–225); zu dem, was der Narr in III, 7, 16 sagt, vergleiche Zarathustras Aussage in III, 5.2, 24 (214). Vers 37 der endgültigen Fassung: «Mich ekelt auch dieser grossen Stadt und nicht nur dieses Narren» lautete zunächst: «Mich jammert dieser großen Stadt: und ich wollte, ich wäre der Scheiterhaufen, auf dem sie verbrannt würde. Mich jammert auch noch deiner!» *KGW* VI 4, p. 407. *Jona* I, 2; III, 2; 4; IV, 11.

135 Im Zentrum des Kapitels bestätigt Zarathustra die Tiefe der exoterisch-esoterischen Unterscheidung: «Meine liebste Bosheit und Kunst ist es, dass mein Schweigen lernte, sich nicht durch Schweigen zu verrathen. / Mit Worten und Würfeln klappernd überliste ich mir die feierlichen Warter: allen diesen gestrengen Aufpassern soll mein Wille und Zweck entschlüpfen. / Dass mir Niemand in meinen Grund und letzten Willen hinab sehe, – dazu erfand ich mir das lange lichte

«Wie *könnten* sie mein Glück ertragen, wenn ich nicht Unfälle und Winter-Nöthe und Eisbären-Mützen und Schneehimmel-Hüllen um mein Glück legte!» Daß er sich vor dem Neid zu schützen habe, der dem Erkennenden entgegenschlägt, gehört zum bleibenden Ertrag des Gesprächs mit dem Jüngling, das die erste Siebenergruppe des Ersten Teils beschloß (I, 8). «So zeige ich ihnen nur das Eis und den Winter auf meinen Gipfeln – und *nicht*, dass mein Berg noch alle Sonnengürtel um sich schlingt!» Zarathustra preist im Gesang seiner Seele ein Glück, das nicht an das Gelingen des Werks des Propheten gebunden ist. Zwei, nicht Eins.[136]

Die letzte Rede, die Zarathustra unter den Menschen hält, findet in der Stadt «die bunte Kuh» statt. Die «Reden Zarathustra's» enden an dem Ort, an dem sie einst begannen. Wir erfahren nichts darüber, wen Zarathustra zum Zuhörer hat, wenn er «in der Stadt, die er liebte», auf seine Lehrtätigkeit zurückblickt. Doch die Bilanz, die er für sich und für den Leser zieht, fällt ernüchternd aus. «Von den Abtrünnigen» (III, 8) ist das einzige Kapitel des Buchs, das mit *Ach* beginnt.[137] Zarathustra führt Klage über die «jungen Herzen», in die er seine Hoffnung gesetzt hatte. Sie erscheinen ihm «alle» alt, gemein, bequem, «ihre Füsse der Erkenntniss» müde, «sie heissen es ‹wir sind wieder fromm geworden›». Die Enttäuschung über die Verzagtheit der Abtrünnigen bricht sich in starken Bildern Bahn: «Wahrlich, Mancher von ihnen hob einst

Schweigen. / So manchen Klugen fand ich: der verschleierte sein Antlitz und trübte sein Wasser, dass Niemand ihm hindurch und hinunter sehe. / Aber zu ihm gerade kamen die klügeren Misstrauer und Nussknacker: ihm gerade fischte man seinen verborgensten Fisch heraus! / Sondern die Hellen, die Wackern, die Durchsichtigen – das sind mir die klügsten Schweiger: denen so *tief* ihr Grund ist, dass auch das hellste Wasser ihn nicht – verräth» III, 6, 21–26 (220); cf. II, 12, 43–44 (149). Die exoterisch-esoterische Unterscheidung ist nicht auf die Präsentation der *Lehre* beschränkt.

136 III, 7, 1 (222). III, 6, 3; 17–26; 30–34; 40–41 (214–217); cf. II, 6, 31 (126). Siehe S. 33–35, 72, 78.

137 «Ach, liegt Alles schon welk und grau, was noch jüngst auf dieser Wiese grün und bunt stand? Und wie vielen Honig der Hoffnung trug ich von hier in meine Bienenkörbe!» III, 8.1, 1 (226). Das Kapitel, das Zarathustras letzte Rede in der Öffentlichkeit wiedergibt, ist auch das einzige, an dessen Ende nicht «Also sprach Zarathustra» oder «Also sang Zarathustra», sondern «Also redete Zarathustra» zu lesen steht: III, 8.2, 33 (230). Cf. I, 1, 27 (31).

die Beine wie ein Tänzer, ihm winkte das Lachen in meiner Weisheit: – da besann er sich. Eben sah ich ihn krumm – zum Kreuze kriechen.» Doch Zarathustra stellt sich die Frage, ob die «jungen Herzen» nicht deshalb verzagten, weil ihn «die Einsamkeit verschlang gleich einem Wallfische». «Lauschte ihr Ohr wohl sehnsüchtig-lange *umsonst* nach mir und meinen Trompeten- und Herolds-Rufen?» War der Rückzug ins Gebirge ein Fehler? Versagte der Lehrer? Verriet Zarathustra, wozu er sich auch immer beredet haben mochte, in Wahrheit seine Sendung? Wie der Prophet Jona sich dem Auftrag Gottes entzogen hatte, als er sich im Bauche des Wals wiederfand? Zarathustra hält dagegen, daß es immer «nur Wenige» sind, «deren Herz einen langen Muth und Übermuth hat». Der «Rest», die «Allermeisten», die «Viel-zu-Vielen», die in den Lehrreden des Ersten Teils Gegenstand scharfer Angriffe waren, sind «feige». Wieder fromm zu werden, ist ein Zeichen von Schwäche, Glaube ein Mangel an Mut und Redlichkeit, an Kraft und Stärke. Aber wo sind die *Wenigen*? Hat Zarathustra in all den Jahren auch nur Einen *Gefährten* gewonnen? Waren die Verhältnisse auf den glückseligen Inseln denen in der Stadt «die bunte Kuh» vor dem Auszug der Jünger nicht zum Verwechseln ähnlich? Scheiterte der Jünger, den Zarathustra «am meisten lieb hatte», nicht in ebendem Augenblick, in dem es für ihn galt, den Jünger abzustreifen, den Gläubigen zu überwinden, um die Fähigkeit zu selbständigem Denken und unerschrockener Erkenntnis zu bewähren? Zarathustra sieht in der Rückschau das Typische seiner Erfahrungen, seines Mißerfolgs und seiner Enttäuschung: «Wer meiner Art ist, dem werden auch die Erlebnisse meiner Art über den Weg laufen: also, dass seine ersten Gesellen Leichname und Possenreisser sein müssen. / Seine zweiten Gesellen aber – die werden sich seine *Gläubigen* heissen: ein lebendiger Schwarm, viel Liebe, viel Thorheit, viel unbärtige Verehrung.» Die Einsicht in die zugrundeliegende Notwendigkeit veranlaßt Zarathustra, sich im nachhinein zur Ordnung zu rufen: «An diese Gläubigen soll Der nicht sein Herz binden, wer meiner Art unter Menschen ist». Diesmal bleibt es nicht bei einer Erwägung. Die Selbstkritik verlangt den Bruch mit der Vergangenheit: «Lass sie fahren und fallen, oh Zarathustra, und klage nicht!» Doch wenn Zarathustra die «Gesellen», die Jünger fahren und fallen läßt, aus deren Mund uns nach dem Scheitern des Lieblingsjüngers an der Deutung des Traums von der «Berg-Burg des Todes» keine Silbe mehr überliefert wird, wer soll den Umschwung des großen Mittags ins Werk setzen?[138] — Mehr als die Verzagtheit der Abtrünnigen setzt die Rückkehr zum christlichen Gott in Erstaunen, die Zarathustra am Ende seines Aufenthalts unter den Menschen herausstellt. Zarathustra war allenthalben auf Gläubige gestoßen. Er selbst hatte einiges aufgeboten, um dem Glauben an den Übermenschen als Sinn der Erde und Wende der Zeiten Nahrung zu geben. Der Verwirrung mit der christlichen Lehre trat er später auf den glückseligen Inseln entgegen. Die Gefahr, die die Verwirrung für seine Lehre bedeutete, diente ihm als Grund, die Einsamkeit zu verlassen, in die er sich zurückgezogen hatte, um den Jüngern dazu zu verhelfen, daß sie über die Stufe des «Kamels» hinaus gelangten und nicht die Gläubigen seiner Doktrin blieben. Daß die Hoffnung trog, die er in der Abschiedsrede (I, 22) ausgesprochen hatte, zeigte der Zweite Teil. Die Rückkehr der Abtrünnigen zum christlichen Gott, ohne daß vom Übermenschen noch die Rede wäre, ist indes von einer anderen Qualität. Denn «dass *Gott todt* ist» bezeichnete die Voraussetzung von Zarathustras Lehre. Wenn Zarathustra im zweiundfünfzigsten Kapitel des Buchs die Rückwendung zu Gott diagnostiziert, erhebt sich die Frage, ob Gott nur für die wahrhaft tot ist, die das Mitleid, oder eine andere Ursache, als seine Krankheit zum Tode erkannt haben. Wenn aber mit dem christlichen Gott weiter zu rechnen sein sollte, kann die Wiederkehr der Götter ausgeschlossen werden, von denen Zarathustra sagt, sie hätten sich im Unterschied zum biblischen Gott zu Tode gelacht?[139] Und wenn selbst Apostaten des Glaubens an den Übermenschen den Weg zum Einen Gott einschlagen, bedarf Zarathustra nicht einer mächtigeren Lehre, um dem Glauben zu geben, was des Glaubens ist?[140]

138 III, 8.1, 2–14 (226–227). I, 22.3, 2–8 (191). II, 17, 10 (163). II, 19, 33–43 und 47. II, 22, 43 (190). III, 1, 35 (196). Siehe S. 118–119.

139 «Sie ‹dämmerten› sich nicht zu Tode, – das lügt man wohl! Vielmehr: sie haben sich selber einmal zu Tode – *gelacht*! / Das geschah, als das gottloseste Wort von einem Gotte selber ausgieng, – das Wort: ‹Es ist Ein Gott! Du sollst keinen andern Gott haben neben mir!› – / – ein alter Grimm-Bart von Gott, ein eifersüchtiger vergass sich also: – / Und alle Götter lachten damals und wackelten auf ihren Stühlen und riefen: ‹Ist das nicht eben Göttlichkeit, dass es Götter, aber keinen Gott giebt?› / Wer Ohren hat, der höre» III, 8, 28–32 (230). Siehe *Exodus* XX, 3; cf. *Matthäus* XI, 15 und *Markus* IV, 9 sowie 23.

140 III, 8.2, 1–26 (227–230). Vorrede, 2, 21 (14); 3, 11 (15). II, 3, 37 (115). Siehe S. 58–59 mit Anm. 66.

Im Zentrum des Dritten Teils preist Zarathustra die Rückkehr in die Einsamkeit als Heimkehr zu sich. Auf das einzige Kapitel, das mit dem Seufzer *Ach* beginnt, folgt das mittlere der drei Kapitel, die *Oh* als Auftakt haben.[141] «Die Heimkehr» (III, 9) bestimmt die Einsamkeit als den wahren Ort von Zarathustras Beisichselbstsein und überträgt ihr eine Rede, die ihm vergegenwärtigt, wie sehr seine Zeit unter den Menschen eine Zeit der Selbstabweichung, der Verlassenheit und der notwendigen Verstellung war. «Hier aber bist du bei dir zu Heim und Hause; hier kannst du Alles hinausreden alle Gründe ausschütten, Nichts schämt sich hier versteckter, verstockter Gefühle.» Die Einsamkeit duldet Aufrichtigkeit und begünstigt Durchsichtigkeit. Gesammelt und mit einem abgeschirrten Willen kann Zarathustra sich zeigen, wie er ist, und die Dinge sehen, wie sie sind. «Aufrecht und aufrichtig darfst du hier zu allen Dingen reden: und wahrlich, wie Lob klingt es ihren Ohren, dass Einer mit allen Dingen – gerade redet!» So kann er ihnen allererst gerecht werden. Die Wahrheit gehört zum Horizont der Einsamkeit. Zur Reichweite und Bewegung von Zarathustras Beisichselbstsein.[142] In scharfem Kontrast dazu steht die Verlassenheit des Außersichseins. Die Einsamkeit ruft Zarathustra Stationen des Verlassenseins in Erinnerung, die er nach seinem Abstieg vom Gebirge zu den Menschen durchlebte und die alle mit seinem Werk verbunden sind. Die Rede der Einsamkeit kulminiert in einer pointierten Kritik an Zarathustras Alter ego, das im Gespräch seiner Seele mit sich selbst am Ende des Zweiten Teils von ihm den Willen zur Herrschaft einforderte, damit er seiner Sendung genüge: «Und weisst du noch, oh Zarathustra? Als deine stillste Stunde kam und dich von dir selber forttrieb, als sie mit bösem Flüstern sprach: ‹Sprich und zerbrich!› – / – als sie dir all dein Warten und Schweigen leid machte und deinen demüthigen Muth entmuthigte: *Das* war Verlassenheit!» Die Einsamkeit stellt Zarathustra in beinahe ebenso vielen Worten seine Sendung als sein Außersichsein vor Augen. Zarathustra erwidert nicht nur mit der Bekräftigung des Ausrufs «Oh Einsamkeit! Du meine Heimat Einsamkeit!», mit dem er begann. Er rühmt wie niemals zuvor den privilegierten Ort, den er in der Einsamkeit für sich erkennt: «Hier springen mir alles Seins Worte und Wort-Schreine auf:

141 «Oh Einsamkeit! Du meine *Heimat* Einsamkeit! Zu lange lebte ich wild in wilder Fremde, als dass ich nicht mit Thränen zu dir heimkehrte!» III, 9, 1 (231).
142 III, 9, 7–9 (231–232). Beachte S. 74–76, 78–80, 97–101.

alles Sein will hier Wort werden, alles Werden will hier von mir reden lernen.» Das Lob der Einsamkeit geht mit der Absage an die Welt der Menschen einher. «Da unten aber – da ist alles Reden umsonst! Da ist Vergessen und Vorübergehn die beste Weisheit: *Das* – lernte ich nun!» Zarathustra scheint bei sich angekommen zu sein. Eins, nicht Zwei.[143] — Doch wie ist es um Zarathustras Selbsterkenntnis bestellt? Bedeutet sein Lob, bewirkt seine Absage eine letzte Ausrichtung an der Selbstgenügsamkeit? Begreift er sein Außersichsein als Teil der Bewegung seines Beisichselbstseins? Hat er die Rangordnung für sich festgestellt, die das Motto des Dritten Teils in Aussicht nimmt? Im zweiten Prolog von Teil III beruhigt sich Zarathustra bei dem Gedanken, daß das «Menschenwesen» jetzt «wieder» hinter ihm liege: «meine grösste Gefahr liegt hinter mir!» Denn, fährt er fort: «Im Schonen und Mitleiden lag immer meine grösste Gefahr; und alles Menschenwesen will geschont und gelitten sein.» Das Schonen und Mitleiden, von dem er spricht, ist, näher besehen, das Ausweichen vor der Wahrheit und das Verkennen seiner selbst unter den Menschen. Diese Gefahr – eine Gefahr in Rücksicht auf die Wahrheit, die er für sich will und die er sich selbst schuldet – liegt hinter ihm, solange er in der Einsamkeit bleibt. Aber liegt darin seine größte Gefahr? Seine größte Gefahr, was sein Selbstverständnis und seinen Zugang zur Wahrheit betrifft? Wie steht es mit der Liebe, die er im ersten Prolog die «Gefahr des Einsamsten» nannte? Wie mit der Rache, für die anfällig zu sein, er in der Rede «Von den Taranteln» (II, 7) bekannte? Und wie mit dem Ekel, von dem er sich schon im Kapitel «Vom Gesindel» (II, 6) erlöst zu haben wähnte, um sich dessen Gewalt immer aufs neue eingestehen zu müssen? Weder die Gefahr des Ekels noch die der Liebe oder der Rache ist durch Zarathustras Rückzug in die Einsamkeit gebannt. Der Vierte Teil wird erweisen, daß mit der Itio in partes nicht einmal die Versuchung des Mitleids hinter Zarathustra liegt, sondern ihm noch bevorsteht.[144] — Die erste Rede der Vierergruppe im Gebirge, «Von den drei Bösen» (III, 10), leistet in ihrem zentralen Stück einen gewichtigen Beitrag zu Zarathustras Selbsterkenntnis und Selbstverständigung, obgleich sie wie die beiden folgenden Reden in ihrem Duktus und Gestus an die früheren Lehrreden anknüpft und mit den

143 III, 9, 10–15 (die Rede der Einsamkeit umfaßt die dreizehn Verse 3–15); 16–20 sowie 21–43 (232–234). Zu Vers 20 cf. Anm. 130. Siehe S. 105–107.

144 III, 9, 29–33 (233–234). Siehe S. 61–62 mit Anm. 69, S. 63–64, 97–98, 111 und 122.

anderen drei Kapiteln das doktrinale Arsenal für die unbekannten Adressaten der Zukunft bereitstellt, die Zarathustra in den Teilen III und IV seine «Kinder» nennt. Zarathustra erzählt zum drittenmal einen Traum, aber zum erstenmal ohne die Gegenwart von Zuhörern. In seinem Traum stand er jenseits der Welt und wog sie mit einer Waage. Der Wäger befand die Welt «ein menschlich gutes Ding», «nicht Räthsel genug, um Menschen-Liebe davon zu scheuchen, nicht Lösung genug, um Menschen-Weisheit einzuschläfern», «errathbar für göttliche Nüsseknacker», gut für den Erkennenden und mithin im Ganzen gerechtfertigt. Zarathustras «Tags-Weisheit», die mit der Endlichkeit der «Kraft» beiläufig die erste Voraussetzung der Lehre der Ewigen Wiederkunft einführt, stimmt dem Traum-Ergebnis zu und schickt sich an, es zu erhärten, indem sie, dem Beispiel des Traumes folgend, die «drei bösesten Dinge», Wollust, Herrschsucht, Selbstsucht, auf die Waage legt, um sie «menschlich gut» abzuwägen. Während die «bisher» am schlimmsten beleumundeten Drei in der einen Waagschale liegen, wirft Zarathustra «drei schwere Fragen» in die andere: «Auf welcher Brücke geht zum Dereinst das Jetzt? Nach welchem Zwange zwingt das Hohe sich zum Niederen? Und was heisst auch das Höchste noch – hinaufwachsen?» Da die Antworten auf die drei Fragen sich in der Waagschale gegenüber befinden und *Wollust, Herrschsucht, Selbstsucht* lauten, dient der zweite Teil der Rede dem quod erat demonstrandum der Neubewertung.[145] Die Rechtfertigung der «drei bestverfluchten Dinge» im Blick auf das, was sie dazu beisteuern, daß die Welt ein «menschlich gutes Ding» ist, reicht von der – mit dem nötigen Caveat versehenen – Ehrenrettung für die *Wollust* als dem «grossen Gleichniss-Glück», das zu «höherem Glück und höchster Hoffnung» anzuspornen vermag, bis zur Lobrede auf die *Selbstsucht*, «die aus mächtiger Seele quillt». Diese Selbstsucht, die er «Selbst-Lust» tauft, die in der Gewißheit ihres Ausgreifens zu unterscheiden weiß, was gut und schlecht für sie ist, und die «mit den Namen ihres Glücks» alles Verächtliche, Beengende, Verkleinernde von sich weist, bringt Zarathustra gegen Demut, Unterwürfigkeit und «alle Knechts-Art» vor Göttern oder Menschen in Stellung. Als spräche er nicht im Gebirge, sondern wäre zum drittenmal von seiner Höhle her-

145 III, 10.1, 1–18 (235–237). Zarathustra spricht die entscheidende Voraussetzung der Lehre der Ewigen Wiederkunft in Vers 5 aus: «‹wo Kraft ist, wird auch die *Zahl* Meisterin: die hat mehr Kraft.›»

abgestiegen und wendete sich an das Volk, läßt er die Rede auf das Gericht über die «After-Weisen», «Priester», «Weltmüden», «Kreuzspinnen» zulaufen, die die Selbstlosigkeit priesen und die Selbstsucht verurteilten. Ganz Prophet, verkündet er abermals und schärfer als zuvor, was er auf seinem Weg durch die Städte verkündete: «Aber denen Allen kommt nun der Tag, die Wandlung, das Richtschwert, *der grosse Mittag*: da soll Vieles offenbar werden!»[146] Am weitesten entfernt von der Déformation professionelle und am erhellendsten für das Selbstverständnis des Propheten ist die Antwort, die Zarathustra auf die zentrale der «drei schweren Fragen» gibt. Von der *Herrschsucht* sagt er, daß sie «lockend auch zu Reinen und Einsamen und hinauf zu selbstgenugsamen Höhen steigt, glühend gleich einer Liebe, welche purpurne Seligkeiten lockend an Erdenhimmel malt». Verdeutlichend setzt er hinzu: «doch wer hiesse es *Sucht*, wenn das Hohe hinab nach Macht gelüstet! Wahrlich, nichts Sieches und Süchtiges ist an solchem Gelüsten und Niedersteigen!» Im Falle Zarathustras, der zehn Jahre nicht müde wurde, im Gebirge seines Geistes und seiner Einsamkeit zu genießen, bis er sich zum «Untergang» entschloß, ist Herrschsucht ein anderer Ausdruck für seine Liebe und seine Sehnsucht. Für die Liebe zu den Menschen und für die Sehnsucht nach tätiger Gestaltung der Welt, beide geleitet von den Forderungen und erfüllt von den Hoffnungen seiner Einbildungskraft. Bis zu seinem Wägen der Welt hatte er diese Liebe und Sehnsucht, für die es, wie er festhält, schwerfällt, «den rechten Tauf- und Tugendnamen» zu finden, nicht Herrschsucht geheißen. «‹Schenkende Tugend› – so nannte das Unnennbare einst Zarathustra.» Der Name *Herrschsucht* hat den Vorzug, daß er an den notwendigen Zusammenhang erinnert, der zwischen Herrschen-Wollen und Dienen-Müssen besteht. Mit Grund fragte Zarathustra nach dem *Zwang*, vermittels dessen «das Hohe sich zum Niederen zwingt».[147]

Die Verkörperung von Zarathustras Außersichsein, der «Geist der

146 Zarathustra schließt mit dem Vers: «Und wer das Ich heil und heilig spricht und die Selbstsucht selig, wahrlich, der spricht auch, was er weiss, ein Weissager: ‹*Siehe, er kommt, er ist nahe, der grosse Mittag!*›» Bei der Prophezeiung des großen Mittags in den Versen 31 und 32 handelt es sich um die sechste und siebte von elf Erwähnungen und um die dritte und vierte von sechs gesperrt gesetzten Verwendungen des «grossen Mittags» im Buch insgesamt.

147 III, 10.2, 1–7 (zur Wollust); 8–16 (zur Herrschsucht); 17–32 (zur Selbstsucht) (237–240). Cf. I, 22.1, 4–9 und 10–14 (97–98). Vorrede, 1, 1–12 (11–12).

Schwere», erhält in III, 11 ein eigenes Kapitel. Zarathustra singt darin für seine Ohren ein «Lied» vom Alten Feind, der ihn in jedem der vier Teile begleitet. Es beginnt mit dem Posaunenstoß: «Wer die Menschen einst fliegen lehrt, der hat alle Grenzsteine verrückt; alle Grenzsteine selber werden ihm in die Luft fliegen, die Erde wird er neu taufen – als ‹die Leichte.›» Eine wahrhafte Vogelschau, die mit dem Geist der Schwere alle Gesetzgebung negiert und sich über alles erhebt, was Zarathustra bis dahin gegen seinen «allerhöchsten grossmächtigen Teufel, von dem sie sagen, dass er ‹der Herr der Welt› sei», ins Feld geführt hat. Nietzsche plaziert die am offensichtlichsten widersetzliche und gegengesetzliche Rede des Buchs präzise zwischen der Verhandlung des Herrschaftswillens des Propheten in «Von den drei Bösen» (III, 10) und dem Ausblick oder Rückblick auf dessen Werk als Gesetzgeber in «Von alten und neuen Tafeln» (III, 12). In «Vom Gesicht und Räthsel» (III, 2) forderte Zarathustra den Geist der Schwere zum Wettkampf um das Schwerste heraus, zuversichtlich, daß der Widersacher, «halb Zwerg, halb Maulwurf», die Last seines «abgründlichen Gedankens», des neuen Schwergewichts, das die Ewige Wiederkunft aufbietet, nicht zu tragen vermöchte. Der Geist der Schwere stand für die Einrede des Todes, des Niedergangs und der Vergeblichkeit. In dem Kapitel, das seinen Namen trägt, steht der Geist der Schwere dagegen zuerst für die Rede der Moral und des Gesetzes. Entsprechend tauschen Zwerg und Maulwurf ihre Plätze, wenn Zarathustra, die frühere Charakterisierung wiederaufnehmend, den «Maulwurf und Zwerg» dekretieren läßt: «Allen gut, Allen bös.» Der Geist der Schwere ist blind für das Individuelle, das Besondere, für Unterschiede und Ungleichheiten. Er vertritt, was verallgemeinert werden kann und allgemeine Gültigkeit beansprucht, was in seiner Allgemeinheit und für die Allgemeinheit Gehorsam heischt. So wie er in III, 2 die ewige Wiederkehr des Gleichen im allgemeinen geltend machte, als Gesetzmäßigkeit.[148] Die Kritik des Geistes der Schwere hat ihr erstes Ziel mithin im allgemeinen Anspruch des Gesetzes und der Moral. Zarathustra stellt dem Imperativ des Guten und Bösen *sein*

148 III, 2.1, 10 (198) und III, 11.2, 19 (243); Zwerg und Maulwurf bzw. Maulwurf und Zwerg werden nur an diesen beiden Stellen zusammen genannt; III, 12.2, 17 (248) wiederholt die zweite Stelle und transformiert sie in den Plural. Zum Wettkampf um das Schwerste siehe S. 113–115; cf. *Die fröhliche Wissenschaft* IV, 341 (p. 570).

Gutes und Böses entgegen, und er beruft sich emphatisch auf *seinen* Weg, den, den er für sich gesucht und für gut befunden hat, im Unterschied zu dem, der allen als der richtige Weg vorgeschrieben oder als der Weg des Sittengesetzes angesonnen wird. In diesem Sinne lautet das letzte Wort der Rede: «*Den* Weg nämlich – den giebt es nicht!» Damit ist die Kritik indes nicht erschöpft. Wenn Zarathustra erklärt, er sei dem Geist der Schwere nach «Vogel-Art» feind, «todfeind, erzfeind, urfeind», dann steht der Geist der Schwere für alles ein, was Zarathustra und die, die seiner Art sind, am «Fliegen» hindert: die Forderungen von Herrschaft und Dienst, der Wille zum Untergang, die Gebote von Hingabe und Pflicht, die sie von ihrem eigenen Guten abhalten. Der Geist der Schwere, um den es in III, 11 geht, hat einen denkbar umfassenden Charakter.[149] Als Sachwalter der Ordnung, des Überichs, der Konvention reicht er tief ins Menschenwesen. Als Stimme des Sinn stiftenden und Ehrfurcht weckenden *Du sollst!* gibt er dem Leben mit der Schwere den Ernst, den insonderheit der «tragsame Mensch» als Auszeichnung versteht. «Wer aber leicht werden will und ein Vogel, der muss sich selber lieben: – also lehre *ich*.» Zarathustra spricht nicht zum Kamel. Gleichwohl unterscheidet er die Selbstliebe, zu der er sich und seinesgleichen

149 Während der *Geist der Rache* nur zweimal erwähnt wird (II, 20, 31 und 44), wird der *Geist der Schwere* fünfzehnmal beim Namen genannt (I, 7, 23 und 24; II, 10, 3 und 9; III, 2.1, 9; III, 2.2, 8; III, 11, Überschrift; III, 11.1, 6; III, 11.2, 3; 8; 10; 18; III, 12.2, 16; IV, 17.1, 6; 10). Die achte Erwähnung in Vers III, 11.1, 6 (241) lautet: «Und zumal, dass ich dem Geist der Schwere feind bin, das ist Vogel-Art: und wahrlich, todfeind, erzfeind, urfeind! Oh wohin flog und verflog sich nicht schon meine Feindschaft!» Anders als der Geist der Schwere nimmt der Geist der Rache keine körperliche Gestalt an. Er bleibt wesentlich Geist. Im Unterschied zum Geist der Schwere, der im Traumgesicht von III, 2 vier eigene Verse erhält, meldet er sich auch nicht selbst zu Wort. Der Geist der Rache steht ein für das, was den Willen zur Macht als Wille zur Denkbarkeit der Welt in der wichtigsten Rücksicht irrezuführen, zu verleiten, zu korrumpieren vermag; was den Willen zur Macht an den Grenzen seiner Mächtigkeit, angesichts seiner Ohnmacht, in der Vorstellung und der Auslegung eine Macht ausüben oder zu gewinnen suchen läßt, die den Phänomenen nicht gerecht wird. Der Geist der Rache kann durch Einsicht bezwungen bzw. als analytisches Konzept der Erkenntnis dienstbar gemacht werden. Der Geist der Schwere betrifft als Antagonist der Selbstliebe das Leben im ganzen, Denken und Fühlen, Gewissen und Selbstverständnis, Erkennen, Handeln und Wertschätzen. Beide, der Geist der Schwere und der Geist der Rache, treffen sich in der Verneinung der Welt, wie sie ist.

mahnt, in einem Atem von der Eigenliebe der «Siechen und Süchtigen». «Man muss sich selber lieben lernen – also lehre ich – mit einer heilen und gesunden Liebe: dass man es bei sich selber aushalte». Zarathustra läßt keinen Zweifel daran, daß er alles andere als eine allgemeine Lehre oder ein Gebot für alle vorträgt. Sich lieben zu lernen im Sinne der Selbstliebe, von der Zarathustra «allein in leerem Hause» redet, ist «die feinste, listigste, letzte und geduldsamste» aller Künste. Sie verlangt, das Eigene freizulegen; sich selbst aufzuschließen; die Barrieren zu überwinden, die die Konvention aufgerichtet hat; auf sich warten zu können; in der Auseinandersetzung mit dem Widersacher zu wachsen; sich im Ernst auf die Welt der Menschen einzulassen; im Ja und Nein seinen Weg zu finden. Sie ist die listigste Kunst, da sie wie keine andere dialektisch ausgerichtet sein muß, und sie ist die letzte, da sie den ganzen Lebensgang betrifft. Aus beiden Gründen ist sie in höchstem Maße der Vermittlung und der Verneinung bedürftig. Abfolge und Aufbau bleiben ihr nicht äußerlich. In den Metaphern des Selbstgesprächs gesagt: «wer einst fliegen lernen will, der muss erst stehn und gehn und laufen und klettern und tanzen lernen: – man erfliegt das Fliegen nicht!» Zarathustra erreicht sein Beisichselbstsein über die Erfahrung und Einsicht seines Außersichseins. Sein Ja und Amen zum Ganzen erhält Gewicht erst durch das Ja und Nein, das er im einzelnen zu sagen weiß. Daß er das Nein im Hier und Jetzt mit dem großen Ja übereinzubringen vermag, führt er an keinem geringeren Fall als dem seines «Teufels» vor Augen, dem er in der Ökonomie der Welt wie im eigenen Leben einen Platz zuweist. Nachdem er den Widerstreit, der ihn mit dem Geist der Schwere verbindet, in aller Schärfe herausgestellt hat, resümiert er in der Betrachtung, die auf den Höhepunkt des Agons folgt, was der Geist der Schwere alles geschaffen habe: «Zwang, Satzung, Noth und Folge und Zweck und Wille und Gut und Böse». An diese Zuschreibung, die weiteste, die dem Gegenspieler im Buch zuteil wird, schließt er die Frage an: «muss nicht dasein, *über* das getanzt, hinweggetanzt werde? Müssen nicht um der Leichten, Leichtesten willen – Maulwürfe und schwere Zwerge dasein?»[150]

Muß, wer seinesgleichen fliegen lehren will, selbst Grenzsteine setzen? Muß er Gesetze geben, an denen sie sich zu messen, für die sie sich

150 III, 11.2, 1; 3–13; 18–19; 20–22; 29–37 (242–245). III, 12.2, 16–17 (248). Siehe S. 131.

einzusetzen, in Widerspruch zu denen sie sich zu entdecken und zu stärken vermögen? Muß er mit dem «Geist der Schwere» wetteifern und für anspruchsvollere und versucherischere Gebote sorgen, weil das Anspruchsvollste und Versucherischste not tut, um zum Fliegen zu befreien und über alle Grenzsteine hinauszugelangen? Ist der beste Zwang, der Zarathustra zwingen kann, als Gesetzgeber von seinem Berg herabzusteigen, mithin die Liebe zu denen, die wie er von «Vogel-Art» sind? Wir wissen nicht, ob Zarathustra nach seiner Heimkehr die Einsamkeit jemals wieder verlassen wird. «Von alten und neuen Tafeln» (III, 12), das mit dreißig Abschnitten und zweihundertdreiunddreißig Versen bei weitem längste Kapitel des Buchs, scheint dafür zu sprechen. Zu Beginn sehen wir Zarathustra zwischen «alten zerbrochenen» und «neuen halb beschriebenen» Tafeln sitzen und auf seine Stunde warten. Er fragt, wann sie komme, «die Stunde meines Niederganges, Unterganges: denn noch Ein Mal will ich zu den Menschen gehn.» Er bestätigt so die Verheißung der zweimaligen Wiederkunft, mit der er die Jünger am Ende des Ersten Teils beschied. Die Initiative liegt indes offenbar nicht beim Gesetzgeber. Er wartet auf ein Ereignis, eine Erscheinung, ein Mirakel, das den Kairos verbürgen soll: «erst müssen mir die Zeichen kommen, dass es *meine* Stunde sei, – nämlich der lachende Löwe mit dem Taubenschwarme». Ob die Zeichen kommen, steht dahin, und wenn sie kommen, bleibt offen, ob sie halten, was die Einbildungskraft des Propheten mit ihnen verbindet. Etwas später hören wir, daß er auf die wartet, die bereit sind, seine Tafeln mit ihm «zu Thale und in fleischerne Herzen» zu tragen. Zarathustra nennt sie «meine Brüder». Es gibt freilich keinerlei Hinweise, daß die imaginierten Brüder, an die er sich in «Von alten und neuen Tafeln» dreiunddreißigmal in direkter Rede wendet, auf dem Weg zu Zarathustra sind, geschweige, daß sie erfahren werden, was er ihnen zu sagen hat – sofern sie nicht *Also sprach Zarathustra* zu Gesicht bekommen. Denn Zarathustra erwähnt mit keinem Wort, daß er dabei sei oder auch nur die Absicht habe, die Tafeln weiter zu beschreiben. Die «halb beschriebenen Tafeln», die ihn umgeben, mögen einem früheren Aufenthalt im Gebirge entstammen. Der Gesetzgeber verwendet die Zeit des Wartens nicht auf die Vervollständigung des begonnenen Kodex. Er hält vielmehr Rückschau: «so erzähle ich mir mich selber.» In den Abschnitten 2 und 3 läßt Zarathustra den Weg Revue passieren, den er im Ersten und Zweiten Teil bis zur Rede «Von der Erlösung» ging, wobei er am Rande vermerkt, daß er sich mit der programmatischen Prägung «Übermensch» aus fremdem Arsenal bediente, während es sich beim «grossen Mittag» um ein authentisches «Zarathustra-Wort» handelte. Der gedrängte Überblick gipfelt in der Lehre von der Erlösung des Menschen und seiner Vergangenheit durch die schöpferische Tat, das Umschaffen von allem «Es war» zum schließlichen «Aber so wollte ich es! So werde ich's wollen» des Willens. Nur zwei Gedankenstriche vom Resumee der futuristischen Doktrin entfernt, spricht Zarathustra zum erstenmal unverhohlen aus, was das Werk des Propheten zu vollenden und ihn zum wahrhaften Gegen-Jesus zu erheben bestimmt ist: «Nun warte ich *meiner* Erlösung –, dass ich zum letzten Male zu ihnen gehe. / Denn noch Ein Mal will ich zu den Menschen: *unter* ihnen will ich untergehen, sterbend will ich ihnen meine reichste Gabe geben!» Nachdem er das *Consummatum est* seines Untergangs ins Auge gefaßt hat, kehrt Zarathustra zum ersten Vers des Kapitels und zugleich zur ersten Rede des Buchs zurück, zur Rede an die Sonne, mit der die Tragödie des Propheten begann: «Der Sonne gleich will auch Zarathustra untergehn: nun sitzt er hier und wartet, alte zerbrochne Tafeln um sich und auch neue Tafeln, – halbbeschriebene.»[151] — Die Rückschau auf die alte futuristische Doktrin setzt den Ton und steckt den Rahmen ab für alles, was Zarathustra über seine halb beschriebenen Tafeln sagen wird. Denn auch in den siebenundzwanzig Abschnitten, die folgen, erzählt er sich sich selber. In seiner Erinnerung kehren Sentenzen, Maximen, Exhortationen aus den früheren Lehrreden zurück, die er zum Teil wörtlich, zum Teil in leicht abgewandelter Gestalt zu einer Art gesprochenem Brevier für die «Brüder» zusammenstellt, auf die er wartet. Etwa wenn er ihnen, ihre Gegenwart vorwegnehmend, zuruft: «Ihr sollt nur Feinde haben, die zu hassen sind, aber nicht Feinde zum Verachten: ihr müsst stolz auf euren Feind sein»; oder: «Nicht nur fort euch zu pflanzen, sondern *hinauf* – dazu, oh meine Brüder, helfe euch der Garten der Ehe!» Auch in den drei Fällen, in denen Zarathustra ausdrücklich von einer «neuen Tafel» spricht und sich diese zurechnet, handelt es sich um Wiederholungen oder Verdeutlichungen dessen, was er einst unter den Menschen vortrug. Das Gebot der ersten Tafel,

151 III, 12.1, 1–3 (246); I, 22.3, 11 (102); cf. II, 22, 30 (189). III, 12.2, 1–9; 12 (246–247). III, 12.3, 1–8; 9–13 (248–249). Siehe S. 17–18 und 44 mit Anm. 53.

die im Namen der Liebe zu den Fernsten fordert: «*schone deinen Nächsten nicht!* Der Mensch ist Etwas, das überwunden werden muss», geht bis auf die «Vorrede» zurück und bildet jetzt den Auftakt einer «vornehmen Rede», mit der Zarathustra sich in den Abschnitten 4–6 an die Vornehmen wendet und, ganz im Sinne der futuristischen Lehre, an ihre Selbstüberwindung, an ihre Hingabe, an ihre Bereitschaft, sich als «Erstlinge» zu opfern, appelliert. «Die Untergehenden liebe ich mit meiner ganzen Liebe: denn sie gehn hinüber». Der Appell an die Vornehmen stimmt mit der Vision des Propheten zusammen, der sein Werk durch den eigenen Untergang besiegeln wird. Die zweite Tafel verbindet die Aufforderung zur Begründung eines neuen Adels mit dem zentralen Gedanken des Futurismus: mit der Erlösung der Vergangenheit durch die Schöpfung der Zukunft. Zarathustra benennt die Gefahr des Gedankens, der alles, was war, der Umdeutung durch das, was kommt, preisgibt. Ein «grosser Gewalt-Herr» könnte alles Vergangene zwingen, «bis es ihm Brücke würde und Vorzeichen», oder «der Pöbel» würde Herr und ertränke «in seichten Gewässern alle Zeit». Beiden Ausprägungen der Gefahr der Preisgegebenheit des Vergangenen soll eine neue Aristokratie wehren, die «allem Pöbel und allem Gewalt-Herrischen Widersacher ist». Dem erst noch zu gewinnenden, durch den Gesetzgeber ins Leben zu rufenden und zu erziehenden Adel wird die Geschichte der Menschheit überantwortet, daß er sich, ganz auf die Zukunft gespannt, durch sein Schaffen, Umschaffen, Neuschaffen als ihr Hüter bewähre. Entsprechend lauten die Kernsätze der mittleren Tafel: «Eurer *Kinder Land* sollt ihr lieben: diese Liebe sei euer neuer Adel, – das unentdeckte, im fernsten Meere!» Und: «An euren Kindern sollt ihr *gut machen*, dass ihr eurer Väter Kinder seid: alles Vergangene sollt ihr *so* erlösen!» In die dritte Tafel sind nur die zwei Worte eingegraben: *«werdet hart!»* Es ist der Imperativ der Vorbereitung, der rechten Haltung, der Ertüchtigung, der Entschlossenheit für die, denen der Auftrag erteilt wird, die Zukunft zu schaffen, was immer der genaue Gegenstand und der Inhalt ihres Schaffens sein mag. Es ist der Befehl für jene, die herrschen wollen und ihre Seligkeit davon erwarten, ihre «Hand auf Jahrtausende zu drücken wie auf Wachs». Es ist die Tafel für den Gesetzgeber-Propheten selbst, der zu «Einem grossen Schicksale» aufgespart werden will, der sich in die Pflicht nimmt, um einst bereit und reif zu sein im «grossen Mittage», der erfüllt ist von der Hoffnung auf «Einen grossen Sieg», den es, wie die Vornehmen, zu denen er spricht, nach *Größe* verlangt.[152] — Die dritte und letzte Tafel fordert die Schaffenden zur Härte gegen sich selbst auf. Sie mahnt sie aber ebenso, mit Härte bei der Zerstörung zu Werke zu gehen, an die ihr Schaffen gebunden ist. Schon in der Rede «Von der Selbst-Ueberwindung» (II, 12) betonte Zarathustra, daß, «wer ein Schöpfer sein muss im Guten und Bösen», erst «ein Vernichter» sein und «Werthe zerbrechen» müsse. In III, 12 richtet er siebenmal den Aufruf «Zerbrecht mir ...» an die, die Schöpfer und Vernichter in einem sein sollen. Der siebte Aufruf, der der Tafel *Werdet hart!* vorausgeht, unterscheidet sich von den sechs anderen darin, daß er nicht nur zum Zerbrechen von Gesetzen, Geboten oder Glaubenssätzen auffordert, sondern ausdrücklich deren Vertreter, Verteidiger, Sachwalter zum Ziel des Angriffs macht. Er gehört zu einer dreiteiligen Rede, in der der Prophet als Revolutionär spricht, wie er das einst in seiner Rede zum Volk auf dem Markt tat. In ihr kehren die «Guten und Gerechten» wieder, eine Prägung, die Zarathustra in der Vorrede vom Possenreißer aufnahm. Zarathustra erinnert an seine Warnung vor dem Unheil des «letzten Menschen», auf den er außerhalb der Vorrede nur dieses Eine Mal zurückkommt. Und er zieht die Parallele zu Jesus weiter aus, der den «Guten und Gerechten» ins Herz gesehen und sie als Pharisäer erkannt habe. «Aber man verstand ihn nicht.» Der «Zweite», der ihr «Land, Herz und Erdreich» entdeckte, war Zarathustra. Er fragte, wen sie am meisten hassen, und gab die Antwort: den Schaffenden, «den, der Tafeln bricht und alte Werthe, den Brecher». Die «Guten und Gerechten», die Repräsentanten der bestehenden Ordnung, «kreuzigen Den, der neue Werthe auf neue Tafeln schreibt». Der Revolutionär ist bereit, die Kreuzigung auf sich zu nehmen und das größte Opfer zu bringen – hier holt der sechsundzwanzigste den dritten Abschnitt des Kapitels ein –, um «die grösste Gefahr aller Menschen-

152 III, 12.21, 3 (262); cf. I, 10, 18 (59). III, 12.24, 7 (264); cf. I, 20, 7 (90). – III, 12.4, 1–6 (249–250); cf. Vorrede, 3, 2 (14); III, 12.5, 3 (250); III, 12.6, 1–5 (250–251); cf. Vorrede, 4, 5–22 (17–18). – III, 12.11, 1–6 und 12, 9–11 (254–255); cf. III, 12.28, 5–8 (267–268). – III, 12.29, 1–8 (268); III, 12.30, 1–3; 5; 9 (268–269). – Wenn Zarathustra fordert, daß zur Begründung einer neuen Aristokratie ein neuer Adel «auf neue Tafeln» das Wort «edel» neu schreibe, versäumt er nicht, auf die theologische Entsprechung der Aristokratie hinzuweisen: «Vieler Edlen nämlich bedarf es und vielerlei Edlen, *dass es Adel gebe!* Oder, wie ich einst im Gleichniss sprach: ‹Das eben ist Göttlichkeit, dass es Götter, aber keinen Gott giebt!›» III, 12.11, 7 (254); cf. III, 8, 31 (230) und siehe S. 129 mit Anm. 139.

Zukunft» abzuwenden, eine Gefahr, die er seinen Zuhörern in den Abschnitten 26–28 in Gestalt der «Guten und Gerechten» vor Augen stellt. Der Aufruf *«Zerbrecht, zerbrecht mir die Guten und Gerechten!»* bündelt die sechs Aufrufe zum Zerbrechen, die ihm vorhergehen und allen Wertschätzungen gelten, welche der Vision des Propheten von der künftigen Größe des Menschen entgegenstehen. Im Zentrum, in den Abschnitten 15 und 16, nimmt sich Zarathustra Tafeln vor, die der eine oder andere nach ihm die Tafeln des alten und des neuen Nihilismus nennen wird: die Absage an die Welt und an die Vernunft durch die «frommen Hinterweltler» einerseits, die Verneinung von Weisheit und Wille durch die «Welt-Müden» und «Prediger des Todes» andererseits. Die Mitte des Kapitels «Von alten und neuen Tafeln» wird so von dem doppelten Aufruf gehalten, die «alten Tafeln der Frommen» und eine «*neue* Tafel» zu zerbrechen, auf der zu lesen steht: *Es lohnt sich Nichts* oder *Es ist Alles gleich*.[153]

«Von alten und neuen Tafeln» nimmt sich aus wie ein erratischer Block, der aus Zarathustras Vergangenheit in seine Einsamkeit hineinragt. Das Kapitel, das ein Viertel des Umfangs von Teil III beansprucht, ist jedoch kein Monolith. Es handelt sich nicht um die einsinnige Rede eines Gesetzgebers, der sich vorstellt, zu den Gesetzgebern der Zukunft oder zu den Wortführern einer neuen Aristokratie zu sprechen, und alles, was er sagt, an dem Einen Zweck der Gründung ausrichtet. Da Zarathustra in seiner Muße wesentlich sich sich selber erzählt, erinnert er sich in der Rückschau auf die Reden, die er unter den Menschen hielt, nicht nur der Vornehmen, sondern ebenso der Erkennenden. Tatsächlich ist der erste Aufruf, die alten Tafeln zu zerbrechen, an sie gerichtet. Er ergeht im Namen der *Wahrheit* und hat den verbotenen Baum der Erkenntnis des Guten und Bösen im Blick: «*Neben* dem bösen Gewissen wuchs bisher alles *Wissen*! Zerbrecht, zerbrecht mir, ihr Erkennenden, die alten Tafeln!» Die drei Abschnitte, die sich im besonderen an die Erkennenden wenden (7–9) und die auf die drei Abschnitte der Auftaktrede an die Vornehmen folgen (4–6), beginnen mit dem Satz: «Wahr sein – das *können* Wenige!» Zarathustra hält an der Unterscheidung der Adressaten fest. Er setzt fort, was er in seinen Reden in der Stadt «die

153 II, 12, 41 (149). III, 12.26, 1; 5; 8–12; III, 12.27, 1–3; III, 12.28, 2–8 (265–268); cf. Vorrede, 5, 5–26 (19–20); Vorrede, 8, 1 (23) und 9, 7–8 (26); III, 12.3, 10 (249). III, 12.15, 1–5 und 16, 1–3; 8–9 (257–258). Siehe S. 21–26 und 88–92.

bunte Kuh» zu praktizieren begann. Im arithmetischen Zentrum des Kapitels zur Gesetzgebung, im einhundertsiebzehnten der zweihundertdreiunddreißig Verse und im siebten des dreizehn Verse umfassenden Abschnitts 16, in dem Zarathustra dazu aufruft, die neue Tafel mit der Inschrift *Weisheit macht müde, es lohnt sich Nichts* zu zerbrechen, lesen wir: «Erkennen: das ist *Lust* dem Löwen-willigen!» Zarathustra bleibt nicht dabei stehen. In zwei Abschnitten, den beiden einzigen, die mit *Ich* beginnen (19 und 21), kommt er auf die höchste Seele und die Frage von Weisheit und Herrschaft zu sprechen. Die Eröffnung von Abschnitt 19 weist auf den auswählenden, sammelnden und sondernden, Charakter von Zarathustras Rhetorik hin: «Ich schliesse Kreise um mich und heilige Grenzen; immer Wenigere steigen mit mir auf immer höhere Berge». Was folgt, ist im gesamten Buch ohne Gegenstück. Zarathustra bezieht ausdrücklich *das höchste Seiende* in die Betrachtung ein. Abweichend von der Überlieferung, oder genauer gesagt: in scharfer Wendung gegen sie, fragt er dabei nach der höchsten *Art* des Seienden, und da er die Frage nach der geringsten Spezies unmittelbar anschließt, spannt er gewissermaßen die ganze Rangordnung auf, die seinen Wertschätzungen zugrunde liegt: «Was ist die höchste Art alles Seienden und was die geringste?» Die geringste Art wird summarisch nach ihrer Defizienz, ihrem Mangel an Schöpferkraft und Selbständigkeit, bestimmt. Zarathustra nennt sie «Schmarotzer» und gibt sie dem Ekel preis. Die höchste Art alles Seienden bleibt ohne Namen. Sie wird jedoch sehr viel eingehender charakterisiert. Wer «höchster Art» ist, ist dies vermöge der «höchsten Seele». Die höchste Seele kennzeichnet Zarathustra durch acht Bestimmungen als die Seele, [1] «welche die längste Leiter hat und am tiefsten hinunter kann»; [2] «die umfänglichste Seele, welche am weitesten in sich laufen und irren und schweifen kann»; [3] «die nothwendigste, welche sich aus Lust in den Zufall stürzt»; [4] «die seiende Seele, welche in's Werden taucht»; [5] «die habende, welche in's Wollen und Verlangen *will*»; [6] «die sich selber fliehende, die sich selber im weitesten Kreise einholt»; [7] «die weiseste Seele, welcher die Narrheit am süssesten zuredet»; und [8] «die sich selber liebendste, in der alle Dinge ihr Strömen und Wiederströmen und Ebbe und Fluth haben». Die ersten vier Charakterisierungen entsprechen dem Selbstbild, dem Zarathustra von Anfang an folgt. Die fünfte Bestimmung nimmt das Ergebnis der Selbstreflexion im «Nachtlied» (II, 9) auf. Die sechste knüpft an die Selbstgespräche in «Von den drei

Bösen» (III, 10) und «Vom Geist der Schwere» (III, 11) an. Die achte wird durch «Die Heimkehr» (III, 9) und insbesondere «Vor Sonnen-Aufgang» (III, 4) erklärt. Die siebte Bestimmung schließlich kann als Erläuterung der ersten Rede des Buchs wie der ersten drei Abschnitte des Kapitels gelesen werden. In diesem Verstande kommentiert sie den Entschluß des Propheten zum Untergang und, noch weitergehend, den Willen des Weisen zur Herrschaft unter den Menschen. Dem scheint entgegenzustehen, daß Zarathustra am Ende von Abschnitt 21 sagt: «das Beste soll herrschen, das Beste *will* auch herrschen! Und wo die Lehre anders lautet, da – *fehlt* es am Besten.» Kann von Spiel, Übermut oder einem Versuch mit der Narrheit noch die Rede sein, wenn Sollen und Wollen zusammenfallen? Im Vers davor stellt Zarathustra heraus, daß die Völker nicht mehr Herr sein wollen. Zwei Verse davor hören wir: «was sich heute Volk heisst, verdient keine Könige». Und im Vers davor ruft Zarathustra seinen Brüdern zu: «Geht *eure* Wege! Und lasst Volk und Völker die ihren gehn!» Fehlt es also am Volk? Am *Besten* im Sinne der besten Voraussetzungen für die Herrschaft der Besten? Oder meint *das* Beste, das herrschen soll und herrschen will, das Beste, das in der höchsten Seele herrscht und die Zugehörigkeit zur «höchsten Art alles Seienden» begründet?[154]

Die Frage *Wer ist Zarathustra?*, die Zarathustra im Kapitel «Von der Erlösung» (II, 20) für seine Jünger stellte, wird im Kapitel «Der Genesende» (III, 13) von seinen Tieren beantwortet. Sein Adler und seine Schlange glauben zu *wissen*, wer er sei und werden müsse. Sie sagen ihm, was er der Welt sein soll: der Lehrer der Ewigen Wiederkunft. Sie machen das dreizehnte Kapitel zum Kapitel der «ewigen Wiederkunft». So wie der Begriff der philosophischen Kritik, der «Geist der Rache», nur in «Von der Erlösung» vorkam (zweimal), so kommt der Begriff der

154 III, 12.7, 1–6 (251). III, 12.16, 7 (258). III, 12.19, 1–11 (260–261). III, 12.21, 8; 9; 11; 12 (262–263). Beachte S. 58–59 mit Anm. 66. Siehe S. 105, 122–123 und 132–133. – Es ist eine bemerkenswerte Koinzidenz, daß Nietzsches Zarathustra bei der abschließenden Charakterisierung der höchsten Seele mit *Ebbe und Flut* auf dieselbe Bewegung Bezug nimmt, die Rousseaus Promeneur Solitaire bei der Beschreibung der höchsten Glückseligkeit mit der Betrachtung des *flux et reflux* ins Zentrum stellt: *Les rêveries du Promeneur Solitaire* V, 9. Die Übereinstimmung ist nicht auf die achte Bestimmung der höchsten Art alles Seienden beschränkt. Siehe dazu: *Über das Glück des philosophischen Lebens*, Erstes Buch, Kapitel IV *Beisichselbstsein.*

neuen Glaubenslehre nur in «Der Genesende» vor (viermal). Drei der vier Verwendungen und alle, die die «ewige Wiederkunft» unterstützen, gehören Zarathustras Tieren. Sie sind es auch, die Zarathustra das Reden abnehmen und mit der poetischen Präsentation der Doktrin die Leser bezaubern. Doch wie steht es um die Urteilsfähigkeit der Tiere? Welche Autorität ist ihnen als Interpreten von Zarathustras Denken zuzubilligen? Verweisen sprechende Tiere – Zarathustras Tiere ergreifen im dreizehnten Kapitel zum ersten und, was die Teile I–III betrifft, einzigen Mal das Wort – nicht auf eine Heiligenlegende oder ein Märchen? Märchenhaft klingt der Beginn der Erzählung von der schließlichen Heraufkunft des schweren, großen, erlösenden Gedankens: «Eines Morgens, nicht lange nach seiner Rückkehr zur Höhle,» – aber geraume Zeit, nachdem er dem unbekannten Adressaten auf hoher See das «Gesicht des Einsamsten» als Rätsel zu raten gab – «sprang Zarathustra von seinem Lager auf wie ein Toller, schrie mit furchtbarer Stimme und gebärdete sich, als ob noch Einer auf dem Lager läge, der nicht aufstehn wolle». Bei dem anderen, den Zarathustra einen «verschlafenen Wurm» schilt, handelt es sich um den «abgründlichen Gedanken», auf den er sich schon zweimal bezogen hatte und den er jetzt wie einen Dämon oder Geist aus seiner Tiefe heraufbeschwört. «Zarathustra ruft dich, der Gottlose! / Ich, Zarathustra, der Fürsprecher des Lebens, der Fürsprecher des Leidens, der Fürsprecher des Kreises – dich rufe ich, meinen abgründlichsten Gedanken!» Nachdem der Rufende sich in einer vierfachen Selbstbenennung zu erkennen gegeben und den Gerufenen bei der vierten und letzten Erwähnung zum «abgründlichsten Gedanken» erhöht oder vertieft hat, werden wir Zeugen einer Opernszene. Zarathustra trifft auf seinen «Abgrund»: «Heil mir! Heran! Gieb die Hand – – ha! lass! Haha! – – Ekel, Ekel, Ekel – – – wehe mir!»[155] — Zarathustra stürzt nieder «gleich einem Todten». Als er wieder zu sich kommt, bleibt er, bleich und zitternd, liegen und will weder essen noch

155 III, 13.1, 1–2; 6–9 (270–271); der «abgründliche Gedanke» wird vor III, 13.1, 2 in III, 2.2, 1 (199) und III, 3, 26 (205) erwähnt. Den Umschlag vom Märchenhaften ins Opernhafte bereitet eine Anspielung auf Richard Wagners *Siegfried* (Dritter Aufzug, erste Szene: Wotan, der Erda heraufruft) in Vers 5 vor: «Und bist du erst wach, sollst du mir ewig wach bleiben. Nicht ist das *meine* Art, Urgrossmütter aus dem Schlafe wecken, dass ich sie heisse – weiterschlafen!» Cf. *Der Fall Wagner. Ein Musikanten-Problem* 9, 1 (*KSA* 6, p. 33–34).

trinken. Die Krisis von II, 19 wiederholt sich in dramatischer Zuspitzung. Dort beschwerte ihn das Wort des Wahrsagers *Alles ist leer, Alles ist gleich, Alles war* mit der Traurigkeit und Müdigkeit, die der Wahrsager für die anbrechende Welt-Finsternis prophezeit hatte. Hier ist es die Verheißung des eigenen Gedankens, des Gedankens, mit dem er den Geist der Schwere bezwingen wollte, *Alles kehrt, bis ins Kleinste gleich, ewig wieder*, die ihn, von Ekel überwältigt, hinstreckt. Damals verweigerte Zarathustra drei Tage lang Trank und Speise, ebensolange wie Jesus nach dem Zeugnis der Evangelisten im Grab lag. Diesmal dauert seine Entrücktheit sieben Tage, so lange wie die Schöpfung der Welt. In II, 19 brach Zarathustra selbst das Schweigen und wandte sich mit der Erzählung des Traums von der «Berg-Burg des Todes» an die Jünger, die sich Tag und Nacht um ihn sorgten. In III, 13 ergreifen die Tiere die Initiative, die die ganze Zeit bei ihm ausgeharrt haben. Sie ermuntern Zarathustra, seine Höhle zu verlassen und in den «Garten der Welt» hinauszutreten. «Alle Dinge wollen deine Ärzte sein!» Sie erkundigen sich außerdem, ob «wohl eine neue Erkenntniss» zu ihm kam, «eine saure, schwere». Zarathustra gibt den Tieren zur Antwort, daß sie weiter schwätzen mögen. Ihnen zuzuhören, erquicke ihn: «wo geschwätzt wird, da liegt mir schon die Welt wie ein Garten». Worte und Töne ordnen und hegen die Dinge. Sie dienen als «Regenbogen und Schein-Brükken zwischen Ewig-Geschiedenem». Sie verbinden und verdecken in eins, da sie notwendig abstrahieren. Allgemein gesprochen: «Zwischen dem Ähnlichsten gerade lügt der Schein am schönsten; denn die kleinste Kluft ist am schwersten zu überbrücken.» Die allgemeine Aussage zum schönen Schein der Sprache in der Mitte von Zarathustras erster Erwiderung hat für das, was folgt, eine besondere Bedeutung. Denn sie nimmt in beinahe denselben Worten eine Stelle aus dem «Nachtlied» auf, die die Kluft zwischen Geben und Nehmen betraf, die kleinste Kluft, die am letzten zu überbrücken sei: die Kluft der Intention. Zarathustra vermerkt zu Beginn der Wechselrede, in die ihn die Tiere verwickeln, einen Vorbehalt. Er heißt die Tiere weiter schwätzen und markiert zugleich eine Scheidelinie. «Zu jeder Seele gehört eine andre Welt». Mit der «schönen Narrethei» des Sprechens «tanzt der Mensch über alle Dinge». Doch sie setzt ihn auch in den Stand, die Aufmerksamkeit auf das Trennende zu lenken und die Kluft zu zeigen, die sie verdeckt. Die Tiere erweisen sich in ihrem zweiten Part als Meister der schönen Menschen-Rede. Sie beginnen mit einer Unterscheidung: «Solchen, die denken wie wir, tanzen alle Dinge selber». Sie sind unter den Dingen, in ihrer Mitte, nicht über ihnen. Sie brauchen sich ihnen nicht zu nähern, da sie sich nicht von ihnen entfernt haben. Sie müssen keine Brücken bauen, da sie nichts von Kluft und Abgrund wissen: «das kommt und reicht sich die Hand und lacht und flieht – und kommt zurück». Allein die Begegnung mit dem Menschen nötigt zur Unterscheidung. Und sie verlangt eine Rede, die aufs Ganze geht. Wenn die Tiere nach der Art des höchsten Betrachters über die Bewegung sprechen, in die sie einbegriffen sind, wird ihre Rede zum Lobpreis für das ewige Sein. Die vier Sätze ihrer Ode auf das ewig rollende *Rad des Seins*, das ewig laufende *Jahr des Seins*, das ewig sich bauende gleiche *Haus des Seins* und den ewig sich treu bleibenden *Ring des Seins* verleihen der Lehre der Ewigen Wiederkunft in einprägsamer Weise Ausdruck. Mit dem letzten Vers, der die Ewigkeit als Fluchtpunkt ans Ende stellt, gelingt ihnen schließlich das Kunststück, den Kern der Doktrin als in sich ruhend, rund und sich selbst genug zu fassen, ohne der Absage, die sie für jede Form von Finalismus, Anthropozentrismus oder Futurismus bedeutet, etwas von ihrer Schärfe zu nehmen: «In jedem Nu beginnt das Sein; um jedes Hier rollt sich die Kugel Dort. Die Mitte ist überall. Krumm ist der Pfad der Ewigkeit.» Die Tiere weisen dem Menschen keinen bevorzugten Ort zu im Haus des Seins.[156] — Zarathustra zollt den Tieren Lob und wahrt Abstand. In Anspielung auf die «schöne Narrethei» des Sprechens nennt er sie «Schalks-Narren», tadelt sie aber im selben Atemzug als «Drehorgeln». Obwohl Zarathustra die Frage nach der «neuen Erkenntniss» unbeantwortet ließ, haben die Tiere offenbar gut getroffen, «was sich in sieben Tagen erfüllen musste», zu welcher Haltung gegenüber dem Ganzen er gelangte. Dabei ist ihnen allem Anschein nach das «Gesicht des Einsamsten» aus III, 2 vertraut, das sich, wie wir jetzt erfahren, in der Krisis von III, 13 *erfüllt* hat. Denn Zarathustra bezieht sich auf die Vision von Hirt und Schlange, wenn er be-

156 III, 13.2, 1–2; 3–6 (die vier Verse des ersten Parts der Tiere); 7–13 (die ersten sieben Verse Zarathustras in der Wechselrede); 14–17 (die vier Verse des zweiten Parts der Tiere) (271–273). Die beiden Verse (15 und 16) des Lobpreises der Tiere für das ewige Sein lauten: «Alles geht, Alles kommt zurück; ewig rollt das Rad des Seins. Alles stirbt, Alles blüht wieder auf, ewig läuft das Jahr des Seins. / Alles bricht, Alles wird neu gefügt; ewig baut sich das gleiche Haus des Seins. Alles scheidet, Alles grüsst sich wieder; ewig bleibt sich treu der Ring des Seins.»

stätigt, daß «jenes Unthier» – die Höflichkeit gegen seine Schlange und seinen Adler wahrend, spricht er nicht länger von einer Schlange, auch nicht von einem Tier – «mir in den Schlund kroch und mich würgte! Aber ich biss ihm den Kopf ab und spie ihn weg von mir.» Zarathustra hält den «Drehorgeln» entgegen, daß sie aus dem, was er sich in einem Akt der Selbstüberwindung errang, «schon ein Leier-Lied» machten, eine Ode, die jeder nachsprechen, eine Lehre, die beliebig wiederholt werden kann, ohne daß jene «kleinste Kluft» Beachtung findet, auf die es für das angemessene Verständnis ankommt. Außerdem ist das Leier-Lied übereilt. Denn Zarathustra liegt von jenem «Beissen und Wegspein» ermattet darnieder, «krank noch von der eigenen Erlösung». Die Erlösung, von der er jetzt spricht, die Erlösung, die sein entschlossenes Zubeißen bewirkte, ist nicht die Erlösung, die er in «Von alten und neuen Tafeln» in Aussicht nahm: der Untergang unter den Menschen. Dort erhoffte er sich Erlösung durch die Vollendung des Werks, das sein Opfertod besiegeln würde. Die Erlösung, die in «Der Genesende» in Rede steht, ist die Erlösung vom Unmut des Willens über das «Es war», die Erlösung von der Entrüstung über die Welt, wie sie ist, die Erlösung von der Erlösungsbedürftigkeit. Sie ist nicht an die Vollendung des «Werks» gebunden, nicht an Größe, Sieg und Untergang. Mit dem Kopf der Schlange wird auch der ausgezeichnete Punkt des Kreises ausgespien, das Ziel der Geschichte, das consummierende Ereignis, das durch den unausweichlichen Abstieg, den späteren Niedergang, den drohenden Verfall Gegenstand der Entrüstung wird: das Große der futuristischen Lehre, das im Sturm steht. Zarathustra schickt sich an, seinen Tieren zu erklären, wovon er sich zu befreien hatte, um in ihr Lied einstimmen zu können. Er berichtet von der Vorgeschichte der Krisis, deren Zeugen sie geworden sind. Zunächst vom Ausgangspunkt seiner gesamten Lehrtätigkeit, dem tiefen Ungenügen am Menschen, dann von der Begegnung mit dem Wahrsager, die ihm das Scheitern seines ersten Beginnens vor Augen führte. Der Unmut über die mangelnde Größe des Menschen ließ ihn schreien, «wie noch Niemand geschrien hat: / ‹Ach dass sein Bösestes so gar klein ist! Ach dass sein Bestes so gar klein ist!›» Den Übermenschen, den die futuristische Lehre aufbot, um dem «Unerträglichsten» Abhilfe zu schaffen, spart Zarathustra aus. Zur Wende, die die Weissagung in II, 19 bedeutete, bekennt er: «Der grosse Überdruss am Menschen – *der* würgte mich und war mir in den Schlund gekrochen: und was der Wahrsager wahrsagte: ‹Alles ist gleich, es lohnt sich Nichts, Wissen würgt.›» Bei der Wiedergabe des dreigliedrigen Spruchs nimmt Zarathustra bemerkenswerte Veränderungen vor. Das zentrale Glied *Alles ist gleich* stellt er an die Spitze, die beiden flankierenden Glieder, *Alles ist leer* und *Alles war*, ersetzt er dagegen durch eigene, schärfende und klärende Auslegungen: Durch die Inschrift jener «neuen Tafel», deren Zerbrechen er im vorhergehenden Kapitel forderte, und durch die Abbreviatur *Wissen würgt*, die sein eigenstes Problem anzeigt. Denn Wissen gründet in und bezieht sich auf Notwendigkeit, und aus dem Kapitel «Von der Erlösung» (II, 20) wissen wir, daß der von Zarathustra herausgestellte Widerwille des Willens gegen alles *Es war* sich, näher betrachtet, als Widerwille gegen die Notwendigkeit erweist. Das Wissen der Notwendigkeit von Abstieg, Niedergang, Verfall, der Notwendigkeit der «geringsten Art alles Seienden», der Notwendigkeit der ewigen Wiederkehr des von ihm am meisten Verabscheuten als Folge seines abgründlichsten Gedankens, dieses Wissen würgte Zarathustra. Sein knapper Rückblick schiebt die Episoden «Der Wahrsager» (II, 19) und «Vom Gesicht und Räthsel» (III, 2) nicht zufällig ineinander. Das Wort des Wahrsagers wird durch den Gedanken des Zwergs von der Wiederkehr des ewig Gleichen zum eigentlichen «Marterholz» für Zarathustra. Er faßt die Konsequenz aus beiden Treffen in den Satz: «Ewig kehrt er wieder, der Mensch, dess du müde bist, der kleine Mensch». Die Krankheit, deren er sich erinnert, steht in unmittelbarem Zusammenhang mit der vornehmen Wertschätzung: «Allzuklein der Grösste! – Das war mein Überdruss am Menschen! Und ewige Wiederkunft auch des Kleinsten! – Das war mein Überdruss an allem Dasein!» Die einmalige Erwähnung, die einzige Stelle, an der der Begriff «ewige Wiederkunft» Zarathustra über die Lippen kommt, wird gefolgt von dem Seufzer: «Ach, Ekel! Ekel! Ekel!» Der dreifache Ekel kehrt wieder, der am Anfang der sieben Tage stand.[157]

Auf die Frage, wer Zarathustra sei, gab Zarathustra in «Von der Erlösung» die Fragen «Ein Arzt? Oder ein Genesener?» zur Antwort. Seine Tiere nennen ihn einen Genesenden, nachdem sie dem Bericht

157 III, 13.2, 18–38 (273–275). Die zweite Erwiderung von Zarathustra schließt mit der Bekräftigungsformel «Also sprach Zarathustra», die gewöhnlich am Ende des Kapitels steht. Cf. II, 19, 2 (172); III, 12.16, 2 und 8 (257–258). II, 20, 11 und 22–29 (179–180). Zu Zarathustras Ekel siehe S. 61–62 mit Anm. 69. Zu seinem Unmut beachte S. 97–101 mit Anm. 104 und S. 113–115.

über seine Krankheit eine Weile zugehört haben. Sobald Zarathustra beim Ekel angelangt ist, unterbrechen sie ihn. «Sprich nicht weiter, du Genesender!» Wie bei ihrer ersten Intervention raten sie ihm, in den Garten der Welt hinaus zu gehen, zu Rosen, Bienen und Taubenschwärmen, um unter den Dingen zu gesunden. Vor allem soll er den Vögeln das Singen ablernen. «Singen nämlich ist für Genesende; der Gesunde mag reden. Und wenn auch der Gesunde Lieder will, will er andre Lieder doch als der Genesende.» Zarathustra spricht die Tiere wie zuvor als «Schalks-Narren und Drehorgeln» an, aber diesmal heißt er sie schweigen. «Dass ich wieder singen müsse, – *den* Trost erfand ich mir und *diese* Genesung: wollt ihr auch daraus gleich wieder ein Leier-Lied machen?» Abermals haben die Tiere etwas getroffen, und auch jetzt wehrt sich Zarathustra dagegen, daß ihm das, was er sich «in sieben Tagen» schuf oder für sich als richtig erkannte, als Lehre für alle angesonnen wird. Die Tiere unterbrechen ihn schon nach zwei Versen zum zweiten und letzten Mal: «Sprich nicht weiter». Zuversichtlich, daß sie die Arznei kennen, die Zarathustra nötig hat, beginnen sie ihre große Schlußrede. In ihr stellen sie unter Beweis, daß sie Zarathustras Anamnese und Diagnose aufmerksam gefolgt und über die Sehnsucht des Propheten nach Größe, Sieg und Untergang im Bilde sind. Den Einwand gegen ihr Drehleier-Lied biegen sie um in die Aufforderung an Zarathustra, sich «eine neue Leier» zu schaffen. Und den allgemeinen Rat für Genesende, Lieder zu singen, die der Heilung förderlich sind, individualisieren sie, indem sie ihn am besonderen Zweck des Rekonvaleszenten ausrichten: «heile mit neuen Liedern deine Seele: dass du dein grosses Schicksal tragest, das noch keines Menschen Schicksal war!» Die Tiere verheißen Zarathustra nicht nur das große Schicksal, das er sich wünschte, sondern historische Einmaligkeit. Sie haben mehr als einen Trost für ihn. Als seine Ärzte und als seine Auftraggeber in eins betrauen sie ihn mit der Mission, eine Doktrin zu lehren, die niemand vor ihm gelehrt hat: «Denn deine Thiere wissen es wohl, oh Zarathustra, wer du bist und werden musst: siehe, *du bist der Lehrer der ewigen Wiederkunft* –, das ist nun *dein* Schicksal!» Sie ermuntern ihn auf seinem Weg der Größe und benennen das Ziel. «Dass du als der Erste diese Lehre lehren musst, – wie sollte diess grosse Schicksal nicht auch deine grösste Gefahr und Krankheit sein!» Zarathustra wird auf dem Pfad der Tiere von seinem Ekel gesunden und zu seinem Ruhm die Botschaft vom ewig in sich kreisenden Sein verkünden, in dem sie leben und das sie erfüllt.

Denn sie «wissen» nicht nur, *wer* er sein, sondern auch, *was* er näher besehen lehren muss: «dass alle Dinge ewig wiederkehren und wir selber mit, und dass wir schon ewige Male dagewesen sind, und alle Dinge mit uns.» Sie «wissen» sogar, *wie* Zarathustra zu sich spräche, wenn er jetzt sterben wollte. So beschränkt sich ihre Rede nicht auf die Einsetzung des Propheten und die Formulierung der Doktrin, der er Gehör verschaffen soll. In den letzten sieben ihrer siebzehn Verse gibt sie auch noch die Sterberede wieder, die die Tiere an Zarathustras statt halten. Adler und Schlange lassen ihn im Angesicht des Todes versichern: «Ich komme wieder, mit dieser Sonne, mit dieser Erde, mit diesem Adler, mit dieser Schlange – *nicht* zu einem neuen Leben oder besseren Leben oder ähnlichen Leben: / – ich komme ewig wieder zu diesem gleichen und selbigen Leben, im Grössten und auch im Kleinsten, dass ich wieder aller Dinge ewige Wiederkunft lehre, – / – dass ich wieder das Wort spreche vom grossen Erden- und Menschen-Mittage, dass ich wieder den Menschen den Übermenschen künde.»[158] Indem die Tiere den großen Mittag zum großen Erden- und Menschen-Mittag erweitern, sprechen sie Zarathustra eine Sendung von nicht bloß historischer, sondern gleichsam kosmischer Bedeutung zu. Und mit dem Glauben, daß er dasselbe Wort ewig wiederholen werde, eternalisieren sie buchstäblich seine Größe und Einmaligkeit: Zarathustra wird auf immer und ewig der *erste* Lehrer der Ewigen Wiederkunft sein. Um seine Sendung zu erfüllen, muß der Verkündiger der Guten Botschaft zugrunde gehen. Die Tiere legen dem sterbenden Zarathustra in den Mund, was er in der

158 Verse 3–5 der imaginierten Sterberede. Die Verse 1 und 2 lauten: «Nun sterbe und schwinde ich, würdest du sprechen, und im Nu bin ich ein Nichts. Die Seelen sind so sterblich wie die Leiber. / Aber der Knoten von Ursachen kehrt wieder, in den ich verschlungen bin, – der wird mich wieder schaffen! Ich selber gehöre zu den Ursachen der ewigen Wiederkunft.» Die Verse 6 und 7 bilden als Verse 16 und 17 zugleich den Schluß der Einsetzungsrede der Tiere: «Ich sprach mein Wort, ich zerbreche an meinem Wort: so will es mein ewiges Loos –, als Verkündiger gehe ich zu Grunde! / Die Stunde kam nun, dass der Untergehende sich selber segnet. Also – *endet* Zarathustras Untergang» III, 13.2, 55–61 (276–277). – Die erste Fassung von Vers 5 der Sterberede (III, 13.2, 59) bringt die Sicht der Tiere, die für Zarathustras Sendung als Lehrer der Ewigen Wiederkunft bestimmend ist, noch deutlicher zum Ausdruck: «– als der Lehrer, welcher zu den M[enschen] spricht: ich lehre und zeige euch den Übermenschen – wie *erträgt* ihr sonst meine Lehre der Wiederkunft!» *KGW* VI 4, p. 519.

Unterredung mit seiner Seele am Ende des Zweiten Teils zurückwies: Er sprach jetzt sein Wort und zerbricht. Die Tiere heißen ihn, sich selbst segnen und das Finis operis sprechen: «Also – *endet* Zarathustra's Untergang.» Zarathustra antwortet den Tieren nicht. Er hört nicht, berichtet der Erzähler, daß sie schweigen. Er unterredet sich ein weiteres Mal mit seiner Seele. Er denkt. Wir wissen nicht, von wann an er den Tieren nicht mehr zuhörte: Ob er sich auf sich selbst zurückzog, als sie ihn zum Lehrer der Ewigen Wiederkunft bestimmten oder als sie den Inhalt der Doktrin umrissen oder als sie begannen, seine Sterberede für ihn zu sprechen. Ebenso wenig wissen wir, ob er dem, was ihm die Tiere vorsagen, entsprechen wird. Weder sehen wir ihn die Lehre der Tiere jemals *lehren*, noch werden wir Zeugen seines *Endes*. Im Falle der Konzeption der ewigen Wiederkunft des Selben haben wir ein «Ähnlichstes», das Zarathustra und die Tiere verbindet und bei dem die «kleinste Kluft» den größten Unterschied macht. Glaubt Zarathustra, was die Tiere glauben? Und glauben die Tiere, was die Menschen glauben sollen, für die die Lehre gedacht ist? Wenn die Tiere nicht nur für das Leben im Ganzen sprechen, wenn Schlange und Adler, das «klügste» und das «stolzeste Thier unter der Sonne», im besonderen für Zarathustras Klugheit und Stolz einstehen, so können wir schließen, daß die Klugheit Zarathustra zur Lehre der Ewigen Wiederkunft rät, um ihn vor dem Rückfall in den Ekel zu schützen und den Widerwillen des Willens zum Schweigen zu bringen, und daß sein Stolz in den Rat der Klugheit einstimmt, da die Lehre Zarathustra doppelt «verewigt»: als den Vornehmen, der den Ekel des Vornehmen überwand, und als den Erkennenden, der das Problem des Willens zur Macht der Erkenntnis aussetzte. Aber Zarathustra und seine Tiere sind nicht Eins. Weder seine Klugheit noch sein Stolz gebietet seinem Denken.[159]

Zarathustra spricht bis zum Ende des Dritten Teils kein Wort mehr zu Mensch oder Tier. Er macht keinerlei Anstalten, als Lehrer der Ewigen Wiederkunft aufzutreten. Dagegen nimmt er im ersten Satz, den wir nach der Berufung durch seinen Adler und seine Schlange von ihm hören, für sich in Anspruch, *seine Seele* etwas gelehrt, ihr alles gegeben

159 III, 13.2, 40–42 (die drei Verse des dritten Parts der Tiere); 43–44 (die zwei Verse von Zarathustras dritter Erwiderung); 45–61 (die siebzehn Verse des vierten Parts der Tiere); 62 (275–277). III, 12.30, 2 (269). Vorrede, 10, 3 (27). Beachte S. 100.

zu haben. Die erste Rede der letzten Dreiergruppe (III, 14) beginnt wie die letzte Rede der ersten Dreiergruppe (III, 4) und das zentrale Kapitel (III, 9) mit einem emphatischen *Oh*. Nach «Oh Himmel über mir» und «Oh Einsamkeit» komplettiert «Oh meine Seele» die Trias der Selbstverständigung. Zarathustra ist ganz seiner Seele zugewandt.[160] Das Bild, das er von ihr zeichnet, wird geprägt durch die Sehnsucht. Die große Sehnsucht, die bereits in der Überschrift des Kapitels aufscheint, bringt uns zum einen zurück zur *Sehnsucht der Fülle*, des vermeintlichen Überflusses, der sich verschenken will, zu der Sehnsucht, der Zarathustra in der ersten Rede des Buchs Ausdruck gab; zum anderen zur *Sehnsucht nach Vollendung*, nach dem consummierenden Ereignis, dem triumphierenden Untergang, zu der Sehnsucht, der Zarathustra in der Rede unmittelbar vor der Berufung Stimme verlieh. Für die Sehnsucht nach Vollendung führt III, 14 die Metapher des Weinstocks ein, den es, «gedrückt von seinem Glücke», nach dem Winzer drängt, «der mit diamantenem Winzermesser wartet». Den Winzer stellt Zarathustra seiner Seele nacheinander auch als «güldenes Wunder», den «freiwilligen Nachen und seinen Herrn», als ihren «grossen Löser» und als den «Namenlosen» vor, «dem zukünftige Gesänge erst Namen finden». Der Gott wird evoziert, aber Dionysos bleibt, wie im gesamten Buch, ungenannt. Dasselbe gilt für Ariadne, deren Name in der Reinschrift noch den Titel der Rede abgab. Beide, Dionysos und Ariadne, nimmt Zarathustra in den inneren Dialog auf, den «Von der grossen Sehnsucht» (III, 14) wiedergibt. Sie sind die namenlosen Personae der Unterredung, in der er Ariadne nur einmal, in den beiden zentralen Versen, zu Wort kommen läßt. Nachdem er sich als Urheber ihrer Fülle, als der Gebende, der die Nehmende beschenkte, bekannt hat – «Oh meine Seele, ich gab dir Alles, und alle meine Hände sind an dich leer geworden» –, erwidert sie «lächelnd und voll Schwermuth», an Zarathustras Selbstreflexion im «Nachtlied» anknüpfend: «Wer von uns hat zu danken? – / – hat der Geber nicht zu danken, dass der Nehmende nahm? Ist Schenken nicht eine Nothdurft? Ist Nehmen nicht – Erbarmen?» Die Kluft zwi-

160 «Oh meine Seele, ich lehrte dich ‹Heute› sagen wie ‹Einst› und ‹Ehemals› und über alles Hier und Da und Dort deinen Reigen hinweg tanzen» III, 14, 1 (278). Sechzehn der zweiunddreißig Verse von III, 14 beginnen mit «Oh meine Seele». Zum symmetrischen Aufbau des Dritten Teils siehe Anm. 116 und 126. Beachte S. 120–121.

schen Geben und Nehmen, die Zarathustras Liebe zu den Menschen von Anfang an bestimmte und die das Drama von der Vorrede bis zum Kapitel «Der Genesende» (III, 13) vorantrieb, kann in der Einheit, die beide Personae umfaßt, aufgehoben werden. So weiß Zarathustra im letzten Vers der Rede seiner Seele, nachdem er sie als sein «Letztes» aufgefordert hat zu singen, ihm zu singen, für ihn zu singen, mit Gleichmut und Gelassenheit zu antworten: «Dass ich dich singen hiess, sprich nun, sprich: *wer* von uns hat jetzt – zu danken? – Besser aber noch: singe mir, singe, oh meine Seele! Und mich lass danken!» Geben und Nehmen sprengen die Einheit nicht, solange sie nicht auf ein Außerhalb gerichtet sind. Dasselbe gilt für die Sehnsucht, wofern sie, durch Dionysos und Ariadne bestimmt, als Binnenverhältnis gedacht wird.[161] — Das «Letzte», das Zarathustra seiner Seele zu geben hatte, das Geheiß, ihm zu singen, wird nur noch gefolgt von ihren oder seinen Liedern, die den Dritten Teil beschließen. Das erste von ihnen, «Das andere Tanzlied» (III, 15), lädt nicht bloß durch die Überschrift – die einzige «Wiederholung» unter den Überschriften des Buchs – zum Vergleich mit seinem Vorgänger im Zweiten Teil ein. Wie «Das Tanzlied» (II, 10) die Mitte hält zwischen «Nachtlied» (II, 9) und «Grablied» (II, 11), so ist «Das andere Tanzlied» zwischen III, 6 und III, 16 das mittlere der drei Lieder des Dritten Teils, die freilich nicht in gleicher Weise als Dreiheit ins Auge springen. Die erste Dreiheit stellt dem Philosophen in direkter Folge Gott und Mensch zur Seite. In der zweiten besingt Zarathustra zuerst sein Glück und zuletzt seine Liebe zur Ewigkeit. Im einen wie im anderen Fall steht Zarathustras Dialog mit dem Leben im Zentrum. Die ausgezeichnete Stellung des doppelten Dialogs wird durch den inversen Aufbau der beiden Tanzlieder zusätzlich unterstrichen. Während im «Tanzlied» der erste und der dritte Abschnitt die Rahmenerzählung sowie die an die Zuhörer gerichteten Reden enthalten, die das eigentliche Tanzlied umgeben, schließen im «anderen Tanzlied», das weder Rahmenerzählung noch Zuhörer kennt, das eigentliche Lied zum Tanz des ersten Teils und der Gesang «Oh Mensch! Gieb Acht!» des dritten

161 III, 14, 9–15; 16–17; 18–19; 23–29; 31–32 (279–281); cf. III, 4, 24 (209); III, 12.30, 1 und 9; 5 (268–269). Vorrede, 1, 2–12 (11–12). III, 12.1, 2–3 (246); 12.3, 9–13 (249). Zu Ariadne beachte Anm. 73. Zum Grund, weshalb Nietzsche die Überschrift «Ariadne» durch «Von der grossen Sehnsucht» ersetzte und Dionysos nirgendwo namentlich erwähnt, siehe S. 14.

Teils den Dialog mit dem Leben zwischen sich ein. Zarathustras Lied beginnt in III, 15 mit denselben Worten, mit denen es im mittleren Abschnitt von II, 10 begann: «In dein Auge schaute ich jüngst, oh Leben». Doch es setzt nicht mehr hinzu: «Und in's Unergründliche schien ich mir da zu sinken». Statt dessen fährt es fort: «Gold sah ich in deinem Nacht-Auge blinken, – mein Herz stand still vor dieser Wollust». Und kurz danach läßt Zarathustra an die Stelle des Spottlieds auf den Geist der Schwere, das in II, 10 zwanzig Verse einnahm, zwanzig Verse eines Loblieds auf das Leben treten, das in Reime gefaßt ist. Das Leben scheint Zarathustra nicht länger unergründlich. Er hat sich inzwischen einen Reim darauf gemacht. Das gereimte Lied, das Zarathustra in ironischer Distanz zu sich selbst auf die Buntheit des unbändigen Lebens anstimmt, ist der Auftakt zum ernsten Gespräch des zweiten Teils.[162] Das *Leben* ergreift darin – nach den Kapiteln «Das Tanzlied» (II, 10) und «Von der Selbst-Ueberwindung» (II, 12) – zum dritten und letzten Mal das Wort. Es beginnt beim Gemeinsamen und stellt das Besondere heraus, das Zarathustra mit ihm verbindet: «Wir sind Beide zwei rechte Thunichtgute und Thunichtböse. Jenseits von Gut und Böse fanden wir unser Eiland und unsre grüne Wiese – wir Zwei allein!» Das Leben erkennt Zarathustra zu, was Zarathustra in «Vor Sonnen-Aufgang» dem Ganzen zuerkannte. Dann widerspricht es Zarathustras zentraler Aussage im Tanzlied des Zweiten Teils, daß er «von Grund aus» nur das Leben, nicht die Weisheit, liebe: Das Leben und Zarathustra lieben sich

162 Die zwanzig gereimten Verse des eigentlichen Tanzlieds enden mit der gespielten Beherzigung des geflügelten Rats des «alten Weibleins» (I, 18, 53), mit der Zarathustra sich zum Gegenstand des Spottes macht: «Nach dem Takt meiner Peitsche sollst du mir tanzen und schrein! Ich vergass doch die Peitsche nicht? – Nein!» (III, 15.1, 25). Das Leben erwidert, ein Wort Schopenhauers aufgreifend, zu Beginn des Zweiten Teils: «Oh Zarathustra! Klatsche doch nicht so fürchterlich mit deiner Peitsche! Du weisst es ja: Lärm mordet Gedanken, – und eben kommen mir so zärtliche Gedanken» (III, 15.2, 2). Nietzsche hatte im Mai 1882, einige Monate bevor er das Kapitel «Von alten und jungen Weiblein» (I, 18) schrieb, im Atelier eines Fotografen in Luzern ein lebendes Bild inszeniert, das ihn und Paul Rée an der Deichsel eines Leiterwagens zeigt, auf dem Lou von Salomé sitzt und eine Peitsche in der Hand hält. Die Fotografie nimmt spielerisch auf eine jahrhundertealte Tradition bildlicher Darstellungen des Topos «Phyllis reitet auf Aristoteles» Bezug, in denen die Peitsche ein Attribut der Frau ist. Siehe die Illustrationen, die Ludger Lütkehaus in *Nietzsche, die Peitsche und das Weib* (Rangsdorf 2012) zusammengetragen hat.

nicht «von Grund aus». Das Leben bekennt, in seiner Liebe zu Zarathustra auf die Weisheit «eifersüchtig» zu sein, die er, im besten Fall, mehr liebt als das Leben. Im besten Fall, denn das Leben liebt Zarathustra wiederum um seiner Weisheit willen. Es erklärt freimütig: «Wenn dir deine Weisheit einmal davonliefe, ach! da liefe dir schnell auch meine Liebe noch davon.» Das Leben und Zarathustra haben nicht nur die «grüne Wiese» mit Namen *Jenseits von Gut und Böse* gemeinsam, sondern ebenso die Ausrichtung an der *Weisheit*. Sie sind einander gut, solange beide sich im Hinblick auf die Weisheit lieben. Wobei die Weisheit dem Leben – das «Tanzlied» brachte es an den Tag – zum Verwechseln ähnlich sieht. Schließlich sagt das Leben «leise», daß es an Zarathustras Treue zweifelt: «ich weiss, du denkst daran, dass du mich bald verlassen willst. / Es giebt eine alte schwere schwere Brumm-Glocke: die brummt Nachts bis zu deiner Höhle hinauf: – / – hörst du diese Glocke Mitternachts die Stunde schlagen, so denkst du zwischen Eins und Zwölf daran – / – du denkst daran, oh Zarathustra, ich weiss es, dass du mich bald verlassen willst!» Das Leben spricht bei seiner dritten Einlassung weder von Eifersucht noch von Weisheit. Die Untreue, die es im Auge hat, antwortete auf den Ruf der Glocke, der den Propheten aus der Welt der Menschen erreicht. Wenn Zarathustra daran denkt, daß er das Leben verlassen will, dann in Rücksicht auf seine Sendung, den Glauben an die Vollendung im Untergang, die Sehnsucht nach einem Ereignis außerhalb seiner selbst. Zarathustra räumt den Gedanken, oder den Willen, ein: «Ja, antwortete ich zögernd, aber du weisst es auch – ». *Was* das Leben wissen soll, sagt er ihm, sagt er «ihr», «in's Ohr». Der Schluß der knappen Intervention ist ganz für sie bestimmt. Die Worte, die wir nicht hören, sind Ausdruck seiner Zuneigung und Bejahung. Sie gehören den Liebenden. Die Erwiderung des Lebens auf die einzige Äußerung Zarathustras im Dialog hält das Rätsel des «anderen Tanzlieds» jedoch in engen Grenzen. Offenbar versichert er «ihr» zur Bekräftigung seiner Liebe und Treue: *Ich werde zu dir zurückkehren*. Oder: *Ich kehre wieder und du ebenso*. Denn das Leben sagt, und es ist das Letzte, was es überhaupt sagt: «Du *weisst* Das, oh Zarathustra? Das weiss Niemand.» Das Leben zeigt sich von seiner besten Seite. «Sie» nimmt den Trost des Glaubens, den Zarathustra ihr anbietet, als Zeugnis seiner Liebe. Sie bewährt ihre Weisheit im Wissen des Nichtwissens. Und ihre Skepsis läßt sie Abstand halten zu jeder Art von Doktrin, die ihr angesonnen werden soll. Wir sind deshalb nicht überrascht, nach der Schlußszene, in der das Leben und Zarathustra sich ansehen, auf die «grüne Wiese» blicken und miteinander weinen, von Zarathustra zu hören: «Damals aber war mir das Leben lieber, als je alle meine Weisheit.»[163]

Das Ende des Dritten Teils besiegelt Nietzsche mit dem letzten Lied, das Zarathustra für sich singt. Es handelt sich um das sechste oder, wenn wir «Oh Mensch! Gieb Acht!», das im Vierten Teil als «Zarathustras Rundgesang» wiederkehrt, gesondert betrachten, um das siebte Lied insgesamt. Wie die beiden anderen Kapitel des Dritten Teils, die Lieder enthalten, hat auch das letzte eine Überschrift, die eine Besonderheit aufweist: Ist «Auf dem Oelberge» (III, 6) das einzige Lied Zarathustras, das im Titel nicht als Lied bezeichnet wird, und bleibt «Das andere Tanzlied» (III, 15) das einzige Kapitel, dessen Titel sich ausdrücklich auf den eines früheren Kapitels bezieht, so verfügt «Die sieben Siegel (Oder: das Ja- und Amen-Lied)» (III, 16) als einziges Kapitel des Buchs über zwei Titel. Während die zweite Überschrift, die das Lied benennt, auf das Zentrum der Schlüsselrede «Vor Sonnen-Aufgang» (III, 4) zurückverweist, erinnert die erste Überschrift kontrastierend an die sechsundsechzigste und letzte Schrift der Luther-Bibel, *Die Offenbarung des Johannes*, so wie der Titel von III, 6 zum Vergleich mit der Eschatologie Jesu aufforderte. Der Haupttitel zeigt den enigmatischen Schluß an, dem wir uns am Ende des dritten Akts gegenübersehen, und er spiegelt den Aufbau des Lieds wider, das aus sieben Teilen zu je sieben Versen besteht, wobei die Verse 5, 6 und 7 siebenmal wiederholt werden. Der Refrain der drei gleichlautenden Verse, die siebenmal die Wiederkunft und dreimal siebenmal die Ewigkeit aufrufen, enthält Zarathustras siebenfache Liebeserklärung an die Ewigkeit, die siebenfache Bekundung seines Verlangens nach dem «hochzeitlichen Ring der Ringe» und die siebenfache Versicherung, nie «das Weib» gefunden zu haben, von dem er Kinder wollte, es sei denn die Ewigkeit. Die Liebeserklärung, das Verlangen nach dem hochzeitlichen Ring, der Wille, Kinder von ihm zu haben, das alles gilt nicht einem «Weib», das vom Leben verschieden wäre oder einer anderen Welt zugehörte. Das Da capo der Feier der Ewigkeit ist ein Urteil. Zarathustras Verlangen, Wille und Liebe sind auf dieses Leben, das Eine Leben, sein Leben gerichtet, dem der Refrain

163 III, 15.1, 1–4; 5–25; III, 15.2, 2; 3; 4–6; 7–11; 12–13; 14 (282–285). II, 10, 11–30 (140–141). II, 12, 27–36 (148–149). III, 4, 25 (209). Siehe S. 69–71, 76–77 und 122–123 mit Anm. 128.

das Güte-Siegel der Ewigkeit aufprägt. Im Übergang zur *Ewigkeit* des «Ja- und Amen-Lieds» findet kein Subjekt-, sondern ein Namenwechsel statt, der Zarathustras elliptische Antwort an das *Leben* des «anderen Tanzlieds» ausfüllt und die Liebesbezeugung, die er «ihr» ins Ohr geflüstert hat, dreimal siebenmal bekräftigt. Damit stimmt zusammen, daß Zarathustra schon dreizehn Kapitel zuvor emphatisch von seinen «Kindern» sprach und sie zu «haben» beanspruchte. Wie immer es mit dem «Haben» stehen, wieviel Wunsch oder Sehnsucht darin sein mag, die Kinder der Ewigkeit sind Teil seines Lebens.[164] — Das «Ja- und Amen-Lied» sagt in sieben Strophen *Ja* zu Zarathustras Leben und *Amen* zum Ganzen. (1) Das erste Siegel spricht vom «Wahrsager», vom «wahrsagerischen Geist» und von den «wahrsagerischen Blitzstrahlen». Es ruft die futuristische Ausrichtung des Propheten in Erinnerung und rechtfertigt die lange Einsamkeit mit der Vorbereitung auf die Aufgabe: «Und wahrlich, lange muss als schweres Wetter am Berge hängen, wer einst das Licht der Zukunft zünden soll!» (2) Das zweite Siegel handelt vom Zerstörer, dessen Zorn «Gräber brach, Grenzsteine rückte und alte Tafeln zerbrochen in steile Tiefen rollte». Es gedenkt des Revolutionärs und seiner Überwindung einer überlebten Tradition, «vermoderter Worte» und «verdumpfter Grabkammern». Der Sänger vermerkt, daß sein Frohlocken und seine Liebe «selbst Kirchen und Gottes-Gräbern» gilt, «wenn der Himmel erst reinen Auges durch ihre zerbrochenen Decken blickt». (3) Das dritte Siegel preist den «schöpferischen Hauch», die «himmlische Noth, die noch Zufälle zwingt, Sternen-Reigen zu tanzen», und das «Lachen des schöpferischen Blitzes», dem der Donner der Tat «gehorsam nachfolgt». Es zeigt den Schöpfer im Wettstreit mit seinesgleichen der Erde zugewandt: Zarathustra wie er mit «schöpferi-

164 Die drei Verse, deren Worte unverändert, bei geringfügig abweichender Interpunktion, wiederholt werden, lauten: «oh wie sollte ich nicht nach der Ewigkeit brünstig sein und nach dem hochzeitlichen Ring der Ringe, – dem Ring der Wiederkunft! / Nie noch fand ich das Weib, von dem ich Kinder mochte, es sei denn dieses Weib, das ich liebe: denn ich liebe dich, oh Ewigkeit! / *Denn ich liebe dich, oh Ewigkeit!*» III, 16.1, 5–7; 16.2, 5–7 usw. (287–291). III, 4, 19 (208). III, 3, 20–21 (205); cf. S. 119–120. *Die Offenbarung des Johannes* V, 1. – Laurence Lampert bemerkt zum Namenwechsel: «‹Eternity› is the name that Zarathustra wills Life to take. As is appropriate for a bride, Life receives a new name from her husband.» *Nietzsche's Teaching. An Interpretation of «Thus Spoke Zarathustra»*. New Haven 1986, p. 240.

schen neuen Worten und Götter-Würfen» teilhat am Spiel der Welt als ein Gott.[165] (4) Das vierte Siegel feiert den Trunk aus dem heraklitischen Mischkrug, in dem alle Dinge recht gemischt sind. Es stellt Zarathustra als «Korn» vom wahren Salz der Erde in die Mitte. Der Zerstörer und Schöpfer als Katalysator, der «Fernstes zum Nächsten», «Feuer zu Geist», «Lust zu Leid» und «Schlimmstes zum Gütigsten» bringt, als Ferment, das Gutes mit Bösem bindet. (5) Das fünfte Siegel weiß von Zarathustras «suchender Lust» zu berichten, «die nach Unentdecktem die Segel treibt» und das Meer am meisten liebt, wenn es «zornig widerspricht». Es richtet den Blick auf den Philosophen, der sich aufs offene Meer begibt. Im Augenblick der Abstoßung von den herrschenden Meinungen und Gewißheiten, da der Seefahrer sich zuruft: «die Küste schwand, – nun fiel mir die letzte Kette ab». (6) Das sechste Siegel hebt die Macht des Lachens hervor, «alles Böse» zu seiner eigenen Seligkeit zu befreien. Es verkündet das neue «A und O», das über den Geist der Schwere triumphieren soll: Daß «alles Schwere leicht, aller Leib Tänzer, aller Geist Vogel werde». (7) Das siebte Siegel läßt den Liebenden «mit eignen Flügeln in eigne Himmel» aufsteigen und getragen von seiner Einbildungskraft «in tiefen Licht-Fernen» spielend zur Einsicht des Vogels gelangen. Es spricht die «Vogel-Weisheit» aus: Daß es kein Oben und kein Unten gebe, daß der Leichte sich umher, hinaus, zurück werfen möge, wie es ihm beliebt, daß er, da ihm alle Worte lügen, singen solle und nicht mehr sprechen. Im Einklang mit dieser ätherischen «Weisheit» lauten die letzten Worte des Lieds vor dem Refrain und bleibt das Letzte, was Zarathustra zu sagen hat: «sprich nicht mehr!»[166] — Als die Tiere zu Zarathustra sagten, er solle nicht weiter sprechen, wandten sie sich an einen Genesenden. Sie hießen ihn singen und mit neuen Liedern seine Seele heilen, damit er genesen einst seinem Auftrag als «Lehrer der ewigen Wiederkunft» genüge. Ist der Zarathustra der «sieben Siegel» ein Genesender? Oder ist er ein Genesener?

165 Die dritte Strophe, das dritte Siegel, war in der Reinschrift zunächst *Dionysos* überschrieben, bevor Nietzsche den Namen tilgte und durch die Ziffer 3 ersetzte. *KGW* VI 4, p. 543. Beachte S. 153 mit Anm. 161.

166 III, 16.1, 1–4 (287). III, 16.2, 1–4 (288); cf. II, 19, 15–32 (173–174); II, 4, 18 (118). III, 16.3, 1–4 (288–289); cf. S. 58–59 mit Anm. 66. III, 16.4, 1–4 (289); cf. *Matthäus* V, 13. III, 16.5, 1–4 (290); cf. III, 12.28, 4–5 (267) und III, 2.1, 2–5 (197). III, 16.6, 1–4 (290); cf. *Die Offenbarung des Johannes* I, 8 und siehe S. 33 und 43. III, 16.7, 1–4 (291); cf. III, 11.2, 1 (242) und III, 13.2, 14–17 (272–273).

Sagt er zu sich: «Singe! sprich nicht mehr!», um ganz zu gesunden? Oder ist er über alles Sprechen, Lehren, Verkünden hinaus? Wenn wir annehmen, daß das «Ja- und Amen-Lied» keinem therapeutischen Zweck dient – eine Annahme, zu der uns Titel, Aufbau und Gehalt des Kapitels Grund geben –, dann stehen wir vor einem offenen Schluß.[167] Wir wissen nicht, welchen Weg Zarathustra einschlagen wird. Ob er seine Prophetie des dritten Abstiegs erfüllen und seine Sendung mit dem Opfertod unter den Menschen vollenden will. Oder ob er als Genesener sich selbst genügt und in der Einsamkeit auf Bergeshöhen verharrt. Die Bewegung, die die sieben Strophen von der Zukunftsgespanntheit des Propheten und Revolutionärs zum Lachen des Tänzers und Fliegenden durchmessen, deutet nicht darauf hin, daß Zarathustra noch durch ein ihm «Unerträglichstes» bestimmt wird, und die «Vogel-Weisheit» mit ihrer Gleichgültigkeit gegen Oben und Unten, ihrer Verneinung aller Grenzsteine, ihrer Absage an das Wort, ihrer Feier von Freiheit und Leichtigkeit läßt nicht den Auftritt eines Propheten, Gesetzgebers oder Religionsstifters erwarten. Der Dritte Teil endet mit dem alten Rätsel und einem neuen Fragezeichen. Eins, nicht Zwei?

167 «Die sieben Siegel (Oder: das Ja- und Amen-Lied)» ist das einzige Kapitel in den Teilen I, II und III, in dem an keiner Stelle «Also sprach Zarathustra», «Also sang Zarathustra» oder eine Abwandlung dieser Bekräftigungsformeln vorkommt. Der Erzähler bewahrt vollkommenes Stillschweigen.

Ich kenne keine andre Art, mit grossen Aufgaben zu verkehren als das *Spiel.*

Friedrich Nietzsche: *Ecce homo*

IV

Die Tragödie, die Nietzsches Incipit ankündigte, kommt im «Vierten und letzten Theil» nicht an ihr Ende. Sie zeugt sich fort, solange Zarathustra an seiner Liebe zu den Menschen festhält und sich von seiner Hoffnung auf das consummierende Ereignis bestimmen läßt, in dem sein Werk gipfeln soll. Die Auflösung, die der Schluß des Dritten Teils nahezulegen schien, bewahrheitet sich nicht. Zarathustra ist sich als Genesener offenbar nicht selbst genug. Doch er macht auch keine Anstalten, den Untergang zu suchen, den er sich verhieß. Das «Leben» war im Irrtum, als «sie» mutmaßte, Zarathustra werde sie bald verlassen. Der erste Satz des Vierten Teils berichtet, den Faden vom Beginn des Zweiten Teils aufnehmend, lakonisch: «– Und wieder liefen Monde und Jahre über Zarathustra's Seele, und er achtete dessen nicht; sein Haar aber wurde weiss.» Zarathustra hat sich nach dem «Ja- und Amen-Lied» nicht zu den Menschen begeben, um seine Sendung zu erfüllen. Er ist ein alter Mann geworden, ohne irgend jemanden die Ewige Wiederkunft zu lehren. Er zeigt vorläufig keine Bereitschaft, sein «Wort» zu sprechen und zu zerbrechen. Der lange ins Auge gefaßte Opfertod wird Jahr um Jahr aufgeschoben. Und wenn es schließlich doch zu ihm kommt, wird er für einen, sagen wir, Siebzigjährigen nicht die gleiche Bedeutung haben, die er für einen Dreiunddreißigjährigen hat. Ist der Aufschub Zarathustras Mittel der Wahl, um der Tragödie die Spitze zu nehmen und pragmatisch einander anzunähern, was prinzipiell nicht übereinzubringen ist? Aber kann bei einem Philosophen, der über einen prinzipiellen Widerstreit nicht zur Klarheit zu gelangen und seiner moralischen Zerrissenheit nicht Herr zu werden weiß, noch von *Tragödie* gesprochen werden? Es ist kein Zweifel, der vierte Akt des Dramas wird notwendig zur *Komödie*.[168] — Den Auftakt bildet die zweite und letzte Unterredung Zarathustras mit seinen Tieren, die uns der Erzähler

168 Der Vierte Teil, den Nietzsche in einem Brief an Peter Gast vom 14. Februar 1885 als «vielleicht *undruckbar*» bezeichnete und «eine ‹Gotteslästerung›, gedichtet mit der Laune eines Hanswursts» nannte (*KGB* III 3, p. 12), hat viele Leser befremdet oder verstört und einige Interpreten in Verlegenheit gebracht. Insbesondere Interpreten, für die außer Frage steht, daß Zarathustra der Lehrer der Ewigen Wiederkunft ist, und die seinen Willen zur Macht als Willen zur Herrschaft, als Willen zur Umgestaltung der Welt, als Willen zur Gesetzgebung herausstellen, sind geneigt, den Vierten Teil zu vernachlässigen oder als eine Art Abirrung vom «eigentlichen» Buch, von den Teilen I–III, zu trennen. Tatsächlich sprach Nietzsche indes schon von vier Teilen des Buchs bzw. vom späteren Umfang des Ganzen, als er den Zweiten Teil, die Hälfte des Unternehmens, abgeschlossen hatte (Briefe an Peter Gast von Ende August 1883 und an Franz Overbeck vom 9. November 1883, *KGB* III 1, p. 443 und 455). Daß Nietzsche den Vierten Teil im April 1885 auf eigene Kosten in einer Auflage von 45 Exemplaren als Privatdruck erscheinen ließ, hatte seinen Grund zunächst darin, daß er angesichts des geringen Absatzes der ersten drei Teile, von denen jeweils nur ein paar Dutzend Exemplare verkauft worden waren, keinen Verleger fand, der bereit gewesen wäre, die Fortsetzung zu drucken. Auf dem hinteren Umschlag von *Jenseits von Gut und Böse* machte Nietzsche 1886 öffentlich auf die Existenz des Vierten Teils aufmerksam: «Der vierte und letzte Theil des genannten Werks, aus dem Anfange des Jahres 1885, wurde bisher dem Buchhandel noch nicht übergeben.» Das Vorwort zur Neuausgabe der *Geburt der Tragödie* von 1886, «Versuch einer Selbstkritik», beschließt er mit fünf Versen aus dem Kapitel «Vom höheren Menschen» (IV, 13.17, 5; 13.18, 1–3; 13.20, 7) und der Quellenangabe: «*Also sprach Zarathustra*, vierter Theil S. 87» [recte p. 87 sowie 89]. Und selbst noch in *Ecce homo*, dessen Erörterung von *Also sprach Zarathustra* den Vierten Teil mit Schweigen übergeht, achtet der Autor darauf, daß die Neugierde des Lesers für den verschwiegenen Teil geweckt wird, wenn er in Abschnitt I, 4 mitteilt: «ich habe als ‹Versuchung Zarathustra's› einen Fall gedichtet, wo ein grosser Nothschrei an ihn kommt, wo das Mitleiden wie eine letzte Sünde ihn überfallen, ihn von *sich* abspenstig machen will. Hier Herr bleiben, hier die *Höhe* seiner Aufgabe rein halten von den viel niedrigeren und kurzsichtigeren Antrieben, welche in den sogenannten selbstlosen Handlungen thätig sind, das ist die Probe, die letzte Probe vielleicht, die ein Zarathustra abzulegen hat – sein eigentlicher *Beweis* von Kraft ...» (p. 270–271). Nach diesen prominenten Hinweisen auf den Vierten Teil kann auch die späte Aufforderung an Peter Gast, die wenigen Exemplare, die an Freunde verschenkt worden waren, wieder einzusammeln, damit die Schrift «nach ein Paar Jahrzehnten welthistorischer Krisen» allererst herausgegeben werde (Brief vom 9. Dezember 1888, *KGB* III 5, p. 514–515), der Steigerung des Interesses am subversiven Teil des Buchs dienen: *Nitimur in vetitum*.

zu Gehör bringt. Wie zuvor in «Der Genesende» (III, 13) geht die Initiative auch in «Das Honig-Opfer» (IV, 1) von den Tieren aus, und wiederum ergreifen sie insgesamt viermal das Wort, in einem allerdings ungleich kürzeren Austausch mit einem deutlich anderen Charakter. Die Burleske von IV, 1, die in jeder Hinsicht heischt, zu der Berufungsszene von III, 13 ins Verhältnis gesetzt zu werden, spielt nicht an Zarathustras Krankenlager im Innern seiner Höhle, sondern am hellen Tag im Freien. Zarathustra sitzt auf einem Stein vor der Höhle und blickt «über gewundene Abgründe» hinweg aufs Meer. Die Tiere zeigen sich unverwandt um Zarathustras Wohl und Wehe besorgt. Nicht sein Ekel, sondern seine Sehnsucht ruft sie jetzt auf den Plan: «Oh Zarathustra, schaust du wohl aus nach deinem Glücke?» Die Frage nach seinem Glück ist das Erste, was wir aus ihrem Mund vernehmen, seitdem sie Zarathustra, ohne ein Echo zu finden, seine Sterberede vorsagten. Diesmal bleibt die Antwort nicht aus: «Was liegt am Glücke! ich trachte lange nicht mehr nach Glücke, ich trachte nach meinem Werke.» Der heroische Gestus mag auf den ersten Blick darüber hinwegtäuschen, unterstreicht, näher besehen, indes nur, daß Zarathustras Erwiderung ganz mit der Vorstellung vom Glück übereinstimmt, die bereits in seiner Rede an die Sonne zu Beginn des Buchs aufschien. Damals hatte der Prophet das Ungenügen an seiner Einsamkeit und den Überdruß am vermeintlichen Überfluß seiner Weisheit in der denkwürdigen Anrufung des «grossen Gestirns» gespiegelt: «Was wäre dein Glück, wenn du nicht Die hättest, welchen du leuchtest!» Zarathustra kehrt zu der Vorstellung zurück, die seinen Entschluß, «wieder Mensch werden» zu wollen, begründen sollte, und verbindet das *wahre* Glück mit dem Werk, mit der Wirkung, mit dem Sein für andere. Er verlegt es in die Zukunft, überantwortet es der Hoffnung, macht es zu einer Sache der Sehnsucht. Dabei fließen die Sehnsucht nach Vollendung und die Sehnsucht der Fülle zusammen. Denn Zarathustra beharrt darauf, an Glück keinen Mangel zu leiden. Es sei vielmehr schwer, dränge ihn, wolle nicht von ihm weichen, hafte an ihm «gleich geschmolzenem Peche». Die Metapher vom Pech für sein gegenwärtiges Glück gibt er auf, nachdem die Tiere, die er zum dritten und letzten Mal «Schalks-Narren» genannt hat, ihm antworten: «Oh Zarathustra, *daher* also kommt es, dass du selber immer gelber und dunkler wirst, obschon dein Haar weiss und flächsern aussehen will? Siehe doch, du sitzest in deinem Peche!» Zarathustra berichtigt sich und wechselt vom Register der Sehnsucht der Fülle in das der Sehnsucht nach Vollendung. «Wie mir geschieht, so geht es allen Früchten, die reif werden. Es ist der *Honig* in meinen Adern, der mein Blut dicker und auch meine Seele stiller macht.» Die Tiere begnügen sich mit einem knappen «So wird es sein». Sie erinnern ihn nicht an seine Sendung. Statt dessen ermuntern sie ihn, mit ihnen auf einen hohen Berg zu steigen. «Die Luft ist rein, und man sieht heute mehr von der Welt als jemals.» Zarathustra greift den Vorschlag auf. Aber er wird sich nicht damit zufriedengeben, auf dem Berg die Welt zu betrachten. Der Aufstieg soll einem praktischen Zweck dienen. Zarathustra weist seine Tiere an, dafür zu sorgen, daß ihm dort Honig «zur Hand sei, gelber, weisser, guter, eisfrischer Waben-Goldhonig. Denn wisset, ich will droben das Honig-Opfer bringen.» Als sie die Höhe erreicht haben, heißt er die Tiere nach Hause zurückkehren. Aus den Auftraggebern seiner Sendung, die ihm in III, 13 nicht weniger als das Opfer seines Lebens ansannen, sind Dienstboten geworden, denen Zarathustra aufträgt, den Stoff für ein imaginäres Opfer herbeizuschaffen, um sie, wenn sie ihre Schuldigkeit getan haben, wieder heimzuschicken. Mehr noch, sobald er sich vergewissert hat, daß er allein ist, beginnt er «aus ganzem Herzen» zu lachen: «Dass ich von Opfern sprach und Honig-Opfern, eine List war's nur meiner Rede und, wahrlich, eine nützliche Thorheit! Hier oben darf ich schon freier reden, als vor Einsiedler-Höhlen und Einsiedler-Hausthieren.» Zarathustra redet nicht nur zu den Bucklichten anders als zu seinen Schülern und zu seinen Schülern anders als zu sich selbst, das adressatenbezogene Sprechen und Schweigen, Aufklären und Verbergen, Anleiten und Irreführen gilt ebenso für den Umgang mit seinen Tieren, die der Erzähler später «Zarathustra's Ehrenthiere» nennen wird. Der Adler und die Schlange, die in III, 13 für sich in Anspruch nahmen zu wissen, wer Zarathustra sei und wer er sein müsse, bringen in IV, 1 bereitwillig herbei, was für einen neuen religiösen Kult gebraucht wird. Sie sind, wie aus den beiden Kapiteln erhellt, in denen sie zu Wort kommen, gleichermaßen empfänglich für die Doktrin und für die Pia fraus. Nachdem sie Zarathustra in III, 13 zum Lehrer der Ewigen Wiederkunft ausriefen, setzt er sie in IV, 1 zu Einsiedler-Haustieren herab. Ihm steht der Sinn nach «Brummbären» und «bösen Vögeln», nach solitärem, nicht nach domestiziertem Getier. Er gedenkt, den Honig als Köder zu verwenden. Er will niemandem ein Opfer bringen, und er muß nichts opfern. «Ich verschwende, was mir geschenkt wird, ich Verschwender mit tausend Händen: wie dürfte ich Das noch – Opfern heissen!» Das gilt auch, wenn er zum wahren Menschenfischer wird, der sein Glück als Köder auswirft, um mit der «goldenen Angelruthe» seiner Wahrheit die «wunderlichsten Menschen-Fische» anzulocken, sie anbeißen zu lassen und sie auf *seine Höhe* hinaufzuziehen. Das bizarre Bild vom Angler, der in die höchste Höhe steigt, um im tiefsten Abgrund zu fischen – «Fieng wohl je ein Mensch auf hohen Bergen Fische?» –, verbindet Zarathustra mit einer luziden Selbst-Bestimmung, wer er sei, die auf die Fremd-Bestimmung der Domestiken antwortet: «*Der* nämlich bin ich von Grund und Anbeginn, ziehend, heranziehend, hinaufziehend, aufziehend, ein Zieher, Züchter und Zuchtmeister, der sich nicht umsonst einstmals zusprach: ‹Werde, der du bist!›» Zarathustra bekennt sich als der Erzieher, der, indem er zu sich hinaufzieht, sich selbst in Zucht nimmt. Er will der sein, der seine eigene Natur feststellt.[169] — Auch wenn er sich alleine, unbeobachtet und unbelauscht glaubt, hält Zarathustra an der Prophezeiung seines Untergangs fest. Allerdings hat sich seit ihrer Bekräftigung in «Von alten und neuen Tafeln» (III, 12) nichts daran geändert, daß Zarathustra im Zustand des Wartens verharrt: «noch warte ich der Zeichen, dass es Zeit sei zu meinem Niedergange, noch gehe ich selber nicht unter, wie ich muss, unter Menschen». Der Prophet wartet noch immer auf das Erscheinen des lachenden Löwen mit dem Taubenschwarm. Bis zum Eintreten dieses Ereignisses kann das Handeln, das seine Sendung verlangt, getrost suspendiert bleiben. Denn Zarathustra sagt nichts mehr davon, daß er auf seine *Erlösung* warte. Er nennt sein Warten jetzt «listig und spöttisch». Er ist der Ungeduld und der Geduld gleichermaßen überhoben, da er, wie er gegen die Paulinische Liebe herausstellt, nicht länger *duldet*. Er redet unverändert «als Einer, der Zeit hat». Doch nicht als einer, der die Zeit des Wartens zu überbrücken oder zu überstehen hätte, sondern als einer, der zu schätzen weiß, daß sein «ewiges Schicksal» ihn «vergessen» zu haben scheint, daß es ihn «nicht hetzt und drängt», daß es ihm «Zeit zu Possen» läßt. Wie also steht es um die

169 IV, 1, 1–14 (295–297). Vorrede, 1, 2–5 und 11–12 (11–12). III, 14, 23 und 28–29 (280). IV, 19.2, 3 (397). Zur «goldenen Angelruthe» in IV, 1, 10 siehe II, 10, 12 und 22 sowie Anm. 75. Zum Pindar-Wort aus der zweiten *Pythischen Ode*, das für die abschließende Dyade *Ecce homo* und *Der Antichrist* von großer Bedeutung sein wird, beachte *Die fröhliche Wissenschaft* 186, 270, 335 und 338 (p. 503, 519, 563, 567–568). Cf. S. 26–27, 34–35, 78, 101–102, 148–151.

Dringlichkeit von Zarathustras Trachten? Gehört sein Ernst zuerst dem Werk oder dem Spiel? Zuletzt der Zukunft oder der Gegenwart? Er will nicht mit einem «gespreitzten Zornschnauber vor Warten» verwechselt werden, setzt sich von jenen ab, die mit der «Geissel Gottes» drohen, lacht über den Eifer derer, «welche heute oder niemals zu Worte kommen». Im Unterschied zu den Propheten, die ihre Sendung Gott zuschreiben, nimmt er für sich und sein Schicksal in Anspruch, zum Reden «Zeit und Überzeit» zu haben. Aber wenn er zur Begründung seiner Gewißheit und Gelassenheit zum ersten und letzten Mal auf das Kommen des Zarathustra-Reichs verweist, redet er nicht anders als die Propheten und Religionsstifter vor ihm von einem Müssen und Nichtdürfen, in dem sich das Sollen und Wünschen von Glaube und Hoffnung ausspricht: «Denn einst muss er doch kommen und darf nicht vorübergehn. / Wer muss einst kommen und darf nicht vorübergehn? Unser grosser Hazar, das ist unser grosses fernes Menschen-Reich, das Zarathustra-Reich von tausend Jahren – –» Zwar setzt er sogleich hinzu: «Wie ferne mag solches ‹Ferne› sein? was geht's mich an!» Die Vision des zukünftigen Reichs indes, das seinen Namen tragen wird und dessen einstige Aufrichtung er als gewiß vorwegnimmt, geht oder ging ihn allem Anschein nach durchaus etwas an. Genügte ihm die Aussicht, die Begabtesten und Geeignetsten aus dem «Menschen-Meer» für sein Glück zu gewinnen, nicht als Ansporn, um die höchste Höhe zu erreichen? Mußte er auf die ganze Menschheit zielen, mußte er als Prophet, als Gesetzgeber und als Gründer eines neuen Äons auftreten, um der zu werden, der er seiner Natur nach sein kann?[170]

«Der Nothschrei» (IV, 2) bringt Zarathustra zum erstenmal wieder mit der Menschen-Welt in Berührung, seitdem er sich am Ende der Rede «Von den Abtrünnigen» (III, 8) von ihr abwandte. Am Tag nach der Opfer-Posse – es ist der zweite Tag des Dramas, auf den achtzehn der zwanzig Kapitel von Teil IV entfallen[171] – sehen wir Zarathustra,

170 IV, 1, 15–29 (297–299). III, 12.1, 1–4 und 12.3, 9–13 (246, 249). Zu IV, 1, 16 cf. *1. Korinther* XIII, 7. Von Zarathustras *Erlösung* ist nach III, 12.3, 9 nur noch in III, 13.2, 20 (273) die Rede. Zum großen Hazar und dem Zarathustra-Reich von tausend Jahren siehe Anm. 2; cf. *Die Offenbarung des Johannes* XX, 2–10.

171 Der Vierte Teil ist nach Seiten gezählt der längste, aber nach Tagen, Monaten oder Jahren gerechnet der kürzeste Teil von *Also sprach Zarathustra*. Die Handlung spielt an drei aufeinanderfolgenden Tagen. Der Vierte ist wie der Dritte Teil, wenngleich in einer weniger komplexen Anordnung, symmetrisch gebaut. IV, 1:

der den Honig «bis auf das letzte Korn verthan und verschwendet» hat, wie am ersten Tag auf dem Stein vor seiner Höhle sitzen. Diesmal schaut er nicht aufs Meer hinaus, sondern zeichnet mit einem Stecken den Schatten seiner Gestalt auf die Erde und denkt nach, mutmaßlich über die Zukunft des Menschen. Er erschrickt, als er «neben seinem Schatten noch einen andern Schatten» sieht. Es ist der Schatten des Wahrsagers, der ihn mit der Prophezeiung der bevorstehenden Welt-Finsternis und der Losung *Alles ist leer, Alles ist gleich, Alles war!* einst in die tiefste philosophische Krisis stürzte. Der Erzähler ruft zur Charakterisierung des Wahrsagers die Lehre aus II, 19 in Erinnerung, in der Auslegung, die Zarathustra ihr in III, 13 gab, und fügt dieser veränderten Fassung verdeutlichend ein zusätzliches Glied an dritter Stelle hinzu: «Alles ist gleich, es lohnt sich Nichts, Welt ist ohne Sinn, Wissen würgt.» Der Wahrsager ist offenbar der erste «Brummbär», den Zarathustra mit dem Köder seines Glücks angelockt hat. Jedenfalls ist er der erste Vertreter der Menschheit, an den er das Wort richtet, nachdem er die Stadt «die bunte Kuh» vor Jahren verließ. Zarathustra lädt den Wahrsager ein, wie bei der früheren Begegnung sein Gastfreund zu sein. Er möge es ihm vergeben, daß «ein vergnügter alter Mann» – vom Trachten nach dem Werk oder von der Sehnsucht nach dem Untergang ist keine Rede – mit ihm «zu Tische sitzt». Eine Selbstbeschreibung, die der Wahrsager mit Kopfschütteln und einer Prophezeiung quittiert: «wer du aber auch bist oder sein willst, oh Zarathustra, du bist es zum Längsten hier Oben gewesen, – dein Nachen soll über Kurzem nicht mehr im Trocknen sitzen!» Die «Wellen grosser Noth und Trübsal» werden den Propheten auf seinem Berg erreichen und ihn schließlich davontragen. Die Flut steigt, es ist keines Bleibens in der Einsamkeit. Vom Wahrsager aufmerksam gemacht, hört Zarathustra einen «langen, langen Schrei» aus

Prolog: «Das Honig-Opfer», erster Tag, vor Zarathustras Höhle und auf einem Berg oberhalb von ihr. IV, 2: Auftakt der ersten Hälfte: «Der Nothschrei», zweiter Tag vor Mittag, vor Zarathustras Höhle. IV, 3–9: Erste Siebenergruppe, zweiter Tag vor Mittag, unterhalb von Zarathustras Höhle. IV, 10: Schluß der ersten Hälfte: «Mittags», außerhalb von Zarathustras Höhle. IV, 11: Auftakt der zweiten Hälfte: «Die Begrüssung», zweiter Tag nach Mittag, innerhalb von Zarathustras Höhle. IV, 12–18: Zweite Siebenergruppe, zweiter Tag nach Mittag, innerhalb von Zarathustras Höhle. IV, 19: Schluß der zweiten Hälfte: «Das Nachtwandler-Lied», zweiter Tag vor und um Mitternacht, außerhalb von Zarathustras Höhle. IV, 20: Epilog: «Das Zeichen», dritter Tag Morgen, vor Zarathustras Höhle.

der Tiefe, in dem er den Notschrei eines Menschen zu vernehmen glaubt. Während zu Beginn des Zweiten Teils ein Traum genügte, daß Zarathustra sich eilig zu den Jüngern auf den glückseligen Inseln begab, um seiner Lehre beizustehen, die er in Gefahr sah, kann ihn jetzt die Not der Menschheit, auf die ihn der Wahrsager eindringlich hinweist, nicht noch einmal zum «Niedergang» bewegen: «was geht mich Menschen-Noth an! Meine letzte Sünde, die mir aufgespart blieb», sagt er zu seinem Gegenüber, «weisst du wohl, wie sie heisst?» Der Wahrsager weiß die Antwort: *Mitleiden*. Denn er ist gekommen, wie er bekennt, Zarathustra zu ebendieser «letzten Sünde» zu verführen. Die Versuchsanordnung des Vierten Teils ist damit benannt. Die Frage lautet: Wird Zarathustra der Versuchung des Mitleids widerstehen und seine Höhe bewahren, oder wird es ihm ergehen wie dem Gott, der an seinem Mitleiden mit den Menschen gestorben ist? Mit dieser Frage, auf die uns das Motto vorbereitet, das Nietzsche dem Vierten Teil vorangestellt hat, geht die andere Frage einher, ob Zarathustra die «letzte Sünde» als Sünde wider das eigene Gute oder als Sünde in Rücksicht auf seine Sendung, als Ablenkung und Abirrung von seiner welthistorischen Aufgabe versteht.[172] — Nachdem der Schrei erneut, diesmal länger, ängstlicher und schon viel näher als zuvor, erschollen ist, tritt der Wahrsager entschiedener auf: «Hörst du? Hörst du, oh Zarathustra? dir gilt der Schrei, dich ruft er: komm, komm, komm, es ist Zeit, es ist höchste Zeit!» Als die Jünger Zarathustra im Zweiten Teil von der Stimme berichteten, die gerufen habe «Es ist Zeit! Es ist die höchste Zeit!», erschien ihm die Mahnung rätselhaft. Später verstand er den Ruf «Es ist höchste Zeit!» dann als Aufforderung, die glückseligen Inseln zu verlassen und zu sich selbst zurückzukehren. Der «Nothschrei» enthält die entgegengesetzte Aufforderung. Zarathustra soll das Leben in der Einsamkeit aufgeben und sich den Menschen zuwenden. Er ist «verwirrt und erschüttert». Als der Wahrsager ihm bedeutet, es sei der «höhere Mensch», der nach ihm schreit – mithin offenbar ein Adressat von Zara-

172 Die in Anm. 168 wiedergegebene spätere Äußerung Nietzsches schiebt die wichtigste Frage auf, was dem Argument entspricht, das in *Ecce homo* entfaltet wird. – IV, 2, 1–5 (300–301); cf. IV, 2, 25 (303). II, 19, 2 (172). III, 13.2, 31 (274); cf. III, 12.16, 2 und 8 (257–258). Als Motto des Vierten Teils wählte Nietzsche Verse aus der Rede «Von den Mitleidigen» (II, 3, 34–37), die zu den Versen von der größten Tragweite im ganzen Buch zählen. Beachte S. 58–59 mit Anm. 66.

thustras Lehre –, schreit er seinerseits, «von Grausen erfasst»: «Der höhere Mensch! Was will der hier?» Wie sehr muß der Prophet sich von seiner Sendung entfernt haben, wenn der Widerhall, den er findet, ihn in Furcht und Zittern versetzt? Der Wahrsager erhöht den Druck weiter. Er nimmt auf das Glück Bezug, das der Philosoph als Köder aufbot. «Oh Zarathustra, du stehst nicht da wie Einer, den sein Glück drehend macht: du wirst tanzen müssen, dass du mir nicht umfällst!» Nachdem er schon mit dem Ruf «Es ist Zeit» auf Zarathustras Rede zum Volk angespielt hat, schlägt er den Bogen abermals zurück zu jener ersten Rede, «welche man auch ‹die Vorrede› heisst»: «Niemand soll mir doch sagen dürfen: ‹Siehe, hier tanzt der letzte frohe Mensch!›» Der Wahrsager läßt es nicht dabei bewenden, den Tanz des letzten frohen Menschen mit der Not und Trübsal der Menschheit zu konfrontieren. Er verneint endlich, daß überhaupt noch irgendwo Glück zu finden sei. Auch nicht bei einem Philosophen auf Bergeshöhen. Wenn ihn Zarathustras Köder anlockte, dann war es das Skandalon, als das ihm das Glück des Philosophen erscheint: «Glück – wie fände man wohl das Glück bei solchen Vergrabenen und Einsiedlern! Muss ich das letzte Glück noch auf glückseligen Inseln suchen und ferne zwischen vergessenen Meeren? / Aber Alles ist gleich, es lohnt sich Nichts, es hilft kein Suchen, es giebt auch keine glückseligen Inseln mehr!» Erst jetzt, da der Wahrsager bei seiner alten Verkündigung angelangt ist und die Losung von ehedem variiert, gewinnt Zarathustra seine Fassung und Haltung wieder: «Nein! Nein! Drei Mal Nein!» ruft er «mit starker Stimme» und streicht sich wie in II, 19, als er «Alles, was geschehen war», begriff, den Bart. «*Das* weiss ich besser! Es giebt noch glückselige Inseln!» Zarathustra *weiß*, daß die Losung des Wahrsagers nicht wahr ist, weil er *weiß*, daß es Glück *gibt* und daß es folglich auch glückselige Inseln *geben kann*: sie müssen nicht mit den Inseln gleichen Namens zusammenfallen, auf denen Zarathustra dem Wahrsager zum erstenmal begegnete. Der «höhere Mensch» erfüllt ihn nicht mehr mit Angst. Er will ihn in den Wäldern suchen, aus denen ihm der Schrei zu kommen schien. «Vielleicht bedrängt ihn da ein böses Thier. / Er ist in *meinem* Bereiche: darin soll er mir nicht zu Schaden kommen! Und wahrlich, es giebt viele böse Thiere bei mir.» Zarathustra spricht nicht wie einer, den der Jammer der Menschheit übermannt und der aus Mitleid handelt. Vielmehr wie ein Herrscher, der in seinem Reich Zuständigkeit beansprucht, der die Gefahren kennt, mit denen er lebt, und der denen Schutz gewährt, die in den Umkreis seiner Stärke eingehen. Der Wahrsager legt Zarathustras Aufbruch als Flucht vor seiner Wahrheit aus und kündigt an, in der Höhle auf ihn zu warten. Zarathustra erwidert, daß beide dort am Abend guter Dinge sein werden, und macht eine Vorhersage, von der sich noch am selben Tag erweisen muß, ob sie wahr oder unwahr ist: «du selber sollst zu meinen Liedern als mein Tanzbär tanzen. / Du glaubst nicht daran? Du schüttelst den Kopf? Wohlan! Wohlauf! Alter Bär! Aber auch ich – bin ein Wahrsager.» Der Wahrsager des großen Mittags fordert den Wahrsager der großen Müdigkeit zum Wettstreit heraus – mit der Prophezeiung eines Ereignisses, das der Komödie gehört.[173]

Auf der Suche nach dem «höheren Menschen» begegnet Zarathustra in der ersten Siebenergruppe des Vierten Teils, in den Kapiteln IV, 3–9, nacheinander einer bunten Schar, die sich in sein Reich aufgemacht hat und die mit dem Wahrsager, mit Zarathustra, seinem Adler und seiner Schlange die Dramatis personae der zweiten Siebenergruppe, der Kapitel IV, 13–18, bilden wird: zwei Königen, einem zur Rechten und einem zur Linken samt einem Esel, einem Gewissenhaften des Geistes, einem Zauberer, dem letzten Papst, dem häßlichsten Menschen, einem freiwilligen Bettler und einem Wanderer. Den Neun ist gemeinsam, daß Zarathustra in keinem von ihnen den höheren Menschen erkennt, dem er Schutz zu gewähren gedenkt, und daß er sie gleichwohl alle einlädt, in seiner Höhle abends auf ihn zu warten. An Zarathustras Hof soll die alte Welt zu Gast sein und zum Tanzen gebracht werden. Das Zeugnis am Ende des Gesprächs mit dem Wahrsager, «Aber auch ich – bin ein Wahrsager», bereitet uns darauf vor, daß jeden der Gäste der nächtlichen Gesellschaft in Übereinstimmung oder Widerstreit etwas Wichtiges mit Zarathustra verbindet, daß jeder etwas von ihm in sich trägt oder bei ihm hervorruft, das zur Klärung der Frage beitragen kann, was Zarathustra ist, was er sein will und was er nicht sein will.[174] — Die er-

173 Der letzte Satz von IV, 2 «Aber auch ich – bin ein Wahrsager» erinnert an den Satz aus II, 17 «Aber auch Zarathustra ist ein Dichter», der die Unterminierung der futuristischen Doktrin einläutete. Aber im Unterschied zur Aussage über den Dichter Zarathustra wird die Aussage über den Wahrsager Zarathustra nicht von Bekenntnissen gefolgt, die denen über den Dichter entsprächen: «Ach, wie bin ich der Dichter müde!» oder «wahrlich, ich schäme mich, dass ich noch Dichter sein muss!» II, 17, 8 und 25 (163, 165); III, 12.2, 12 (247). – IV, 2, 6–27 (301–303). II, 18, 2 und 41–42 (167, 171); III, 3, 18 (204). II, 19, 44 (175). Cf. Vorrede, 5, 7 und 12 (19).
174 Die drei Personae, die besonders leicht mit ihm «vermischt und verwechselt»

ste der sieben Begegnungen, das «Gespräch mit den Königen» (IV, 3), scheint Zarathustras herrschaftlichen Aspirationen zu entsprechen. Denn die beiden Könige, auf die Zarathustra trifft, geben eine Antwort auf die Frage, wer der Herr der Erde sein soll, die in die Richtung jenes Zarathustra-Reichs weist, das «einst kommen muß». Die zwei Könige haben sich mit «nur Einem Esel» auf den Weg gemacht, um wie Zarathustra nach dem «höheren Menschen» zu suchen. Anders als Zarathustra suchen sie den höheren Menschen indes nicht, weil sie glauben, daß er in Not geraten sei, sondern weil sie hoffen, daß er ihnen in ihrer Not helfe. Wo Zarathustra nach unten blickt, blicken sie nach oben. Als Zarathustra den Königen erklärt, daß sie sich in seinem Reich und seiner Herrschaft befinden, bekennen sie, daß sie im höheren Menschen den Menschen sehen oder ersehnen, der höher ist als sie, «ob wir gleich Könige sind. Ihm führen wir diesen Esel zu. Der höchste Mensch nämlich soll auf Erden auch der höchste Herr sein.» Ein Esel und Ein Herr. Die Könige erweisen sich nicht nur als gelehrige Schüler Zarathustras, dessen Wort vom «Tode der Völker» (I, 11) sie sichtlich beeindruckt hat und die aus seiner Rede «Von tausend und Einem Ziele» (I, 15) ihren Schluß gezogen haben. Sie sind auch mit dem Philosophen-Könige-Satz des Sokrates vertraut und offenbar gewillt, als Könige dem Philosophen den Vorrang einzuräumen: «Es giebt kein härteres Unglück in allem Menschen-Schicksale, als wenn die Mächtigen der Erde nicht auch die ersten Menschen sind. Da wird Alles falsch und schief und ungeheuer.» Zarathustra zeigt sich über die «bei Königen» ungekannte Weisheit entzückt und ergötzt die vornehmen Zuhörer seinerseits mit blasphemischen Spottversen, die keinen Zweifel daran aufkommen lassen, daß der Esel, den die Könige mit sich führen, nicht für einen Nachfolger Jesu, sondern für dessen Antipoden bestimmt ist.[175] — Der König zur Rechten, neben dem der König zur Linken blaß und – wenn nicht beide

werden könnten, erhalten in der Mitte der zweiten Siebenergruppe noch einmal eigene Kapitel (IV, 14, 15, 16). Cf. II, 7, 21 und 26 (129–130) und S. 63–64.

175 IV, 3.1, 1; 18–28 (304, 306–307); zu den Versen 1 und 22 cf. *Matthäus* XXI, 5; zu Vers 28 *Jesaja* I, 21 und *Die Offenbarung des Johannes* XVII; zu Vers 23 cf. Platon: *Politeia* 473c11–e2. Die Anknüpfung an den Philosophen-Könige-Satz in Vers 23 findet in Vers 24 ihre Fortsetzung mit der Anknüpfung an die «Vorrede» Zarathustras: «Und wenn sie [sc. die Mächtigen der Erde] gar die letzten [Menschen] sind und mehr Vieh als Mensch: da steigt und steigt der Pöbel im Preise, und endlich spricht gar die Pöbel-Tugend: ‹siehe, ich allein bin Tugend!›»

«mit einem Munde» sprechen – zumeist stumm bleibt, legt beredtes Zeugnis dafür ab, daß die geänderte Rhetorik, zu der sich Zarathustra vom Dialog mit dem bitterlich weinenden Jüngling an verstand (I, 8), den politischen Adressaten erreichte. Er berichtet, daß das Bild, das die Feinde Zarathustras «in ihrem Spiegel» von Zarathustra zeigten, die Könige zwar erschreckte, er sie aber mit den von ihm überlieferten Sprüchen immer wieder ins Herz stach, so daß sie schließlich zu ihm kommen mußten, um ihn selbst zu hören. Aus den Reden, die Zarathustra während seines ersten Aufenthalts in der Stadt «die bunte Kuh» hielt, weiß der König zur Rechten markante Passagen auswendig aufzusagen. Insbesondere «Vom Krieg und Kriegsvolke» (I, 10) hat es ihm angetan. Doch über Rezitation und Reminiszenz kommt er nicht hinaus. Zarathustra mag die Könige mit seinen Reden in seine Berge und Wälder gelockt haben, einen Umschwung werden sie nicht ins Werk setzen. Am Ende des Gesprächs stellt er fest, die «ganze Tugend», die den Königen übrig blieb, heiße heute «Warten-*können*». Es ist die Tugend, in der sich Zarathustra, wenn wir ihn beim Wort nehmen dürfen, seit Jahren übt. Im Falle des Königs zur Rechten ist das *Warten* dagegen ein Verharren im Zustand von Sehnsucht und Abscheu. Es kommt ihn schwer an, da er seinen Ekel nicht zu überwinden vermochte. Der König zur Linken spricht von der «alten Krankheit», die den «armen Bruder» anfällt, als der König zur Rechten im Zentrum des ersten Teils des Gesprächs, das Zarathustra aus einem Versteck belauscht, seinen Abscheu vor dem «Gesindel» und der Nötigung der Könige, «unter dem Gesindel die Ersten zu bedeuten», eine Rolle spielen zu müssen, die ihnen nicht zusteht, herausschreit: «Ach, Ekel! Ekel! Ekel!» Der Ausruf des Königs zur Rechten ist ein spätes Echo des Ausrufs «Ach, Ekel! Ekel! Ekel!», den die Aussicht der «ewigen Wiederkunft auch des Kleinsten» Zarathustra ausstoßen ließ, als «der Genesende» sich in III, 13 «seiner Krankheit» erinnerte. Beide Male ist die Sehnsucht nach Größe gepaart mit dem Abscheu vor dem Kleinsten. Der Ekel «würgt» den König, wie er Zarathustra «würgte». Beide Male handelt es sich um den vornehmen Affekt.[176] — Spiegelt die erste Begegnung den Erfolg und Mißerfolg, den Zarathustras Ansprache des vornehmen

176 IV, 3.2, 1–11 (307–308); cf. III, 12.1, 1–4; 12.3, 9–13 (246, 249). IV, 3.1, 1–15 (304–305). Zu den beiden zentralen Versen von IV, 3.1 siehe III, 13.2, 33–39 (274–275) und S. 146–148. Zu IV, 3.2, 2 cf. II, 1, 4–8 (105–106).

Adressaten zeitigte, so erweitert die zweite den Blick auf den Erfolg und Mißerfolg, den Zarathustras Rede bei ihrem vorzüglichen Adressaten haben mag. Die beiden Begegnungen bilden ein Paar. Auf zwei tatenarme Herrscher folgt ein lebensferner Erkennender. Zarathustra nähert sich ihm nicht mit Vorsicht oder Bedacht. In Gedanken versunken, stolpert er über den «Gewissenhaften des Geistes», in dem er auf eine Karikatur seiner selbst trifft.[177] Ganz der Wissenschaft hingegeben, liegt der Gewissenhafte «wie ein Fischer» an einem Sumpf. Während Zarathustra mit dem «Honig», der durch seine Adern fließt und sein Blut dick macht, im Menschen-Meer fischt, ist das Begehr des Wissenschaftlers einzig auf seinen Forschungsgegenstand, die Blutegel, gerichtet, die er mit seinem bloßen Arm in einem Tümpel anlockt. Was ihn bewegt, ist die sichere Erkenntnis, was ihn auszeichnet, ist die Grausamkeit gegen sich. War der König zur Rechten von Sprüchen aus dem Kapitel «Vom Krieg und Kriegsvolke» (I, 9) erfüllt, so bekennt der Gewissenhafte des Geistes, daß ihn ein Wort aus der Rede «Von den berühmten Weisen» (II, 8) für Zarathustra gewann: «‹Geist ist das Leben, das selber in's Leben schneidet›, das führte und verführte mich zu deiner Lehre. Und, wahrlich, mit eignem Blute mehrte ich mir das eigne Wissen!» Der Gewissenhafte nimmt die Lehre, der er sich verschrieben hat, buchstäblich. Er gibt sein Blut, um dem Anspruch des «grossen Gewissens-Blutegels Zarathustra» gerecht zu werden. Das Ziel seiner Forschung ist dabei nicht, wie Zarathustra zunächst vermutet, die Erkenntnis des Blutegels, «ein Ungeheures», dessen er sich nicht unterfangen dürfte. «Wess ich aber Meister und Kenner bin, das ist des Blutegels *Hirn*: – das ist *meine* Welt!» In dieser Welt nicht seines Gleichen zu haben, darin liegt sein Stolz, und er glaubt sich in bestem Einvernehmen mit seinem Vorbild, wenn er sich zuruft: «Lieber ein Narr sein auf eigne Faust, als ein Weiser nach fremdem Gutdünken!» Der Gewissenhafte des Geistes will Einer Sache auf den Grund gehen, einerlei ob sie «Sumpf oder Himmel

177 Der Erzähler steuert zur Posse der Begegnung Zarathustras mit der Karikatur seiner selbst im Eröffnungssatz eine possenhafte Bemerkung bei: «wie es aber Jedem ergeht, der über schwere Dinge nachdenkt, so trat er unversehens dabei auf einen Menschen» IV, 4, 1 (309). Der Karikatur im Kapitel «Der Blutegel» geht im «Gespräch mit den Königen» der Auftritt des Esels voran, der, eine andere Karikatur Zarathustras, nicht umhin kann, zu allem Ja zu sagen, selbst wenn er es «mit bösem Willen» sagt. IV, 3.1, 27 (306).

heisst». Die Welt schrumpft ihm auf «eine Hand breit Grund», worauf er stehen kann in seiner Wissenschaft. Das Ganze zerfällt ihm unterschiedslos in Teile gleichen Rangs nach Maßgabe ihrer gewissenhaften Bearbeitung. «In der rechten Wissen-Gewissenschaft giebt es nichts Grosses und nichts Kleines.» Daß Zarathustra ihn zu Beginn achtlos mit Füßen und mit Worten tritt, sogar den Stock gegen ihn erhebt und zuschlägt, kann der Verehrung des Jüngers keinen Abbruch tun. Die Nachfolge Zarathustras ist für ihn das Eine, was not tut. Sie gibt seinem Leben Halt, in dem ihn nur «dieser Eine Mensch», Zarathustra, und «jenes Eine Thier», der Blutegel, wirklich kümmern. Genauer gesagt, ist es das Gebot der Redlichkeit, an dem er seinen Halt findet. Es bestimmt sein Gewissen, das will, daß er «Eins weiss und sonst Alles nicht weiss». Ihn «ekelt aller Halben des Geistes». Die Redlichkeit ist sein Ehrenpunkt, mag ihr Einzugsbereich noch so eng gefaßt sein: «Wo meine Redlichkeit aufhört, bin ich blind und will auch blind sein. Wo ich aber wissen will, will ich auch redlich sein, nämlich hart, streng, eng, grausam, unerbittlich.» Die Kritik, die Zarathustra in der Rede «Von den Erhabenen» (II, 13) an den Nichts-als-Redlichen im «Walde der Erkenntniss» übte, die Kritik, daß sie die Grausamkeit gegen sich selbst zu einem moralischen Zweck erheben, hat beim Gewissenhaften des Geistes keine Spuren hinterlassen, obgleich er mit Zarathustras Lehre, anders als die Könige, allem Anschein nach durch die Reden des Zweiten und des Dritten Teils in Berührung kam. Die Botschaft für die Erkennenden hat ihn nicht erreicht: *Redlichkeit ist nicht genug*.[178]

Nachdem die ersten beiden Begegnungen Zarathustra mit der Aufnahme seiner Lehre im weiteren Kreis der Schüler und Anhänger konfrontierten, den die mündliche Überlieferung eröffnet, trifft er in den nächsten beiden Begegnungen auf zwei alte Männer, die, obgleich sie seiner Lehre fernstehen, sich jeweils in einer besonderen Rücksicht durch sie getroffen fühlen. Im Falle des Zauberers ist es die Verstellung, im Falle des letzten Papstes die Frömmigkeit. Der Zauberer führt das Wort vom «Büsser des Geistes» an, das Zarathustra am Ende der Rede «Von den Dichtern» (II, 17) gebrauchte, als er vom «Geist des Dichters» sprach, der Zuschauer will und sich an Zuschauer bindet, um endlich, seiner selbst müde geworden, den Blick gegen sich zu wenden. Geprägt

178 IV, 4, 14–30 (310–312). II, 8, 25 (134) und III, 12.7, 5 (251). III, 11.2, 33–37 (245). Cf. III, 5.2, 10 (212–213) und S. 124. Beachte S. 78–80.

hatte Zarathustra die Bezeichnung in II, 13 zur Charakterisierung der Nichts-als-Redlichen, die sich in die Grausamkeit gegen sich verbeißen und aus dem Heroismus dieser Grausamkeit ihre Selbstachtung gewinnen. «Von den Erhabenen» verbindet untergründig die Kapitel «Der Blutegel» (IV, 4) und «Der Zauberer» (IV, 5), die in der Reinschrift des Textes noch «Der Gewissenhafte des Geistes» und «Der Büßer des Geistes» überschrieben waren. Der Zauberer will für Zarathustra den «Büsser des Geistes» spielen. Zarathustra findet ihn wie zuvor den Gewissenhaften auf dem Bauch liegend und ihm den Weg versperrend. Im Unterschied zum Blutegel-Wissenschaftler liegt der Zauberer jedoch nicht am Boden, weil er sich ganz der Sache hingibt, die er zu erkennen begehrt. Vielmehr gebärdet er sich «wie ein Tobsüchtiger» und stürzt theatralisch nieder, um Zarathustra zu täuschen, der zum ersten Mal glaubt, er könnte jenen höheren Menschen vor sich haben, von dem der Notschrei kam. Auch als Zarathustra sich vergeblich müht, ihn wieder aufzurichten, gibt der Gestürzte noch vor, nicht zu merken, daß er nicht alleine ist. Erst nachdem Zarathustra den Dithyrambus auf den «unbekannten Gott» gehört hat, in dem der Dichter über die Qualen seiner Einsamkeit Klage führt und der Sehnsucht nach seinem «Henker-Gott», seinem «Schmerz» und seinem «letzten Glück», Ausdruck verleiht, setzt er der Komödie ein Ende, indem er abermals zum Stock greift und auf den Jammernden einschlägt, den er «mit ingrimmigem Lachen» einen «Schauspieler», «Falschmünzer», «Lügner aus dem Grunde» schilt. Der Zauberer macht geltend, daß der Betrug, den er versuchte, eine Probe seiner Kunst geben und Zarathustra auf die Probe stellen sollte. Er wollte ebenden Büßer des Geistes zur Aufführung bringen, in den sich der «Dichter und Zauberer» nach Zarathustras Diagnose verwandelt, wenn er «an seinem bösen Wissen und Gewissen erfriert». Zarathustra entgegnet, daß Ernst im Spiel des Künstlers gewesen sei: «du *bist* Etwas von einem Büsser des Geistes». Als Bezauberer aller, der von der Kunst der Verstellung lebt, ist er sich selbst entzaubert. Es bleibt ihm weder Lüge noch List, um sich vor dem *Ekel* zu schützen, den er mit seiner Schauspielerei sowenig zu überwinden weiß, wie die «Erhabenen» ihn mit ihrem Heroismus zu überwinden wußten: «Du erntetest den Ekel ein, als deine Eine Wahrheit. Kein Wort ist mehr an dir ächt, aber dein Mund: nämlich der Ekel, der an deinem Munde klebt.» Der Zauberer bestätigt das Urteil, wenn er entrüstet aufbegehrt: «wer darf also zu *mir* reden, dem Grössten, der heute lebt?», um im nächsten Augenblick zu gestehen: «ich bin's müde, es ekelt mich meiner Künste, ich bin nicht *gross*, was verstelle ich mich!» Für diesen Moment der Redlichkeit, für den «Hauch und Husch», in dem er unverstellt war, ist Zarathustra gewillt, ihn als einen «Büsser des Geistes» zu *ehren*, womit er etwas über den Rangunterschied aussagt, der den Dichter und Künstler vom redlichen, nichts-als-redlichen Helden der Erkenntnis trennt. Auf Zarathustras Frage, weshalb er sich ihm in den Weg gelegt, welche Probe er von ihm gewollt, wessen er ihn versucht habe, beteuert der alte Zauberer, er suche nur, er suche einen großen Menschen, er suche Zarathustra. Ist die Suche nach Größe die wahre Versuchung Zarathustras?[179] — Den letzten Papst führt der Tod Gottes zu Zarathustra. Er sucht in ihm «den Frömmsten aller Derer, die nicht an Gott glauben». Die vierte der sieben Begegnungen kreist um das Wort *Gott ist tot*, das das Motto des Vierten Teils herausstellt. «Ausser Dienst» (IV, 6) endet mit Zarathustras Bekräftigung, daß der alte Gott «gründlich todt» sei, während es dem Papst zufällt, im zehnten Vers mit der Stimme seines Herrn zu bestätigen, daß der alte Gott, «an den alle Welt einst geglaubt hat», nicht mehr lebt: «Du sagst es». Der höchste kirchliche Würdenträger, der jetzt «ausser Dienst, ohne Herrn, und doch nicht frei» ist, spricht als Augen- und Ohrenzeuge: «Und ich diente diesem alten Gotte bis zu seiner letzten Stunde.» Im Zentrum des Kapitels schließlich, in den Versen 25 und 26, fordert Zarathustra sein Gegenüber zweimal mit derselben Wendung auf, sich vom toten Gott zu lösen: «Lass ihn fahren». Zuerst verdrießt Zarathustra der Anblick der «vermummten Trübsal», die er «von der Art der Priester» am Wege sitzen sieht: «was wollen *die* in meinem Reiche?» Dem Täuschungsversuch des Zauberers und seiner Rede von Gott entkommen, will er dem «schwarzen langen Mann mit einem hageren Bleichgesicht» ausweichen, in dem er irgendeinen «Hexenmeister mit Handauflegen», «dunklen Wunderthäter von Gottes Gnaden» oder «gesalbten Welt-Verleumder»

179 IV, 5.1, 1–12; 5.2, 1–7; 8–17; 18–24; 25–37 (313–320). II, 13, 3; 13–14; 25–27; 35 (150–152). II, 17, 37–45 (165–166). Siehe S. 119 und 149–150. Das Lied, das der Zauberer in prätendierter Einsamkeit vorträgt, ist so wenig *sein* Lied, daß Nietzsche die neun Strophen 1889 – in leicht veränderter Anordnung und um eine Erwiderung des Dionysos erweitert – unter dem Titel «Klage der Ariadne» in die *Dionysos-Dithyramben* aufnehmen kann. (Der fünften Strophe ist in *KGW* und *KSA* eine Zeile zugeschlagen, die zur sechsten Strophe gehört.)

vermutet. Zum Gespräch über den toten Gott kommt es nur, weil der greise Papst auf Zarathustra zugeht. Er bittet ihn, einem «Verirrten» zu helfen, und berichtet, daß er ausgezogen war, um den «letzten frommen Menschen» aufzusuchen, einen Heiligen, «der allein in seinem Walde noch Nichts davon gehört hatte, was alle Welt heute weiss». Mit diesem Unwissenden wollte er sich noch einmal ein Fest bereiten, ein Fest der frommen Erinnerung und eines späten Gottesdienstes. Doch der «frömmste Mensch» war «selber todt». Der erste Mensch, dem Zarathustra einst beim Abstieg zu den Menschen begegnete, der «Zweisiedler», der sich von den Menschen abgewandt hatte, um ganz seinem Gott zu leben, ist Gott inzwischen in den Tod gefolgt. Der Papst entschloß sich daher, in den Wäldern und Bergen, in die er des Heiligen wegen kam, «einen Anderen» zu suchen, den er einzig vom Hörensagen kennt. Nachdem Zarathustra den Bericht vernommen hat, der ihn zu der Zeit zurückführt, als er «wieder Mensch werden» und den Menschen «ein Geschenk» bringen wollte, tut er, was er in keiner Begegnung davor getan hat oder danach tun wird. Er ergreift die Hand des Suchenden und betrachtet sie «lange mit Bewunderung». Da er weder einen Hexenmeister noch einen Weltverleumder vor sich sieht, vielmehr einen, dessen Hand «immer Segen ausgetheilt hat», gibt sich der Gegen-Jesus zu erkennen: «Ich bin's, der gottlose Zarathustra, der da spricht: wer ist gottloser als ich, dass ich mich seiner Unterweisung freue?» Der Greis, den die Innerlichkeit des Heiligen anzog und der sich als Asket bewährte – «denn er war auf Einem Auge blind» –, glaubt «der Gottlosere» zu sein, ohne daß er sich darüber freuen könnte. «Wer ihn am meisten liebte und besass, der hat ihn nun am meisten auch verloren». Auf Zarathustras Frage, ob er wisse, *wie* der, dem er bis zuletzt diente, starb, gibt der letzte Papst nach einigem Zögern eine blasphemische Rede zur Antwort. An ihrem Beginn nimmt er für sich in Anspruch, «in Dingen Gottes» aufgeklärter zu sein «als Zarathustra selber», da ein guter Diener alles über seinen Herrn wisse. In der Mitte bestreitet er, daß der Gott, den er liebte, ein Gott der Liebe war. Und an ihrem Ende teilt er mit, Gott sei «eines Tags an seinem allzugrossen Mitleiden» *erstickt*. Die Mitteilung des Dieners stimmt mit der Aussage, die das Motto des Vierten Teils zu dem Ereignis enthält, im Ergebnis sit venia verbo überein. Aber sie hat nicht deren Schärfe, und sie erschöpft nicht ihren Sinn. Die Blasphemie des Papstes reicht an die Klugheit der Theologie der Schlange nicht heran. Zarathustra unterbricht die Rede mit der vergewissernden Nachfrage, ob der Papst den Hergang mit eigenen Augen gesehen habe, und hält, ohne die Antwort abzuwarten, fest, daß es sich so *und* auch anders zugetragen haben könnte. Die Wahrheit des Ereignisses ist nicht an Ein Zeugnis gebunden, wenn es nicht auf Ein Datum, Einen Akt, Eine Perspektive beschränkt ist. «Wenn Götter sterben, sterben sie immer viele Arten Todes.» Die Arten ihres Todes korrespondieren den Arten, in denen sie sich in ihrem Sein erhalten. Da es unterschiedliche Gründe des Glaubens gibt, gibt es unterschiedliche Weisen, dem Glauben zu begegnen und unterschiedliche Gründe, sich vom Glauben abzuwenden.[180] Zarathustra läßt den sieben Versen des Papstes sieben Verse folgen, in denen er dem biblischen Gott im Namen der Redlichkeit, der Reinlichkeit und des guten Geschmacks entgegentritt, die er für die Frömmigkeit einfordert. Die Kritik gipfelt in dem Urteil, das auf den Glauben an die Allmacht Gottes Bezug nimmt: Daß der Schöpfer, den Zarathustra nach dem Beispiel des Apostels Paulus und des Propheten Jesaja als einen Töpfer vor Augen stellt, «Rache an seinen Töpfen und Geschöpfen nahm, dafür dass sie ihm schlecht geriethen, – das war eine Sünde wider den *guten Geschmack*.» Der Papst sieht sich durch Zarathustras Rede von der Frömmigkeit in seiner Erwartung bestärkt: «oh Zarathustra, du bist frömmer als du glaubst, mit einem solchen Unglauben!» Er setzt hinzu: «Ist es nicht deine Frömmigkeit selber, die dich nicht mehr an einen Gott glauben lässt? Und deine übergrosse Redlichkeit wird dich auch noch jenseits von Gut und Böse wegführen!» Der Papst verkennt, daß Zarathustra ad hominem gesprochen, daß er seine Kritik des biblischen Gottes an der Frömmigkeit ausgerichtet und diese am Ende eigens aufgerufen hat, weil die Frömmigkeit für sein Gegenüber das Wichtigste, das Haltgebende und Auszeichnende ist. Und was die «übergrosse Redlichkeit» anbelangt, die er Zarathustra zuspricht, so ist ihm die Rede «Von den Erhabenen»

180 Nietzsche hat das Motto des Vierten Teils dem Kapitel II, 3, 34–37 (115) entnommen. Zarathustra bietet dem Papst eine geschichtliche Auslegung an, die auf das Christentum abstellt: «Ist es wahr, was man spricht, dass ihn [sc. Gott] das Mitleiden erwürgte, / – dass er es sah, wie *der Mensch* am Kreuze hieng, und es nicht ertrug, dass die Liebe zum Menschen seine Hölle und zuletzt sein Tod wurde?» IV, 6, 22–23 (323). Beachte S. 58–59 mit Anm. 66. Zu den unterschiedlichen Weisen, dem Glauben zu begegnen, siehe meine Schrift *Das theologisch-politische Problem. Zum Thema von Leo Strauss.* Stuttgart–Weimar 2003, p. 43–46.

augenscheinlich unbekannt geblieben.[181] Gleichwohl trifft er in dem, was ihm als Zarathustras Frömmigkeit erscheint, etwas, das beide über alles Trennende hinweg verbindet. Er verleiht dem Verbindenden am deutlichsten Ausdruck, wenn er Zarathustra, der seine segnende Hand mit Bewunderung betrachtete, attestiert, Augen, Hand und Mund zu haben, die «seit Ewigkeit» zum Segnen bestimmt seien. «Man segnet nicht mit der Hand allein». Als der Papst der Welt Segen spendete, tat er dies im Dienste des Gottes, der jetzt tot ist. Zarathustra segnet alle Dinge, indem er lehrt, «dass über ihnen und durch sie kein ‹ewiger Wille› will». Der Heilige im Wald lebte seine Frömmigkeit, indem er mit Singen, Weinen, Lachen und Brummen seinen Gott lobte. Zarathustras «Frömmigkeit» bewährt sich darin, daß er das Ja-Sagen noch in alle Abgründe des Erkennens tragen will und ein Ja-und-Amen-Lied auf das Ganze anstimmt. Der greise Papst erhofft sich von Zarathustra, der über den Menschen hinaus liebt, wie er selbst über den Menschen hinaus liebte, Linderung seiner Schwermut. «Nirgends auf Erden wird es mir jetzt wohler als bei dir!»[182]

«Der hässlichste Mensch» (IV, 7) nimmt unter den Kapiteln der ersten Siebenergruppe in mehrfacher Hinsicht eine Sonderstellung ein. Es führt nicht nur die Gestalt in das Drama ein, der in der zweiten Hälfte die Schlüsselrolle für den Fortgang des Geschehens zufallen wird. Im Unterschied zu den Begegnungen davor, die Zarathustra mit

181 Wenn Zarathustra im letzten seiner sieben Verse den «guten Geschmack» in der Frömmigkeit sprechen läßt: «Fort mit einem *solchen* Gotte! Lieber keinen Gott, lieber auf eigne Faust Schicksal machen, lieber Narr sein, lieber selber Gott sein!», handelt es sich nicht um einen Fall jenes «Atheismus aus Redlichkeit», der Nietzsche zugeschrieben wurde. Der «Atheismus aus Redlichkeit» verbietet sich den Glauben an Gott als etwas Erwünschtes, Tröstliches, Beseligendes. Er versagt sich den Wunsch, den Trost, das Beseligende um der Moral willen. Cf. *Die fröhliche Wissenschaft* 344 (p. 574–577) und *Zur Genealogie der Moral. Eine Streitschrift* III, 27 (*KSA* 5, p. 408–411).

182 IV, 6, 1–4; 5–15; 16–26; 27–33; 34–40; 41–45; 46–50 (321–326). Vorrede, 1, 11 (12); 2, 10; 2, 18–19; 2, 21 (12–14). III, 4, 22–28 (208–209). Zu Vers 10 siehe *Johannes* XVIII, 37 und *Matthäus* XXVI, 25. Zu Vers 18 siehe III, 5.3, 7 (215) und *Johannes* VIII, 18, *Markus* VI, 50. Zu Vers 39 beachte *Römer* IX, 20–23 und *Jesaja* XLV, 9. Auf die Bedeutung der Paulus-Stelle, die Zarathustra im Blick hat, bin ich näher eingegangen in *Die Lehre Carl Schmitts. Vier Kapitel zur Unterscheidung Politischer Theologie und Politischer Philosophie*. Weimar–Stuttgart 1994. 4. Aufl. 2012, p. 143–145.

Vertretern von Politik, Wissenschaft, Kunst und Religion zusammenbrachten, trifft er in der fünften Begegnung auf einen Menschen, der keine Rolle innerhalb der Gesellschaft spielt, sondern darauf reduziert ist, bloßer Mensch zu sein. Das Kapitel konfrontiert Zarathustra mit der größten Herausforderung und wirft ein jähes Licht auf seine moralische Konstitution. Es enthält das einzige Gespräch, an dessen Ende Zarathustra sich fragt, ob sein Gegenüber der höhere Mensch gewesen sei. Und es steht durchaus für sich, insofern in ihm ein Dialogpartner den Untertitel von *Also sprach Zarathustra* aufschließen hilft. Das Kapitel bringt einen scharfen Szenenwechsel. Erfüllt von den «guten Dingen», die die vier Begegnungen ihm zum Denken gaben, tritt Zarathustra unvermittelt in ein «Reich des Todes». Er findet sich in einer öden Landschaft wieder, die ihn an das Treffen mit dem Geist der Schwere und den Kampf des würgenden Hirten in «Vom Gesicht und Räthsel» (III, 2) erinnert. In einem Tal, das alle Tiere meiden und das nur «eine Art hässlicher, dicker, grüner Schlangen» aufsuchen, wenn sie alt werden, um dort zu sterben, sieht er etwas am Wege sitzen, «gestaltet wie ein Mensch und kaum wie ein Mensch, etwas Unaussprechliches». Dieses wüste Etwas, an dem nichts ist, wie es sein soll, ein Nichts-als-Menschliches ohne Zucht, Verfeinerung, Rangordnung, löst eine Reaktion bei Zarathustra aus, die in den vier Teilen des Buches ohne Beispiel ist: Ihn überfällt «mit Einem Schlage die grosse Scham darob, dass er so Etwas mit den Augen angesehn habe»; «erröthend bis hinauf an sein weisses Haar» wendet er den Blick ab und schickt sich an, die «schlimme Stelle» zu verlassen. Das *Erröten* zeigt die Scham Zarathustras, die seiner Neugierde vorangeht. Es bezeichnet das Vornehme in der Konstitution des Propheten, das der Leidenschaft der Erkenntnis des Philosophen widerstreitet. Das Vornehme in Zarathustra hieß ihn aufbegehren gegen die Welt, wie sie ist. Es machte die Bruchstückhaftigkeit des Menschen zu etwas, das ihm unerträglich war. Es ließ ihn am Menschen leiden. Das einmalige Erröten Zarathustras ist das Zeichen seiner Vornehmheit und seiner Menschen-Natur. Die Götter erscheinen im besten Fall vornehm. Von dem «Unaussprechlichen» wird Zarathustra siebzehn Verse später hören, daß es sein Erröten war, an dem der «hässlichste Mensch» ihn «als Zarathustra» erkannte.[183] Doch Zarathustra kehrt

183 Vom Erröten Zarathustras ist nur in den Versen IV, 7, 4 und IV, 7, 21 die Rede. Das Ereignis wird vom Erzähler berichtet und vom «hässlichsten Menschen» be-

dem «Unaussprechlichen», über das der Vornehme nicht nur nicht sprechen, sondern das er auch nicht sehen will, nach dem unwillkürlichen Erröten nicht den Rücken, da es ihn vor ein Rätsel stellt. «Rathe mein Räthsel!», lautet sein Köder. «Was ist *die Rache am Zeugen?*» Es fordert den Stolz und die Leidenschaft des Erkennenden heraus, die über die Scham obsiegen: «So rathe doch das Räthsel, du harter Nüsseknacker, – das Räthsel, das ich bin!» Anders als zuvor, da er von Zarathustras Erröten berichtete, wechselt der Erzähler jetzt in die Tonlage dessen, der seine Zuhörer mit einem Märchen zu fesseln weiß: «was glaubt ihr wohl, dass sich da mit seiner Seele zutrug? *Das Mitleiden fiel ihn an*; und er sank mit Einem Male nieder, wie ein Eichbaum, der lange vielen Holzschlägern widerstanden hat». Wenn die Szene Zarathustras Versuchung durch das Mitleiden in einem Bild vor Augen führen sollte, so zeigt sie, daß die Versuchung nicht länger dauert als ein Wimpernschlag. Denn Zarathustra erhebt sich sogleich wieder und verkündet mit «einer erzenen Stimme» die Antwort auf die Rätselfrage: «*du bist der Mörder Gottes!* Lass mich gehn. / Du *ertrugst* Den nicht, der *dich* sah, – der dich immer und durch und durch sah, du hässlichster Mensch! Du nahmst Rache an diesem Zeugen!» Zarathustra macht keinerlei Anstalten, sich dem häßlichsten Menschen zuzuwenden. Sein «Mitleiden» bestand darin zu erraten, was in dem «Mörder Gottes» vor sich ging, als er Rache nahm an dem, der den nichts-als-menschlichen Menschen mit seiner Allgegenwart und seiner Allwissenheit, mit seinem alles umfassenden Gesetz und seiner alles ergreifenden Zuwendung niederdrückte. Nachdem Zarathustra sein Rätsel gelöst hat, läßt der Unaussprechliche ihn nicht gehen. Er hält ihn mit einer eigenen Rede fest, die, anders als der erste Eindruck von seinem «Gurgeln» und seinem «Röcheln» vermuten ließ, scharf, klar und wohlgebaut ist. Tatsächlich handelt es sich um die längste, wenn nicht die herausragende Rede, die Zarathustra in den sieben Begegnungen zu hören bekommt. Der häßlichste Mensch führt

zeugt. In «Vor Sonnen-Aufgang» schreibt Zarathustra dem «Himmel», dem Stoff seiner Seele, ein Erröten zu: III, 4, 34–35 (210); cf. III, 4, 3–4 (207). Außer diesen vier Erwähnungen kommt *erröten* im Buch nicht vor. Beachte II, 3, 2–6 und S. 57–58. – Der Platonische Sokrates errötet an keiner Stelle. Seth Benardete nennt indes die vier Dialoge *Politeia*, *Charmides*, *Lysis*, *Erastai*, die Sokrates ganz erzählt, «the invisible blush of Socrates»: *Socrates and Plato. The Dialectics of Eros – Sokrates und Platon. Die Dialektik des Eros.* München 2002, p. 29.

Klage über das Mitleid, das ihn verfolgt und vor dem er zu Zarathustra flieht. Er glaubt sich zu reich für Almosen, «reich an Grossem, an Furchtbarem, am Hässlichsten, am Unaussprechlichsten». Er lobt Zarathustra für die Scham vor der Scham des großen Leidenden, die ihn ehrte, und für die vornehme Rede «Von den Mitleidigen» (II, 3), die seine Sache verhandelte. Und er ist der erste Unterredner, der Zarathustra dafür preist, daß er zu dem, «was der Prediger sprach», der für sich in Anspruch nahm, die Wahrheit zu sein, Nein sagte: «Du warntest vor seinem Irrthum, du warntest als der Erste vor dem Mitleiden – nicht Alle, nicht Keinen, sondern dich und deine Art.»[184] Die Rede, die ihn betrifft, kennt er so gut, daß er die vier Verse, die sich an das Motto des Vierten Teils anschließen und den Schluß bilden, wiederzugeben weiß, bevor er Zarathustra seinerseits vor dem Mitleid gegenüber denen warnt, die ihn, wie er selbst, aufsuchen: «Denn Viele sind zu dir unterwegs, viele Leidende, Zweifelnde, Verzweifelnde, Ertrinkende, Frierende». Am Ende bestätigt er den Grund für den Mord, den Zarathustra erriet, und erhärtet so den Satz, daß Götter viele Arten Todes sterben. «Der Gott, der Alles sah, *auch den Menschen*: dieser Gott musste sterben! Der Mensch *erträgt* es nicht, dass solch ein Zeuge lebt.» Zarathustra konstatiert, daß er keinen fand, der sich tiefer verachtet hätte als der Unaussprechliche: «auch *Das* ist Höhe». Birgt der bloße Mensch, der sich der Gesellschaft entzieht und in keiner Weise festgestellt ist, etwa noch jenes Chaos, von dem «die Vorrede» sprach? Der sich am tiefsten Verachtende, der nur die Wahl zu haben glaubte zwischen dem Mord an sich selbst und dem Mord am Gott des Gewissens, wird, soviel läßt sich vorhersagen, jedenfalls zur größten Probe für Zarathustras Ja-und-Amen-Lied.[185]

Die letzten beiden Begegnungen bringen Zarathustra mit einer Karikatur von Jesus und mit seinem eigenen Schatten zusammen. «Der freiwillige Bettler» (IV, 8) versetzt ihn aus der fröstelnden Kälte des Tals, das die Hirten «Schlangen-Tod» nannten, in die dumpfe Wärme, die

184 Mit dieser Bestimmung des vorzüglichen Adressaten von Zarathustras Lehre, zu dem er selbst nicht gehört, bezeugt der «hässlichste Mensch» eine Einsicht, die ihn vor manchem zukünftigen Interpreten auszeichnet.

185 IV, 7, 1–2; 3–4; 5–10; 11–41; 42–52 (327–332). *Johannes* XIV, 6 und XVIII, 37–38. II, 3, 38–41 (115–116). II, 2, 12 und 29 (110–111); II, 3, 37 (115); IV, 6, 33–34 (324). Vorrede, 3, 2 und 16–17 (14–15); 4, 6 (17); 5, 10–11 (19); cf. I, 6 (45–47).

eine Kuhherde auf einer Anhöhe umgibt. Inmitten der Kühe sucht «ein friedfertiger Mensch und Berg-Prediger» seinem Ziel, dem «Glück auf Erden», näherzukommen. Der «Berg-Prediger» verkündet Zarathustra: «So wir nicht umkehren und werden wie die Kühe, so kommen wir nicht in das Himmelreich.» Und: «wenn der Mensch auch die ganze Welt gewönne und lernte das Eine nicht, das Wiederkäuen: was hülfe es! Er würde nicht seine Trübsal los / – seine grosse Trübsal: die aber heisst heute *Ekel.*» So wie der Blutegel-Wissenschaftler in der Karikatur der zweiten Begegnung sich ausschließlich auf Zarathustra-Worte berief, so führt der Berg-Prediger in der Karikatur der zweitletzten Begegnung durchweg Jesus-Worte im Mund. Aber während der Gewissenhafte des Geistes die Zarathustra-Worte buchstäblich nahm, wandelt der freiwillige Bettler, «der einst einen grossen Reichthum von sich warf», die Jesus-Worte, geschichtlich belehrt, so ab, daß sie zu den veränderten Gegebenheiten der Gegenwart passen. Denn das Christentum hat den *Ekel* nicht überwunden, sondern ihn vermehrt, verstärkt, allgemein gemacht. Es hat die Rach- und Nachgefühle befeuert und die Gleichheit befördert, bis die Stunde kam «für den grossen schlimmen langen langsamen Pöbel- und Sklaven-Aufstand: der wächst und wächst!» Deshalb muß die Lehre neu ausgerichtet werden. Der freiwillige Bettler glaubt, das Glück auf Erden nicht mehr bei den Armen zu finden, sondern bei den Tieren und insonderheit bei den Kühen, die es «am weitesten» brachten. Sie «erfanden sich das Wiederkäuen und In-der-Sonne-Liegen. Auch enthalten sie sich aller schweren Gedanken, welche das Herz blähn.» Ihr Wiederkäuen kennt keinen Ekel. Die Befreiung vom Ekel, die dem Berg-Prediger nicht gelang, ist das Eine, was ihn für Zarathustra begeistert. Als er ihn erkennt, küßt er ihm vor Entzücken die Hände. Er ist der erste, der Zarathustra als «Mensch ohne Ekel» und «Überwinder des grossen Ekels» apostrophiert. Und am Ende der Begegnung bescheinigt er ihm, «besser noch als eine Kuh» zu sein, eine Schmeichelei, die Zarathustra mit dem Ausruf «Fort, fort von mir!» und dem Schwingen seines Stockes quittiert, wenn auch nicht mit Schlägen wie im Falle des Gewissenhaften des Geistes und des Zauberers.[186] — Der Wanderer, der sich Zarathustras «Schatten» nennt, ist die einzige Persona, der Zarathustra nicht entgegengeht, sondern die ihm,

186 IV, 8, 1–5; 6–13; 14–34; 35–41 (333–337). *Matthäus* XVIII, 3 und XVI, 26; cf. *Lukas* VI, 20.

wie es einem Schatten zukommt, hinterherläuft. Sie ist auch die einzige, die er fragt, «Wer bist du?», und zu der er sagt, «Du gefällst mir nicht.» Offenbar steht bei diesem Aufeinandertreffen in einem höheren Maße als bei den sechs vorangegangenen Zarathustras eigene Identität in Frage. Es verdrießt ihn, als der Schatten ihn auffordert, einzuhalten und zu warten. Nach der Begegnung mit dem freiwilligen Bettler, der jetzt vor ihm herläuft, ist sein Bedarf an Jüngern, Büßern, Trostsuchenden und anderen Gläubigen gedeckt. «Wo ist meine Einsamkeit hin? / Es wird mir wahrlich zu viel; diess Gebirge wimmelt, mein Reich ist nicht mehr von *dieser* Welt, ich brauche neue Berge.» Der Schatten läßt sich naturgemäß nicht einfach abschütteln, und so wendet sich Zarathustra um und hört sich seine Rede an. «Ein Wanderer bin ich, der viel schon hinter deinen Fersen her gieng: immer unterwegs, aber ohne Ziel, auch ohne Heim». Wie Zarathustra zu Beginn des Dritten Teils sagt der Schatten von sich, daß er ein Wanderer sei, doch anders als Zarathustra nennt er sich nicht im selben Atemzug einen Bergsteiger. Er ist nie über sich hinaus gestiegen, bis er seine Sterne noch unter sich sah. Und es gibt für ihn keine Heimkehr, weil die Einsamkeit ihm nie Heimat geworden ist. Von jedem Wind «gewirbelt, unstät, fortgetrieben», leidet er unter anhaltender Auszehrung. «Alles nimmt von mir, Nichts giebt, ich werde dünn, – fast gleiche ich einem Schatten.» Die längste Zeit richtete er sich an Zarathustra aus. Er «flog und zog» ihm bis «in die fernsten, kältesten Welten» nach und bewährte seine Tapferkeit, als er sich die Losung *nitimur in vetitum* zu eigen machte: «wenn irgend Etwas an mir Tugend ist, so ist es, dass ich vor Keinem Verbote Furcht hatte». Nach Zarathustras Vorbild schwang er sich auf die Stufe des Löwen, der zerbricht, was je sein Herz verehrte, alle Grenzsteine und Bilder umwirft und «den Glauben an Worte und Werthe und grosse Namen» verlernt. Ins Zentrum der Rede stellt er das Wort *Nichts ist wahr, Alles ist erlaubt*. Die Parole der großen Befreiung erwies sich für ihn als Abbreviatur der großen Enttäuschung. «Zu Viel klärte sich mir auf: nun geht es mich Nichts mehr an. Nichts lebt mehr, das ich liebe, – wie sollte ich noch mich selber lieben? / ‹Leben, wie ich Lust habe, oder gar nicht leben›: so will ich's, so will's auch der Heiligste. Aber, wehe! wie habe *ich* noch – Lust?» Ohne Wahrheit, die ihn angeht, ohne die Selbstverpflichtung *Werde, der du bist*, ohne Aufgabe endet der Schatten in einem desperaten Zustand: «Ein Herz müde und frech; ein unstäter Wille; Flatter-Flügel; ein zerbrochnes Rückgrat.» Die Suche nach seinem «Heim» wird zu seiner «Heimsuchung», und er stimmt mit eigenen Worten in die alte, immer neu variierte Klage des Wahrsagers ein: «Oh ewiges Überall, oh ewiges Nirgendswo, oh ewiges – Umsonst.» Auf einem anderen Niveau, für den Erkennenden, stellt der Schatten Zarathustra die Gefahr des Scheiterns vor Augen, die ihm der Jüngling in «Vom Baum am Berge» (I, 8) für den Vornehmen vor Augen führte. Da der Schatten Zarathustra ungleich weiter folgte als der Jüngling, ist die Gefahr ungleich größer.[187] Zarathustra erwidert «mit Traurigkeit» auf die Rede: «Du bist mein Schatten!» Der Wanderer ist *Zarathustras* Schatten. Er folgte Zarathustras Weg. Aber der Wanderer ist nur Zarathustras *Schatten*. Ihm fehlt das, was Zarathustra ausmacht. Ihm fehlt sein Fleisch und Blut, sein Herz und Hirn. Ihm fehlt Zarathustras Natur. Zarathustra stellt dem Schatten, den er jetzt «freier Geist und Wanderer» nennt, die Prognose, daß die Verlockung einer *neuen Sicherheit* zu seiner Versuchung wird. «Solchen Unstäten, wie du, dünkt zuletzt auch ein Gefängniss selig.» Er fügt die Warnung hinzu: «Hüte dich, dass dich nicht am Ende noch ein enger Glaube einfängt, ein harter, strenger Wahn! Dich nämlich verführt und versucht nunmehr Jegliches, das eng und fest ist.» Eine Prognose und Warnung, die man im Rückblick von ein, zwei Jahrhunderten als hellsichtig bezeichnen kann.[188] — Den «drei Laufenden», die zu Beginn der siebten Begegnung «hinter einander her waren», zuerst der freiwillige Bettler, in der Mitte Zarathustra und zuletzt der Schatten, ist gemeinsam, daß sie, jeder in seiner und jeder in ganz anderer Weise, auf dem Weg zum *Glück* sind. Der Berg-Prediger sucht das Glück unmittelbar zu gewinnen. Er hat nur dies Eine im Sinn. Ob er es bei den Tieren oder bei Zarathustra findet, ist ihm einerlei. Einer soll ihm den Weg weisen. Der freie Geist nimmt das Wort nicht in den Mund. Doch wo immer es ihn hin verschlug, hoffte er, daß das Glück sich einstellen oder daß er finden werde, was er sein Heim nennt. Er suchte und sucht das Glück mittelbar, im Streben nach einem

187 Nietzsche erwog in einem Entwurf zu den Personae des Vierten Teils auch eine Begegnung Zarathustras mit dem «Jüngling vom Berge»: Nachgelassene Fragmente Herbst 1884–Anfang 1885 29 [24], *KSA* 11, p. 343. Cf. S. 33–35.

188 IV, 9, 1–9, 10–28, 29–36 (338–341). III, 1, 2 und 16–17 (193–194). III, 9, 1 (231). *Johannes* XVIII, 36. Das Wort «Nichts ist wahr, Alles ist erlaubt», von dem der Schatten sagt, er habe es sich zugesprochen, wird von Nietzsche später auf den «Freigeister-Orden par excellence» der Assassinen zurückgeführt und kommentiert: *Zur Genealogie der Moral* III, 24 (p. 399).

Ziel zu erreichen. Mit dem Ziel verlor er den Weg. Beide, den Bettler und den Schatten, lockt der Honig in Zarathustras Höhle. Der Wanderer macht in seiner Rede geltend, Zarathustras «bester Schatten» gewesen zu sein und, wo er saß, auch gesessen zu haben. Aber der Schatten war nicht dabei, als Zarathustra vor Sonnenaufgang zum Licht-Abgrund sprach. Und er ist nie dabei, wenn die Sonne mittags am höchsten steht.

Zarathustras Glück steht im Zentrum des Vierten Teils. Es ist Gegenstand des Kapitels «Mittags» (IV, 10), das die Rückkehr des Philosophen zu sich selbst zeigt. Die schönste Rede des letzten Buches komplettiert die Trias, die sich von der Selbstbegegnung vor Sonnenaufgang zum Ruf der Mitternachtsglocke spannt und in der Betrachtung des vollkommenen Mittags ihre natürliche Mitte erhält. Denn der *vollkommene Mittag*, an dem die Sonne am höchsten steht, ist im Unterschied zu dem historisch verheißenen *großen Mittag*, an dem die Gattung ihre höchste Hoffnung erreichen soll, ein natürlich bestimmter Mittag. Er ist im Lebensgang des Philosophen wie innerhalb der geschichtlichen Entwicklung der Gattung natürlicherweise wiederkehrend, während der große Mittag, den der Prophet als geschichtlich einmalig konzipierte, nicht anders denn vermittels der Eternalisierung seiner Einmaligkeit durch die Lehre der Ewigen Wiederkunft wiederzukehren vermag. Der große Mittag ist Teil des futuristischen Programms und gehört ganz der Erwartung, der zu vollbringenden Tat und dem Glauben. Der vollkommene Mittag bezeichnet in der Bedeutungslehre des Philosophen dagegen die Präsenz seines Glücks. — Nach der Begegnung mit dem Schatten geht Zarathustra seinen Weg alleine weiter. Er findet niemanden mehr außer «immer wieder sich». Er genießt seine Einsamkeit und denkt «an gute Dinge, – stundenlang». Selbst an einem Vormittag, der so reich ist an äußeren Ereignissen, nimmt Zarathustras Nachdenken in der Einsamkeit nicht viel weniger Zeit ein als die sieben Begegnungen, die in den Stunden davor stattgefunden haben, und das Gespräch mit dem Wahrsager, der Zarathustra bereits ins Nachdenken vertieft antraf. Als die Sonne gerade über Zarathustra steht und keinen Schatten wirft, legt er sich «um die Stunde des vollkommnen Mittags» unter einen alten Baum nieder, «der von der reichen Liebe eines Weinstocks rings umarmt und vor sich selber verborgen war». Anders als der Wanderer und freie Geist, den nichts innehalten ließ, da er nichts zu sehen wußte, das ihm der Liebe wert zu sein schien, ist Zarathustra so sehr von seiner Augenlust erfüllt, daß seine Augen noch im Schlaf offen bleiben, da sie nicht satt werden, «den Baum und die Liebe des Weinstocks zu sehn und zu preisen». Die Welt betrachten und zu ihr mit offenen Augen Ja sagen ist nicht nur die Voraussetzung des Glücks, sondern macht zu einem Gutteil das Glück aus, über das Zarathustra im Einschlafen «zu seinem Herzen» spricht. Das Selbstgespräch setzt ein mit der Aufforderung, der Betrachtung und der verwandelnden Kraft, die sie birgt, innezuwerden: «Still! Still! Ward die Welt nicht eben vollkommen? Was geschieht mir doch?» Der «Schlaf», der Zarathustra kein Auge zudrückt und ihm die Seele wach läßt, macht seine Leidenschaften schweigen und schirrt seinen Willen ab. Er «betupft» ihn inwendig und heißt seine Seele sich ausstrecken: «wie sie mir lang und müde wird, meine wunderliche Seele! Kam ihr eines siebenten Tages Abend gerade am Mittage?» Das Selbstgespräch scheint auf das Glück der Rückschau zuzusteuern, auf das Glück der Reife und Vollendung, auf das Glück des gelungenen Werks, das dem Urteil des Schöpfers im Buch *Genesis* entspricht, als er alles ansah, was er gemacht hatte, und es für sehr gut befand. Das Glück des vollkommenen Mittags geht jedoch nicht im Glück des Gelingens, des Schaffens oder der eigenen Wirksamkeit auf und sei es der Betrachtung dieser Wirksamkeit in ihren Erzeugnissen und Ergebnissen. Es betrifft etwas Anderes, Tiefer- und Weiterreichendes. Zarathustra vermerkt umgehend, daß seine Seele, die schon «zu viel Gutes» geschmeckt habe, den «Mund» verziehe. Dem Blick auf Reife und Vollendung wohnt eine «goldene Traurigkeit» ein, wenn er nicht in eine Vergegenwärtigung mündet: zum Ansporn wird oder das Wiedererkennen befördert. Tatsächlich wird das Glück in «Mittags» nicht beim Namen genannt, ehe das Selbstgespräch die schiere Gegenwart des Mittags erreicht, den Augenblick oder die «halbe Ewigkeit», da der «Schlaf» Zarathustras mit dem «Schlaf» des Mittags zusammenstimmt und seine Seele nichts als wach ist: «Oh Glück! Oh Glück! Willst du wohl singen, oh meine Seele? Du liegst im Grase. Aber das ist die heimliche feierliche Stunde, wo kein Hirt seine Flöte bläst. / Scheue dich! Heisser Mittag schläft auf den Fluren. Singe nicht! Still! Die Welt ist vollkommen.»[189] Das Stillsein

189 Zarathustra fährt fort: «Singe nicht, du Gras-Geflügel, oh meine Seele! Flüstere nicht einmal! Sieh doch – still! der alte Mittag schläft, er bewegt den Mund: trinkt er nicht eben einen Tropfen Glücks – / – einen alten braunen Tropfen goldenen Glücks, goldenen Weins? Es huscht über ihn hin, sein Glück lacht. So – lacht

geht über das Sprechen und über das Singen hinaus, insofern es die Welt und das Selbst in sich aufnimmt und ihnen die Aufmerksamkeit zuteil werden läßt, deren es bedarf, um zu denken und zu fühlen, daß die Welt vollkommen *ist*. Das Urteil findet sich an keiner anderen Stelle von *Also sprach Zarathustra* ausgesprochen. Es bleibt dem Glück vorbehalten, das Zarathustra am vollkommenen Mittag erfährt. Im unmittelbaren Anschluß schreibt Zarathustra das Glück dem «alten Mittag» zu, und im Zentrum des Kapitels evoziert er zur Bekräftigung des Glücks, das über ihm und dem Mittag liegt, das Lachen eines Gottes. — Der Höhepunkt der Betrachtung wird gefolgt von der Besinnung auf das Wenige, das genügt, um im Zustand der wachen Stille des tiefsten und weitesten Einklangs gewahr zu werden – die kleinste Bewegung, die geringste Belebung, die mindeste Abweichung von der gleichförmigen Grundlinie: «Das Wenigste gerade, das Leiseste, Leichteste, einer Eidechse Rascheln, ein Hauch, ein Husch, ein Augen-Blick – *Wenig* macht die Art des *besten* Glücks. Still!» Die Präsenz des Glücks des vollkommenen Mittags läßt die Zeit in einem Nu zergehen: «Was geschah mir: Horch! Flog die Zeit wohl davon? Falle ich nicht? Fiel ich nicht – horch! in den Brunnen der Ewigkeit?» Der Wechsel vom Präsens zum Imperfekt zeigt den Übergang zum Glück der Vollendung und der Rückschau an, wenn auch einer besonderen Art. Mit dem Glück der Reife oder der Vollendung des Werks stimmt es darin überein, daß es sich in die Worte fassen läßt: Jetzt könnte ich sterben. Die Erinnerung übernimmt die Führung. «Wie? Ward die Welt nicht eben vollkommen? Rund und reif? Oh des goldenen runden Reifs – wohin fliegt er wohl? Laufe ich ihm nach! Husch!» Zarathustra mahnt sich noch einmal zum Stillsein, dann fühlt er, wie der Erzähler berichtet, «dass er schlafe». Wieder aufrecht – die Sonne steht noch immer gerade über ihm –, richtet er an den Himmel, in dem er, durch den hindurch er den Licht-Abgrund zu erkennen weiß, die Frage: «wann, Brunnen der Ewigkeit! du heiterer schauerlicher Mittags-Abgrund! wann trinkst du meine Seele in dich zurück?» Die

ein Gott. Still! –» IV, 10, 14–15 (343). – *Glück* wird in «Mittags» neunmal erwähnt. Die fünfte Erwähnung stellt den Vergleich mit einem Gott im zentralen Vers des Kapitels her. *Gott* kommt in IV, 10 nur dieses eine Mal vor. Die Aufforderung *still!* wird ebenfalls neunmal ausgesprochen. Die fünfte Erwähnung folgt, im zentralen Vers, *Gott*.

Ewigkeit bricht am vollkommenen Mittag auf, wie die Welt des Menschen, die in Himmel und Erde geschieden ist, vor Sonnenaufgang den Blick freigibt auf das Ungeschiedene, aus dem sie hervorgeht und in das sie zurückkehrt.[190]

Umkreist «Mittags» (IV, 10) das Glück des Philosophen, so scheint in «Die Begrüssung» (IV, 11) das Glück des Propheten auf, das wesentlich Erwartung, Hoffnung, Sehnsucht ist. Auf das solitärste Kapitel des Vierten Teils, das einzige, in dem Zarathustra weder Mensch noch Tier um sich hat, folgt der Auftakt zu den soziabelsten Kapiteln des Werks. Das Glück des vollkommenen Mittags erfährt Zarathustra *auf* seinem Weg, nicht an dessen Ende oder nach Erreichen des anfänglichen Ziels. Tatsächlich scheinen seine Bemühungen, den «höheren Menschen» aufzuspüren, ergebnislos zu verlaufen. Als er «nach langem umsonstigen Suchen und Umherstreifen» – bei dem er, in Gedanken versunken, seine Einsamkeit genossen hat – am späten Nachmittag zu seiner Höhle zurückkehrt, hört er den «grossen Nothschrei» aufs neue. Anders als am Morgen, da er ihn in der Ferne vernahm, erkennt er jetzt, daß der Schrei sich «aus vielen Stimmen» zusammensetzt. In der Höhle, von wo der Notschrei zu ihm dringt, findet er alle versammelt, denen er am Vormittag begegnete und die er zu sich einlud, samt dem Esel. Inmitten der

190 IV, 10, 1–2; 3–15; 16–24; 25–29 (342–345). III, 4, 1; 19; 22; 37 (207–210). Siehe S. 120–123. – Die Gemeinsamkeiten der Beschreibung des Glücks in «Mittags» und in der Cinquième promenade von Rousseaus *Rêveries* sind augenfällig. Nicht weniger bemerkenswert sind die Unterschiede im einzelnen. Siehe dazu die in Anm. 154 angeführte eingehende Auseinandersetzung. Ich beschränke mich auf drei Hinweise: Während das Glück Zarathustras in IV, 10 dem vollkommenen Mittag zugeordnet wird, erfährt der Promeneur Solitaire sein vollkommenes Glück in der Cinquième bei schlechtem Wetter am Nachmittag. Vermag Zarathustra seinen Willen durch den «Schlaf», das Spiel von Sammlung und Gelassenheit, so abzuschirren, daß er sich in der wachen Stille ganz der Welt und sich selbst zuwendet, weiß der Promeneur Solitaire seine soziablen Affekte durch die ungeteilte Aufmerksamkeit für die Bewegung des Wassers zum Schweigen zu bringen, die er betrachtet und vermittels seiner Sinne aufnimmt. Wird das Glück des vollkommenen Mittags durch das Lachen eines Gottes bekräftigt, der in der Szene hinzutritt, so besiegelt Rousseau das Glück der Betrachtung des *flux et reflux* mit der Aussage, der Promeneur Solitaire genüge sich, solange der Zustand dauert, selbst *comme Dieu*. Die Beschreibung der höchsten Glückseligkeit ist nicht die einzige Rücksicht, in der sich Rousseau, gegen Nietzsche gehalten, als schärfer erweist. Auch als härter.

«betrübten Gesellschaft» sieht Zarathustra seinen Adler stehen, «gesträubt und unruhig, denn er sollte auf zu Vieles antworten, wofür sein Stolz keine Antwort hatte». Um den Hals des Adlers hängt die «kluge Schlange», geradeso wie sie sich mit dem Adler verbunden hatte, als beide am Ende der Vorrede «in weiten Kreisen» durch die Luft zogen und Zarathustra sich von ihnen führen lassen wollte.[191] Inzwischen (spätestens seit III, 13) liegt die Führung bei Zarathustra. Er sieht das Schauspiel mit «grosser Verwunderung», prüft jeden der zehn Gäste «mit leutseliger Neugierde», «liest» ihre Seelen «ab» und begrüßt die Versammelten, die sich erhoben haben und ehrfürchtig auf seine Ansprache warten: «Ihr Verzweifelnden! Ihr Wunderlichen! Ich hörte also *euren* Nothschrei?» Der *höhere Mensch*, den der Wahrsager angekündigt hatte, ist nicht Einer. Er sitzt in ganz unterschiedlichen Ausprägungen und Vertretern in Zarathustras Höhle. «Aber was wundere ich mich! Habe ich ihn nicht selber zu mir gelockt durch Honig-Opfer und listige Lockrufe meines Glücks?» Daß Zarathustra die «höheren Menschen» anlockte, heißt nicht, daß er *sie* anlocken wollte. Zwar hält er die Pia fraus vom Honig-Opfer aufrecht. Gleichwohl sagt er den «Nothschreienden» – zu denen auch der alte Wahrsager zählt, der den anderen nur, wie es sich für einen Wahrsager gebührt, voraus war – auf den Kopf zu, daß sie jemandes bedürfen, der sie «wieder lachen macht». Was ihnen not tut und entspricht, ist nicht einer, der sie zur Selbstüberwindung aufruft, ihnen eine Aufgabe gibt, ein Ziel zeigt, vielmehr «ein guter fröhlicher Hanswurst, ein Tänzer und Wind und Wildfang, irgend ein alter Narr». Wenn Zarathustra die «Verzweifelnden» sogleich auf-

191 Vorrede, 10, 1 (27) und IV, 11, 2 (347) sind die einzigen Stellen, an denen die beiden Tiere Zarathustras zu einer Einheit verbunden auftreten, zunächst am Himmel, dann auf Erden. Cf. S. 45 mit Anm. 55. – Die Aufzählung der zehn Gäste beginnt mit dem König zur Rechten und endet, nach Erwähnung des Wahrsagers und des Esels, mit dem häßlichsten Menschen, der allein näher beschrieben wird: «der hässlichste Mensch aber hatte sich eine Krone aufgesetzt und zwei Purpurgürtel umgeschlungen, – denn er liebte es, gleich allen Hässlichen, sich zu verkleiden und schön zu thun». In der Aufzählung der Gäste haben der freiwillige Bettler und der Schatten, die beiden Glückssucher, denen Zarathustra zuletzt begegnete, die zentralen Positionen inne. Wenn wir Zarathustras Tiere hinzunehmen, die an elfter und zwölfter Stelle genannt werden, stehen der Schatten und der Gewissenhafte des Geistes in der Mitte der Zwölf. Sie sind Zarathustra, wie wir gesehen haben, in je eigener Weise besonders nah.

fordert, ihm die frivole Rede zu vergeben, «unwürdig, wahrlich!, solcher Gäste!», wird sie bloß frivoler: «Aber ihr errathet nicht, *was* mein Herz muthwillig macht: – / – ihr selber thut es und euer Anblick, vergebt es mir! Jeder nämlich wird muthig, der einem Verzweifelnden zuschaut.» Die Kraft, die ihr Anblick Zarathustra gebe, sei ein «rechtschaffenes Gastgeschenk». Die höheren Menschen wieder *lachen* zu machen bleibt Zarathustras Ernst. Erst einmal jedoch stellt er ihnen Sicherheit in Aussicht. «Bei mir zu Heim-und-Hause soll Keiner verzweifeln, in meinem Reviere schütze ich Jeden vor seinen wilden Thieren.» Wer zu Zarathustras Herrschaft Zuflucht nimmt, erhält Schutz vor sich selbst und Zugang zu dem, was Zarathustra zu eigen ist. «Diess hier ist mein Reich und meine Herrschaft: was aber mein ist, für diesen Abend und diese Nacht soll es euer sein. Meine Thiere sollen euch dienen: meine Höhle sei eure Ruhestatt!» Kein Herrschen ohne Dienen, und sei es nur ein Teil des Herrschenden, der sich dienstbar macht. Nach der Rede des Herrschers der Höhle, der «vor Liebe und Bosheit» lacht, schweigen die Gäste mit der gleichen Ehrfurcht, mit der sie seine Rede erwarteten, bis der König zur Rechten in aller Namen antwortet. Er stellt heraus, daß Zarathustra, ein anderer Herr in Knechtsgestalt, sich vor ihnen erniedrigt habe – «wer aber vermöchte gleich dir sich mit solchem Stolze zu erniedrigen? *Das* richtet uns selber auf». Allein für dieses Schauspiel wären die Versammelten, mit deren «Nothschrein» es schon vorbei ist, auf noch höhere Berge gestiegen. «Als Schaulustige nämlich kamen wir, wir wollten sehn, was trübe Augen hell macht.» Sie suchten nach einem Spender von Trost, Labsal und Erbauung, den ihr Wortführer im bloßen «Anblick» Zarathustras gefunden zu haben meint. Er preist in Zarathustras hohem und starkem Willen der Erde «schönstes Gewächs», das zu *schauen*, er gekommen ist. Er verspricht sich von Zarathustras Herrschaft den gebieterischen Auftritt des Befehlenden und Siegreichen, der sein Herz zu heilen vermag, indem er ihm den Glauben an eine Ordnung zurückgibt. Zugleich versichert er Zarathustra, daß ein großer Aufbruch im Gange sei. «Manche lernten fragen: wer ist Zarathustra?» Und die Antwort, die sie sich gaben, lautet offenbar: Er ist der Retter, der die Not wenden muß. Der König mahnt den Propheten, der «grossen Sehnsucht» zu genügen, die auf ihn gerichtet ist. Er bringt ihm zu Gehör, was die «mit Einem Male zu ihrem Herzen sprachen», denen Zarathustra seinen «Honig in's Ohr» träufelte: «‹Lebt Zarathustra noch? Es lohnt sich nicht mehr zu leben, Alles ist gleich, Alles ist umsonst: oder – wir müssen mit Zarathustra leben!› / ‹Warum kommt er nicht, der sich so lange ankündigte? also fragen Viele; verschlang ihn die Einsamkeit? Oder sollen wir wohl zu ihm kommen?›» Wie der Wahrsager am Morgen und mit beinahe denselben Worten sagt der König Zarathustra vorher: «dein Nachen soll nicht lange mehr im Trocknen sitzen». Aber anders als der Wahrsager spricht er nicht von den «Wellen großer Noth und Trübsal», die Zarathustra erreichen werden. Die Verzweifelnden, die Zarathustra vor sich sieht und die «schon nicht mehr verzweifeln», da er unter ihnen ist, seien ein «Wahr- und Vorzeichen», daß «Bessere» zu ihm unterwegs sind. Wenn der Prophet nicht von seinem Berg herabsteigt, werde sich «der letzte Rest Gottes unter Menschen» zu ihm aufmachen. Die «Wellen», die der König zur Rechten Zarathustra verheißt, sind «die Menschen der grossen Sehnsucht, des grossen Ekels, des grossen Überdrusses», die von Zarathustra alle Eines lernen wollen: «die *grosse* Hoffnung». — Die Begrüßung durch die «höheren Menschen» bewirkt eine dramatische Wendung. Zarathustra wehrt die devote Huldigung des Königs so erschreckt ab wie dessen Versuch, seine Hand zu küssen. Er quittiert seine Verklärung und die Rede vom «Rest Gottes unter Menschen» nicht mit dem Lachen eines Hanswursts, sondern mit dem Zorn des Propheten. Die Berufung auf die große Sehnsucht und die Beanspruchung der großen Hoffnung für die Menschen des großen Ekels und des großen Überdrusses provozieren einen Ausbruch Zarathustras, der ihn in bewegten Worten von *seiner* Sehnsucht und *seiner* Hoffnung sprechen läßt, eindringlicher und erhellender als jemals davor oder danach. Was Zarathustra in seiner Begrüßung «muthwillig» zum Ausdruck brachte, ohne daß es der Ehrfurcht seiner Gäste Abbruch getan hätte, erklärt er jetzt brüsk, ohne alle Umschweife: Er hat nicht auf die höheren Menschen gewartet. Sie sind ihm weder hoch noch stark genug. Sie wollen geschont werden, doch er schont die *Krieger* nicht, mit denen er seinen *Sieg* erringen will. Offenbar trachtet er noch immer nach der großen Umwälzung, nach der Veränderung der Welt und der Umgestaltung der menschlichen Dinge. Auch sind ihm die Gäste «nicht schön genug und wohlgeboren», um seiner Sache zu dienen. «Ich brauche reine glatte Spiegel für meine Lehren; auf eurer Oberfläche verzerrt sich noch mein eignes Bildniss.» Dieser späten Korrektur zufolge war das Zerrbild der Lehre, das Zarathustra zu Beginn des Zweiten Teils im Spiegel sah, nicht so sehr das Werk seiner

Feinde, als vielmehr dem Ungenügen seiner Freunde geschuldet. Auf den höheren Menschen lastet die Erinnerung an den toten Gott. Der Geist der Schwere drückt sie. Sie bergen «Pöbel» in sich. Aus all diesen Gründen hatte er ihnen einen Satyr anempfohlen, der sie lachen macht. Sie haben keinen Teil an Zarathustras Hoffnung und sind nicht Teil seiner Zukunft: «nicht mit euch darf ich zum letzten Male niedersteigen. Als Vorzeichen kamt ihr mir nur, dass schon Höhere zu mir unterwegs sind», indes nicht, wie er mit Nachdruck klarstellt, als Vorzeichen dessen, was sie den «Rest Gottes unter Menschen» nannten und was er den «Überrest Gottes» nennt: «Nein! Nein! Drei Mal Nein! Auf *Andere* warte ich hier in diesen Bergen und will meinen Fuss nicht ohne sie von dannen heben». Er wartet auf solche, die – in Anlehnung an ein Wort des Dichters Simonides – «rechtwinklig gebaut sind an Leib und Seele» und für die er einen neuen Namen weiß: «*lachende Löwen* müssen kommen!» Die lachenden Löwen *müssen* kommen, wie das Zarathustra-Reich von tausend Jahren kommen *muß*. Ihr Müssen ist ein Sollen, eine Forderung, ein Herbeiwünschen. Zarathustra hat für ihre Ankunft zu seinen Lebzeiten so wenig Anhalt wie für die Aufrichtung des großen Hazar. Die höheren Menschen werden zum Vorzeichen der lachenden Löwen einzig in der Einbildungskraft des Propheten. Sie sind aber gewiß ein Anzeichen seines Ungenügens am Menschen. Und das Bestehen darauf, daß die vollkommen gebauten Wesen seines Gesichts erscheinen *müssen*, benennt nicht zuletzt die Voraussetzung, von der er seinen schließlichen Untergang abhängig macht. Zarathustra verharrt im Zustand des welthistorischen Advents. Er fordert seine Gäste auf, ihm statt vom «Überrest Gottes» von seinen «Gärten», seinen «glückseligen Inseln», seiner «neuen schönen Art» zu sprechen. Er ist nicht länger mit ihrem «Gastgeschenk» zufrieden, daß sie seinen Mutwillen herausfordern. Er bittet sie jetzt, und überwältigt sich selbst damit, daß sie über seine *Kinder* reden, daß sie ihm berichten, was sie von ihnen hörten, daß sie bestätigen, die Geschöpfe seiner Imagination seien zu ihm unterwegs. Er verlangt etwas, wozu die Gäste nicht imstande sein können und was ihn notwendig außer sich sein läßt: «was gab ich nicht hin, / – was gäbe ich nicht hin, dass ich Eins hätte: *diese* Kinder, *diese* lebendige Pflanzung, *diese* Lebensbäume meines Willens und meiner höchsten Hoffnung!» Nachdem er seiner höchsten Hoffnung Ausdruck verliehen hat, hält Zarathustra inne, da ihn, wie der Erzähler weiß, seine

Sehnsucht überfällt. Er schließt «Augen und Mund vor der Bewegung seines Herzens». Zwei, nicht Eins.[192]

Aus dem Engpaß, in den die abendliche Gesellschaft der Dreizehn am Ende der Begrüßung, nach der Rede des Königs und der Erwiderung des Propheten, geraten ist, führt sie der alte Wahrsager heraus, der schon am Morgen den ersten Schritt tat. Er überspielt Zarathustras Bewegtheit und die Bestürzung der Gäste durch die Erinnerung an die Einladung zum Essen und Trinken, die ihm Zarathustra gab. «Du willst uns doch nicht mit Reden abspeisen?» Der Wahrsager des ewigen Umsonst sorgt dafür, daß es denen, die sich in Zarathustras Höhle eingefunden haben, nicht so ergeht, wie es Sokrates und seinen Freunden in Platons *Politeia* erging, denen bei der Gründung des besten Gemeinwesens in der Rede das Mahl vorenthalten wurde und die Stärkung ihrer Leiber versagt blieb. Der König zur Linken, «der Schweigsame», beeilt sich zu versichern, daß er und der König zur Rechten genug Wein mitbrachten, «einen ganzen Esel voll». Zarathustra, der von sich sagte, er habe eines Adlers Magen, heißt die Anwesenden zwei gute Lämmer zubereiten, mit der Beigabe von Wurzeln, Früchten, Nüssen «und andern Räthseln zum Knacken», ein weiteres Mal Jesus überbietend, der die Jünger für sein Abendmahl der Dreizehn ein Lamm bereiten ließ. Der freiwillige Bettler, der sich als einziger gegen «Fleisch und Wein und Würzen» ausspricht, gibt Zarathustra gleich zu Beginn «jener langen Mahlzeit, welche ‹das Abendmahl› in den Historien-Büchern genannt

192 IV, 11, 1–3; 4–13 (die Begrüßung Zarathustras); 14; 15–32 (die Begrüßung des Königs); 33; 34 und 36–54 (Zarathustras Erwiderung); 55 (346–352). Zu Vers 42 siehe II, 1, 4–9 (105–106); cf. S. 51–52. Zu Vers 50 cf. I, 3, 34 (38); I, 20, 6 (90); Platon: *Protagoras* 339b1–3. Zu den «Kindern» siehe III, 3, 6–21 (203–205) und beachte S. 117–120. – Kurz bevor Zarathustra auf seine *Kinder* zu sprechen kommt, sagt er zu den «höheren Menschen»: «Aus eurem Samen mag auch mir einst ein ächter Sohn und vollkommener Erbe wachsen: *aber das ist ferne*. Ihr selber seid Die nicht, welchen mein Erbgut und Name zugehört» (IV, 11, 46; meine Hervorhebung). Seinen Jüngern hatte Zarathustra, als er am Ende des Ersten Teils von ihnen Abschied nahm, in Aussicht gestellt, daß aus ihnen der Übermensch erwachse: «Ihr Einsamen von heute, ihr Ausscheidenden, ihr sollt einst ein Volk sein: aus euch, die ihr euch selber auswähltet, soll ein auserwähltes Volk erwachsen: – und aus ihm der Übermensch» (I, 22.2, 14). Der *Übermensch* ging nicht aus Zarathustras Jüngern hervor, und sein *Sohn* bleibt in eine gänzlich unbestimmte Zukunft entrückt. Zarathustra ist der Erfüllung der Sehnsucht nach den Kindern seiner Liebe nicht nähergekommen.

wird», Gelegenheit zu einem goldenen Wort für die Überlieferung: «Ich bin ein Gesetz nur für die Meinen, ich bin kein Gesetz für Alle.» Was die Nachgeborenen mit dem neuen Abendmahl verbinden sollen, bei dem «von nichts Anderem geredet wurde» als vom höheren Menschen, ist keine universelle Botschaft. Oder präziser gesprochen: die Botschaft, die von ihm ausgehen wird – die Überschrift nennt es wie die Geschichtsschreiber schlicht *das* Abendmahl –, betrifft zwar alle, aber sie richtet sich nicht an Alle.[193] — Die Reden, die Zarathustra bei dem Symposium hielt, stehend und dem Höhleneingang nahe, wie der Erzähler vermerkt, sind in «Vom höheren Menschen» (IV, 13) zusammengestellt. Daß sie den höheren Menschen zum Gegenstand haben, heißt nicht, daß sie auf die «höheren Menschen» beschränkt wären, die sie während des Abendmahls hörten, oder auch nur, daß sie in erster Linie von ihnen handelten. Das längste Kapitel des Vierten Teils beginnt wie das längste Kapitel des Dritten Teils, «Von alten und neuen Tafeln» (III, 12), mit einem autobiographischen Rückblick. «Als ich zum ersten Male zu den Menschen kam, da that ich die Einsiedler-Thorheit, die grosse Thorheit: ich stellte mich auf den Markt.» Der nächste Satz bestätigt gleichsam vom anderen Ende den Fingerzeig, den der häßlichste Mensch zum Untertitel von *Also sprach Zarathustra* gab: «Und als ich zu Allen redete, redete ich zu Keinem.» Zarathustras Selbstkritik mündet unmittelbar in die Aufforderung, dem Markt den Rücken zu kehren, die er einst an die Erkennenden richtete und die er jetzt ausdrücklich an die «höheren Menschen» adressiert. Das Volk auf dem Markt will weder von den Erkennenden etwas wissen noch glaubt es an höhere Menschen. Es glaubt an den Satz *Wir sind Alle gleich*, der zur verità effettuale des Satzes im Zentrum der apokalyptischen Verkündigung des Wahrsagers führt: *Alles ist gleich*.[194] Mit der Voraussetzung der futuristischen Lehre,

193 IV, 12, 1–4 und 6–7; 8; 9–11; 12–18; 21 (353–355). III, 11.1, 4 (241). *Matthäus* XXVI, 19; *Lukas* XXII, 13–18. Cf. Vorrede, 5, 26 (20) und Anm. 9.

194 «Ihr höheren Menschen, Diess lernt von mir: auf dem Markt glaubt Niemand an höhere Menschen. Und wollt ihr dort reden, wohlan! Der Pöbel aber blinzelt, ‹wir sind Alle gleich.› / ‹Ihr höheren Menschen, – so blinzelt der Pöbel – es giebt keine höheren Menschen, wir sind Alle gleich, Mensch ist Mensch, vor Gott – sind wir Alle gleich!› / Vor Gott! – Nun aber starb dieser Gott. Vor dem Pöbel aber wollen wir nicht gleich sein. Ihr höheren Menschen, geht weg vom Markt!» IV, 13.1, 4–6 (356). Cf. I, 12, 1–18 und 39 (65–66, 68). – Der «Pöbel» *blinzelt* zweimal bei seinem Glauben *Wir sind Alle gleich*, wie der «letzte Mensch» in der Vorrede

dem Tod des alten Gottes, erreicht Zarathustra im zweiten Zug die Hoffnung auf eine neue Herrschaft, die die Lehre inspiriert und von der sie inspiriert wird. Er parodiert und invertiert die christliche Eschatologie: «Ihr höheren Menschen, dieser Gott war eure grösste Gefahr. / Seit er im Grabe liegt, seid ihr erst wieder auferstanden. Nun erst kommt der grosse Mittag, nun erst wird der höhere Mensch – Herr!» Zarathustra benötigt für die Rekapitulation der futuristischen Lehre kaum eine Handvoll Verse, bis er die Vision neu aufleben läßt, mit der der Erste Teil – das ursprüngliche Buch *Also sprach Zarathustra* – schloß: «Nun erst kreisst der Berg der Menschen-Zukunft. Gott starb: nun wollen *wir*, – dass der Übermensch lebe.» Mit der alten Lehre kehrt der Übermensch wieder, der an ihrer Spitze stand. Er wird im Vierten Teil nur in den Reden «Vom höheren Menschen» genannt. Dafür tritt er hier in rascher Folge viermal auf. Zarathustra nimmt für sich in Anspruch, «als der Einzige und Erste» die Frage zu stellen, wie der Mensch zu überwinden sei. Er bekennt vor den «höheren Menschen»: «Der Übermensch liegt mir am Herzen, *der* ist mein Erstes und Einziges, – und *nicht* der Mensch: nicht der Nächste, nicht der Ärmste, nicht der Leidendste, nicht der Beste». Der Glaubenslehre vom Übergang und Untergang, die er ihnen vorträgt, setzt er die abgründige Lobeserhebung hinzu: «Und auch an euch ist Vieles, das mich lieben und hoffen macht.» Seine Liebe und Hoffnung gilt ihrer Verachtung und Verzweiflung. Sie unterscheidet den höheren vom letzten Menschen, der sich selbst nicht zu verachten weiß und an seiner Gegenwart nicht verzweifelt. Mit dem Aufruf, dem Übermenschen den Weg zu ebnen, kommt das «erbärmliche Behagen» zurück, das Zarathustra in der Rede auf dem Markt viermal als Punkt der Abstoßung ins Visier nahm. Desgleichen kehrt der Ekel wieder. Zarathustra stimmt den Ruf des dreifachen Ekels an, den er früher selbst ausstieß und den er zuletzt vom König zur Rechten vernahm: «Ekel! Ekel! Ekel!» angesichts der «Herrn von Heute». Zur Erreichung des verheißenen Ziels setzt die Lehre vom Übermenschen gegen die «Weisesten» auf «das Böse» und gegen «jenen Prediger der kleinen Leute» auf die «grosse Sünde». Sie bietet zur Umwälzung der

zweimal *blinzelte* bei seinem Glauben: *Wir haben das Glück erfunden* (Vorrede, 5, 15 und 25). Der letzte Mensch blinzelte in der Vorrede insgesamt viermal. Die zwei Verwendungen von *blinzeln* in IV, 13.1, 4 und 5 sind die einzigen nach dem vierfachen Gebrauch in der Vorrede. Siehe S. 22.

bestehenden Verhältnisse auf, was die Tradition abgewertet und die Religion geächtet hat. Auch wenn solches «nicht für lange Ohren gesagt» sein soll. Zarathustra liebt die «höheren Menschen» dafür, daß sie heute *nicht* zu leben verstehen. Er liebt sie gerade für ihr Ungenügen, ihr Widerstreben, ihre mutmaßliche Auflehnung. Keiner von ihnen erscheint seiner Liebe mithin würdiger als der häßlichste Mensch, der sich am meisten verachtet, am wenigsten unter den Menschen zu leben versteht und von seiner Not am schlimmsten heimgesucht wird. Doch wie tief geht die Not der «Verzweifelnden», wenn die bloße Gegenwart Zarathustras genügt, daß sie ihre Verzweiflung – vergessen?[195] — Zarathustras Liebe zu den «höheren Menschen» ist wesentlich Forderung. Darin stimmen die ersten Reden, die er in seiner Höhle hält, mit der Rede überein, die er zu Beginn seiner Lehrtätigkeit auf dem Marktplatz hielt. Sie geben nicht zu erkennen, daß er der Versuchung des Mitleidens erlegen wäre. Zarathustra stellt weder Schonung noch Linderung des Leidens in Aussicht. Der Prophet sagt zum dritten Mal «Nein! Nein! Drei Mal Nein!» Er demonstriert Härte: «Immer Mehr, immer Bessere eurer Art sollen zu Grunde gehn, – denn ihr sollt es immer schlimmer und härter haben. So allein – / – so allein wächst der Mensch in *die* Höhe, wo der Blitz ihn trifft und zerbricht: hoch genug für den Blitz!» Er wehrt sich vehement gegen das, was er seine «letzte Sünde» nannte: «Auf Weniges, auf Langes, auf Fernes geht mein Sinn und meine Sehnsucht: was gienge mich euer kleines, vieles, kurzes Elend an!» Er geht so weit, daß er sich sein Unerträglichstes vor Augen rückt, das ihn mit vierzig Jahren zum Niedergang bewegte, und sein Leiden an der Bruchstückhaftigkeit des Menschen, am Ohne-Sinn im Werk des Riesen Zufall, gegen ihr Leiden an sich selbst ausspielt: «Ihr leidet Alle nicht, woran *ich* litt.» Die Erinnerung an sein früheres Leiden hält ihn im aktivistischen Modus fest. Noch seiner Weisheit werden Taten abverlangt. Sie soll «Blitze gebären» und den «Menschen von Heute» die Augen ausstechen. Alles scheint wieder auf die Veränderung der Welt ausgerichtet. Zarathustra mahnt die höheren Menschen, wie er einst die Jünger mahnte, zur Redlichkeit, zum Geheimhalten ihrer Gründe vor dem «Pöbel», zur Selbsttätigkeit und einigem mehr. Im Zentrum des

195 IV, 13.1, 1–6 (356); 13.2, 1–2; 4 (357); 13.3, 1–11 (357–358); 13.5, 1–4 (359). Zum Untertitel: IV, 7, 33 (330); cf. IV, 12, 16 (354). Zur Vision: I, 22.3, 14 (102). Zum Ekel: III, 13.1, 9 (271); 13.2, 38–39 (274–275); IV, 3.1, 14 (305).

Kapitels spricht er sie schließlich als «Ihr Schaffenden» an. Seine Mahnrede hat sich augenscheinlich von den Anwesenden gelöst. Sie wendet sich längst an höhere Menschen, wie sie Zarathustra in der Stadt «die bunte Kuh», auf den glückseligen Inseln oder in der Einsamkeit des Gebirges vorschwebten, bevor die Notschreienden ihn aufsuchten.[196] Die Schaffenden spornt er zu ihrem Werk an, zur Liebe der Schwangeren, zur Tugend, die bei ihrem Kind sei. Das Schaffen rechtfertigt das Unreine und manches andere. Aber Zarathustra verhehlt nicht, daß erst die Einsamkeit zur wahren Probe der höheren und höchsten Menschen wird: «In der Einsamkeit wächst, was Einer in sie bringt, auch das innere Vieh. Solchergestalt widerräth sich Vielen die Einsamkeit.»[197] — Nach dem Ausblick auf die Einsamkeit ändert sich die Perspektive, aus der Zarathustra spricht, und mit ihr der Ton seines Vortrags. Die gelassene Betrachtung der Welt gewinnt Raum. Statt von Verachtung und Verzweiflung ist von Vollkommenem die Rede. Zornige Dringlichkeit weicht befreitem Lachen. Aus der Höhe desjenigen, der über alle Trauer-Spiele und Trauer-Ernste hinaus ist, nimmt sich das Scheitern der Schaffenden anders aus als aus der Sicht des futuristischen Aktivismus, auf dem das Schwergewicht der Sinnstiftung lastet. Es wird zu einem Teil des Weltenspiels von Zufall und Notwendigkeit, und Zarathustra vermag die höheren Menschen zu ermutigen und zu ermuntern: «Ein *Wurf* missrieth euch. / Aber, ihr Würfelspieler, was liegt daran!» Es gibt keinen Grund zu verzagen oder zu verzweifeln: «wenn euch Grosses missrieth, seid ihr selber darum – missrathen? Und missriethet ihr selber, missrieth darum – der Mensch? Missrieth aber der Mensch: wohlan! wohlauf!» Mißriet darum – so ist der Gedanke, der aufs Ganze geht, zu Ende zu führen – die Welt? Mit dem Futurismus sieht Zarathu-

196 IV, 13.11 und IV, 13.12 beginnen gleichlautend: «Ihr Schaffenden, ihr höheren Menschen!» Die beiden darauffolgenden Anreden haben offenkundig unterschiedliche *höhere Menschen* zum Gegenstand und machen so auf die erforderliche Unterscheidung aufmerksam: «Scheu, beschämt, ungeschickt, einem Tiger gleich, dem der Sprung missrieth: also, ihr höheren Menschen, *sah ich oft euch bei Seite schleichen»* IV, 13.14, 1 (363), meine Hervorhebung. «Je höher von Art, je seltener geräth ein Ding. Ihr höheren Menschen *hier*, seid ihr nicht alle – missgerathen?» IV, 13.15, 1 (364), meine Hervorhebung.

197 IV, 13.6, 1–6 (359); 13.7, 1–3 (360); 13.8, 1–2 und 4 (360); 13.9, 1–3 und 6–7 (361); 13.10, 1 (361); 13.11, 1 und 5–6 (362); 13.12, 1 und 3 (362); 13.13, 1 und 8 (363). Cf. I, 8, 12–14 und 23–24 (52–53).

stra auch den Anthropozentrismus unter sich. In der Großgesinntheit, die ihm aus der höchsten Perspektive zuwächst, weiß er jetzt selbst die «höheren Menschen» in seiner Höhle aufzurichten, die, «mißgerathen» allesamt, ihre Hoffnung auf ihn setzen. Er heißt sie «guten Muths» sein: «Wie Vieles ist noch möglich! Lernt über euch selber lachen, wie man lachen muss!» Er rät ihnen, wie ihm seine Tiere, seine Klugheit und sein Stolz, vor Jahren rieten, auf Vollkommenes zu schauen, um daran zu genesen. «Wie reich ist diese Erde an kleinen guten vollkommenen Dingen, an Wohlgerathenem!» Im heiter ausgelassenen Teil, den letzten sieben Reden des Kapitels, gehört Zarathustras Ernst dem Einspruch gegen Jesus, dem er nicht weniger als «die grösste Sünde» vorhält, die auf Erden bisher zu verzeichnen gewesen sei, das Wort: «Wehe Denen, die hier lachen!» Urteilte er in «Vom freien Tode» (I, 21), der einzigen Rede, in der er den Namen ausspricht, daß Jesus nicht zu leben und nicht zu lachen lernte, so tritt er ihm zweiundfünfzig Kapitel danach als dem Fleisch gewordenen Geist der Schwere entgegen. Jesus wußte nicht nur nicht zu leben und zu lachen, er «hasste und höhnte» die Lachenden, erfüllt von dem Verlangen, unbedingt geliebt zu werden. «Heulen und Zähneklappern verhiess er uns». «Muss man denn gleich fluchen», wendet Zarathustra ein, «wo man nicht liebt?» «Aber so that er, dieser Unbedingte.»[198] Gegen die Unbedingtheit, die Halt verspricht, plädiert Zarathustra für die Leichtigkeit, die Übersicht verschafft. Er inauguriert sich als wahres Gegenbild des Nazareners: ein «Tänzer», ein «Flugbereiter», ein «Selig-Leichtfertiger», «Wahrsager» und «Wahrlacher» in einem, «kein Ungeduldiger, kein Unbedingter, Einer, der Sprünge und Seitensprünge liebt». Er trägt nicht die Dornenkrone der Passion, sondern die Rosenkranzkrone der Serenität. Und diese «Krone des Lachenden», der zum Leben Ja sagt, setzte er sich allein auf: «ich selber sprach heilig mein Gelächter. Keinen Anderen fand ich heute stark genug

198 Zarathustra fährt fort: «Er kam vom Pöbel. / Und er selber liebte nur nicht genug: sonst hätte er weniger gezürnt, dass man ihn nicht liebe. Alle grosse Liebe *will* nicht Liebe: – die will mehr. / Geht aus dem Wege allen solchen Unbedingten! Das ist eine arme kranke Art, eine Pöbel-Art: sie sehn schlimm diesem Leben zu, sie haben den bösen Blick für diese Erde. / Geht aus dem Wege allen solchen Unbedingten! Sie haben schwere Füsse und schwüle Herzen: – sie wissen nicht zu tanzen. Wie möchte Solchen wohl die Erde leicht sein!» IV, 13.16, 4–7 (365). Zur Liebe, die *mehr* will, siehe Anm. 66. – IV, 13.16, 1–4 (365). I, 21, 25–28 (95). *Lukas* VI, 25.

dazu». Zarathustra ist der einzige lachende Löwe weit und breit. Am Ende wirft er den höheren Menschen die Krone des Lachenden zu, wie er den Jüngern den goldenen Ball zuwarf. Doch anders als damals sagt er nichts davon, daß er sehen will, was die höheren Menschen mit der Krone anfangen werden. Er richtet für sie auch nicht die Tafel auf, die er über die Schaffenden stellte: *werdet hart!*, sondern ruft ihnen zu: *lernt mir lachen!*[199]

In der Verhandlung des höheren Menschen, in der die Wendepunkte seines eigenen Wegs durchscheinen, macht Zarathustra aus der Distanz zu seinen Gästen sowenig einen Hehl wie bei deren Begrüßung. Nachdem er geendet hat, flieht er «für eine kurze Weile» ins Freie. Tatsächlich verläßt er die «höheren Menschen» in seiner Höhle an diesem Abend zweimal, wie er die Jünger vor Zeiten zweimal verließ, um sich in die Einsamkeit zurückzuziehen. Aber er muß sich dazu nicht überreden oder von ihnen losreißen. Dem Adler und der Schlange, mit denen er die «gute Luft» außerhalb der Höhle genießt, sagt er, er wisse und fühle erst jetzt, wie er sie liebe. Wenige Stunden in der Gesellschaft der «höheren Menschen» genügen, daß Zarathustra seine Tiere höher schätzen lernt, die Schweigen bewahren. Währenddessen nutzt der alte Zauberer die Abwesenheit Zarathustras, um im Innern der Höhle seine Kunst zu entfalten. Er glaubt, die anderen «höheren Menschen», die wie er *«am grossen Ekel»* leiden, für seinen «bösen Geist und Zauber-Teufel» gewinnen zu können, der, worüber er sie keinen Augenblick im unklaren läßt, Zarathustra ein «Widersacher aus dem Grunde» ist. Er setzt darauf, daß allen, «denen der alte Gott starb und noch kein neuer Gott in Wiegen und Windeln liegt», einzig der Zauber der Dichtung das Interregnum zwischen alter und neuer Glaubensgewißheit erträglich machen wird. Oder daß sie mit ihm übereinstimmen, das Dasein der Welt sei nur als ästhetisches Phänomen zu rechtfertigen. Über die «Krone des Lachenden» verliert er kein Wort. Er denkt nicht daran, seine Genossen vom «Trübsal-Blasen» oder von der «Pöbel-Traurigkeit» abzubringen, vor der Zarathustra sie warnte. Er ist entschlossen, die Schwermut seiner Zuhörer ganz im Gegenteil mit dem Schauspiel zu bedienen, das er vor ihnen aufführen will. Die Schwermut und die

199 IV, 13.14, 1–3 (363–364); 13.15, 1–7 (364); 13.17, 1 und 5 (365–366); 13.18, 1–3 (366); 13.19, 1 und 3 (366–367); 13.20, 5–7 (367–368). I, 21, 35–36 (95–96). III, 12.29, 6–8 (268). Cf. I, 7, 22–26 (49–50) und S. 33 sowie 58–59.

Sinne, die er die Teilnehmer des Abendmahls «aufmachen» heißt, sollen seiner Kunst zum Triumph verhelfen. In der Tat gelingt es ihm, sich mit einem Lied zur Musik seiner Harfe, in dem er sich als Dichter einer wilden Sehnsucht und Seligkeit vorstellt, der, von aller Wahrheit verbannt, heißen Herzens nach Wahrheit dürstet, nicht nur Beachtung zu verschaffen. «Alle, die beisammen waren», konstatiert der Erzähler, gingen ihm «unvermerkt in das Netz seiner listigen und schwermüthigen Wollust». Alle, mit Ausnahme des Gewissenhaften des Geistes, der dem Zauberer die Harfe wegnimmt, nach «guter Luft» verlangt und als Freund Zarathustras Widerspruch erhebt: «wehe, wenn Solche, wie du, von der *Wahrheit* Redens und Wesens machen! / Wehe allen freien Geistern, welche nicht vor *solchen* Zauberern auf der Hut sind! Dahin ist es mit ihrer Freiheit: du lehrst und lockst zurück in Gefängnisse». Der Gewissenhafte des Geistes ergreift indes nicht nur die Partei der freien Geister, in deren Namen Zarathustra am Ende seiner letzten Rede den unbändigen Geist pries, «der allem Heute und allem Pöbel wie ein Sturmwind kommt.» Er meint darüber hinaus, einer tiefergehenden Verschiedenheit auf der Spur zu sein, die ihn von den übrigen «höheren Menschen» trennt. Während er bekennt, bei Zarathustra mehr Sicherheit zu suchen, glaubt er, die anderen suchten bei Zarathustra ganz im Gegenteil mehr Unsicherheit. Für ihn ist «heute, wo Alles wackelt, wo alle Erde bebt», Zarathustra der feste Turm und der starke Wille, von dem er sich Halt erhofft. Sie hingegen, mutmaßt er, versprächen sich von Zarathustra «mehr Schauder, mehr Gefahr, mehr Erdbeben». Es gelüste sie «nach dem schlimmsten gefährlichsten Leben», nach ebendem, was ihm «am meisten Furcht macht, nach dem Leben wilder Thiere». Der Gewissenhafte des Geistes preist die Furcht als das Erbteil des Menschen, das ihn zivilisierte, das ihn «das innere Vieh», von dem Zarathustra sprach, in Zucht nehmen ließ und ihm, «endlich fein geworden, geistlich, geistig», die Wissenschaft bescherte. In dem Augenblick, in dem der Blutegel-Wissenschaftler bei der Herleitung seiner Tugend aus der Entwicklungsgeschichte der Menschheit und bei der Wissenschaft als ihrer jüngsten Errungenschaft angelangt ist, fährt ihm Zarathustra lachend in die Parade. Kurz zuvor in die Höhle zurückgekehrt, macht er sich anheischig, die «Wahrheit» seines Jüngers auf den Kopf zu stellen. Nicht Furcht, sondern Mut sei «des Menschen ganze Vorgeschichte». Er erklärt die Furcht zur Ausnahme und Mut, Abenteuer, Lust am Ungewissen, am Ungewagten zu den entscheidenden vorwärtstreibenden Kräften in der Genese des Menschen. «*Dieser* Muth, endlich fein geworden, geistlich, geistig,» will Zarathustra die Umkehrung der These zum Abschluß bringen, «dieser Menschen-Muth mit Adler-Flügeln und Schlangen-Klugheit: *der*, dünkt mich, heisst heute – ». Er kann den Satz nicht mehr vollenden und «Wissenschaft» oder «fröhliche Wissenschaft» sagen, da alle «Zarathustra» schreien und in ein «grosses Gelächter» ausbrechen. Zarathustra ist es zum erstenmal gelungen, die «höheren Menschen» lachen zu machen und sie im Lachen zu einen. Auch der Zauberer lacht: «Wohlan! Er ist davon, mein böser Geist!» Der Zauberer zeigt die artistische Wendigkeit und Wandlungsfähigkeit, die er schon in der ersten Begegnung mit Zarathustra zur Schau stellte. Er macht geltend, das Publikum selbst vor dem «Lug- und Truggeist» gewarnt zu haben, der ihn anfiel. Überhaupt weiß er sich zu exkulpieren: «Habe *ich* ihn und die Welt geschaffen?» Zuständigkeit und Haftung des Dichters sind bei aller Kunst und Schöpferkraft begrenzt. Allgemeinen Beifall erntet der Zauberer für das Lob, das er dem Gastgeber am Ende zollt: Zarathustra verstehe sich am besten von allen auf die Kunst, seine Feinde – wie der Zauberer in Anspielung auf sich sagt – zu lieben. Aber er nehme «Rache dafür» – wie er im Blick auf den Gewissenhaften des Geistes hinzusetzt – an seinen Freunden. Von Rache kann freilich nur aus der Sicht des Schauspielers die Rede sein, für den sich alles am Applaus bemißt, oder bei Menschen, die einzig auf Lob und Tadel, Rechtbekommen und Sichselbstbehaupten achten. Zarathustra führte dem Freund die Grenzen der Inanspruchnahme der Furcht für die Begründung der eigenen Tugend und des Fortschritts der Menschheit vor Augen, ohne darzutun, daß die geschichtliche Herleitung aus dem Mut hinreichte. Wenn er die Absicht hatte, den in der Enge seiner Furchtsamkeit gefangenen Blutegel-Wissenschaftler zurechtzubringen, so diente ihm die heroische Genealogie der Wissenschaft nicht weniger dazu, die «höheren Menschen» insgesamt zu ermutigen, zu ermuntern oder zumindest aus ihrer Schwermut fortzulocken. Denn die Mutmaßung, die der Gewissenhafte des Geistes über die anderen Gäste anstellte, war irregeleitet. Keiner von ihnen sucht mehr *Unsicherheit* bei Zarathustra. Der ästhetische Genuß von Wildheit und Gefahr, die als Schauspiel für Augen und Ohren zur Aufführung gebracht werden, besagt nichts über die Bereitschaft, sich in die Gefahr zu begeben oder der Wildheit auszusetzen. Der Gewissenhafte nahm ein Surrogat für die Realität. Mit Grund war «das Erste», was Zarathustra den «höheren

Menschen» in seiner Begrüßung anbot, *Sicherheit*. Nur in der Sicherheit, die der Hof seiner Autorität für sie absteckt, kann er sie mit Aussicht auf Erfolg anders, besser, heiter stimmen. Daß es allenfalls um den Umschwung ihrer *Stimmung* gehen kann, zeigte der Appell an, mit dem er die Rede «Vom höheren Menschen» schloß. Zarathustra hat in seiner Höhle weder philosophische Naturen vor sich noch redet er zu politischen Revolutionären. Entsprechend gilt sein Augenmerk der Diätetik. Zu ihr gehört die Stärkung des Gefühls der Sicherheit, das für die «höheren Menschen» an Zarathustras Gegenwart gebunden ist. Zarathustra schüttelt den Gästen «mit Bosheit und Liebe» reihum die Hände. Als er die Höhle wieder verlassen will, da es ihn, wie der Erzähler hervorhebt, abermals nach der guten Luft und nach seinen Tieren im Freien gelüstet, hält ihn der Wanderer zurück: «bleibe bei uns, es möchte uns sonst die alte dumpfe Trübsal wieder anfallen.» Der Schatten Zarathustras ist sich der Fragilität der Sicherheit bewußt. Er fürchtet, ohne Zarathustras Anwesenheit werde die Gesellschaft des Abendmahls das Heulen und Notschreien von neuem überkommen. Namentlich erwähnt er den Papst und die Könige. «Hier ist viel verborgenes Elend, das reden will, viel Abend, viel Wolke, viel dumpfe Luft!» Für die Dumpfheit von Religion und Politik hat der freie Geist eine besondere Witterung. Außer in Zarathustras Höhle, dessen Nähe vorausgesetzt, will er, der mancherlei Länder sah, nur einmal «gleich gute helle morgenländische Luft» geatmet haben, als er dem «schwermüthigen Alt-Europa» entkam und sich unter «Töchtern der Wüste» aufhielt. Damals dichtete er für «Morgenland-Mädchen», die er liebte, ein Lied, das er jetzt als «Nachtisch-Psalm» vor älteren Herrschaften und einem Esel zum besten gibt, um die Schwermut zu bannen. Mit «einer Art Gebrüll» stimmt er einen Gesang des europäischen Eskapismus auf einen Himmelsstrich an, «über dem keine Wolken und keine Gedanken hängen». Von den beiden sinnlichen Liedern, die an diesem Abend in seiner Höhle gesungen werden, hört Zarathustra nur das frivole Spottlied des Wanderers. Die Vorliebe für die Luft der Einsamkeit und der Lobpreis für die Luft in Zarathustras Höhle zeigen den Abstand an, der Zarathustra von seinem Schatten trennt.[200]

200 IV, 14.1, 1–4; 14.2, 2–5 und 8–10 (369–371). IV, 15, 1–4; 7–18; 19–22; 23–28; 29 (375–378); cf. IV, 11, 12 (348); IV, 13.13, 8 (363). IV, 16.1, 1–5; 6–8; 9–14 (379–380); zum Eröffnungsvers von IV, 16 siehe *Lukas* XXIV, 29. Die Lieder des Zauberers

Die Haltung, die Zarathustra zu den höheren Menschen einnimmt, ist zwiespältig. Er läßt sich zuerst (IV, 11) in «Liebe und Bosheit» auf sie ein und wendet sich ihnen später (IV, 15) in «Bosheit und Liebe» zu. Dazwischen und danach aber flieht er ihre Gesellschaft, sobald er kann. Weshalb kehrt er, wenn es ihn ins Freie zieht, in die Höhle zurück? Sein Stolz heißt ihn denen Sicherheit gewähren, die sich in sein Reich aufmachen. Die sieben Begegnungen in seinen Bergen und Wäldern zeigten, daß die Gespräche mit den «Wunderlichen» seinen Wunderfitz reizten und ihm Stoff zum Nachdenken gaben. Seine Sehnsucht wertet die «Verzweifelnden» zu Vorboten derer auf, die einst zu ihm kommen sollen. Und seine Klugheit sagt ihm, daß er in corpore vili die Kraft seines Einflusses und seiner Ausstrahlung erproben kann. Nach dem Lied des Wanderers und Schattens verläßt Zarathustra die Höhle zum zweitenmal, die jetzt vom Lärmen und Lachen der Gäste erfüllt wird. In einer Mischung aus Zufriedenheit und Widerwillen vernimmt er den Jubel der «höheren Menschen», in den der Esel mit seinem I-A einstimmt: «bei mir verlernten sie, wie mich dünkt, das Nothschrein! / – wenn auch, leider, noch nicht das Schrein». Der Stimmungsumschwung ist gelungen, ohne daß Zarathustra sich der Illusion hingibt, die höheren Menschen hätten deshalb Zugang zu seiner Heiterkeit. «Sie sind lustig», hält er für sich fest, «und wer weiss? vielleicht auf ihres Wirthes Unkosten; und lernten sie von mir lachen, so ist es doch nicht *mein* Lachen, das sie lernten!» An seinem Ort außerhalb der Höhle nimmt er den Unterschied, der nicht aufzuheben sein wird, mit Gelassenheit: «Aber was liegt daran! Es sind alte Leute: sie genesen auf ihre Art, sie lachen auf ihre Art». Er erinnert sich, wie Odysseus sich daran erinnerte, Hundemäßigeres ertragen zu haben: «meine Ohren haben schon Schlimmeres erduldet und wurden nicht unwirsch». Zarathustra zeigt Milde für die Gastfreunde und übt Nachsicht gegen sich. «Dieser Tag ist ein Sieg: er weicht schon, er flieht, *der Geist der Schwere*, mein alter Erzfeind!» In staunenerregender Weise scheint Zarathustra seinen Maßstab vermindert und seinen Horizont verengt zu haben. Der Erfolg seiner Diätetik bei ein paar alten Leuten, für einen Abend, wird zum Sieg

und des Wanderers entstanden im Herbst 1884 als Gedichte und wurden von Nietzsche später mit Änderungen in die *Dionysos-Dithyramben* aufgenommen: «Nur Narr! Nur Dichter!» und «Unter Töchtern der Wüste» (*KSA* 6, p. 377–380 und 381–387). Cf. Anm. 179.

über den Erzfeind. Keine grundstürzende Veränderung, keine Einsicht weit und breit. Oder hat Zarathustra, wenn er vom Sieg über den Geist der Schwere spricht, sein Abrücken vom Anspruch des Propheten im Auge? Sein Lachen über die Notschreienden und über sich selbst? Die Veränderung in seiner Rede vom Aufruf, den Übermenschen hervorzubringen, zur Aufforderung, das Lachen zu lernen? Seine Einsicht, oberhalb aller Trauer-Spiele und Trauer-Ernste auch den höchsten Einsatz und die größte Aufgabe unter sich zu haben? Dafür spricht, daß er kurz darauf, als aus der Höhle erneut das Geschrei und Gelächter der «höheren Menschen» zu ihm dringt, bemerkt: «es weicht *auch ihnen ihr Feind*, der Geist der Schwere. Schon lernen sie über sich selber lachen: höre ich recht?» Doch zu was er sich dann beredet, ist mit Fug unter Verminderung und Verengung zu fassen: Mit «Krieger-Kost, mit Eroberer-Kost» meint er bei den Teilnehmern des Abendmahls «neue Begierden» geweckt zu haben. «Neue Hoffnungen sind in ihren Armen und Beinen, ihr Herz streckt sich aus. Sie finden neue Worte, bald wird ihr Geist Muthwillen athmen.» *Neue* Begierden, doch welcher Art? Und Mutwille *wozu*? Zarathustra schreibt sich noch mehr gut: «Der *Ekel* weicht diesen höheren Menschen: wohlan! das ist mein Sieg. In meinem Reiche werden sie sicher, alle dumme Scham läuft davon, sie schütten sich aus.» Er setzt darauf, daß sie sich des Guten im Leben erinnern werden, das hinter ihnen liegt. Er nimmt ihre Dankbarkeit vorweg, die anzeigt, daß sie genesen. «Nicht lange noch, und sie denken sich Feste aus und stellen Denksteine ihren alten Freuden auf.» Der Prophet sagt den Fortgang der Therapie voraus. Und der Erzähler steht nicht an, im Blick auf die antizipierte Genesung der Leidenden von Zarathustras *Glück* zu sprechen.[201] — Erschrecken über eine plötzliche Totenstille in der Höhle und Neugierde, geweckt durch einen «wohlriechenden Qualm und Weihrauch, wie von brennenden Pinien-Zapfen» – den Früchten des Baums, mit dem der König zur Rechten den Gastgeber in der Begrüßung verglich –, lassen Zarathustra den Eingang der Höhle aufsuchen. Dort sieht er alle «höheren Menschen», von den Königen und dem Papst über den freiwilligen Bettler in der Mitte bis zum Gewissenhaften des Geistes und dem häßlichsten Menschen, auf den Knien liegen und den Esel anbeten. Für Zarathustra scheint sich in der eigenen Höhle

201 IV, 17.1, 1; 2–8; 9–17 (386–388). Die Wörter *auch ihnen ihr Feind* in Vers 10 sind von mir hervorgehoben. Zu Vers 5 cf. *Morgenröthe* 199 (p. 173).

zu wiederholen, was er am Ende seines letzten Aufenthalts bei den Menschen, im Kapitel «Von den Abtrünnigen» (III, 8), beobachtete: die Rückkehr des Glaubens. «Sie sind Alle wieder *fromm* geworden, sie *beten*, sie sind toll!» Zarathustra wird Zeuge, wie der häßlichste Mensch, der nach Worten ringt, «als ob etwas Unaussprechliches aus ihm heraus wolle», eine «fromme seltsame Litanei» zur Feier des Esels anstimmt. Sie besteht aus acht Lobpreisungen und acht Erwiderungen des Esels, der jedes Mal I-A schreit – nicht wie in den früheren Fällen, da er sich zu Wort meldete, «mit bösem Willen», sondern die Huldigung nach Kräften bejahend. Die Litanei, die mit *Amen* beginnt und mit *I-A* endet, verspottet den christlichen Gott, der Knechtsgestalt annahm, um der Menschen Last zu tragen, durchgängig. Sie lobt den neuen Gott, «von Ewigkeit zu Ewigkeit», daß er nicht redet, «es sei denn, dass er zur Welt, die er schuf, immer Ja sagt». Sie preist ihn dafür, daß er sich jeder Offenbarung enthält und mithin keine Verbote für den Menschen ausspricht und keinen Gehorsam verlangt. Doch mit dem christlichen Gott verspottet sie zugleich Zarathustra, da sie der angebeteten Gottheit Attribute zuschreibt, die auf seine Lehre verweisen. Etwa wenn sie das «Reich» des Esels «jenseits von Gut und Böse» ansiedelt. Wenn sie ein Bibel-Wort umkehrt – «wer seinen Gott liebt, der züchtigt ihn» –, bedient sie sich eines Zarathustra-Wortes aus der Ansprache an das Volk auf den Markt und macht so seine populärste Rede zum Teil der Parodie. Und wenn sie von den Kindlein spricht, die der Esel zu sich kommen läßt, bezieht sie sich nicht nur auf Jesu Aufforderung an seine Jünger aus dem Evangelium des Matthäus, sondern desgleichen auf die Sehnsucht nach den «Kindern», der Zarathustra in der Begrüßung der «höheren Menschen» Ausdruck verlieh. Ins Zentrum der Litanei stellt der häßlichste Mensch ein physisches Merkmal des Gottes, das, für jedermann erkennbar, Glauben zu finden vermag und dem er ebenso «verborgene Weisheit» bescheinigt wie der Besonderheit, daß der Gott seiner Natur nach nur Ja sagen kann. Zarathustras Verdacht, die Gäste könnten auf seine Kosten lustig sein, hat sich bewahrheitet, wie sich seine Vorhersage erfüllte, daß ihr Geist bald Mutwillen atmen werde.[202] — Auf die Inszenierung des neuen Kults in «Die Erweckung»

202 IV, 17.2, 1–3; 4–19 (388–389). Der Esel schrie «mit bösem Willen» I-A in IV, 3.1, 27 (306) und IV, 12, 21 (355). Zu Vers 6 siehe *Hebräer* XII, 6 und *Die Offenbarung des Johannes* III, 19 sowie Vorrede, 4, 18 (18). Cf. zu Vers 4 *Die Offen-*

(IV, 17) folgt im Kapitel «Das Eselsfest» (IV, 18), das zunächst wie der Publikumserfolg von David Friedrich Strauß «Der alte und der neue Glaube» überschrieben war, die Rechtfertigung des neuen Glaubens. Sie ist das wahre Eselsfest. Zarathustra eröffnet die Komödie. Er setzt der Litanei ein Ende, indem er, «lauter noch als der Esel», I-A schreit – es ist das dreizehnte und letzte I-A des Vierten Teils –, die Betenden vom Boden hochreißt und sie ermahnt, jeder andere, der ihnen zusähe, jeder außer Zarathustra, käme zu dem Urteil, daß sie mit ihrem neuen Glauben die «ärgsten Gotteslästerer oder die thörichtsten aller alten Weiblein» seien. Zarathustra fordert die Teilnehmer des Abendmahls der Reihe nach auf, sich zu erklären. Nur die beiden Könige, den Bettler, der in der zweiten Hälfte des Vierten Teils mit zwei Versen den kürzesten Part der zehn Gäste hat, und den Wahrsager nimmt er von der Befragung aus. Der alte Papst macht ein weiteres Mal geltend, «in Dingen Gottes» aufgeklärter zu sein als Zarathustra: «Lieber Gott also anbeten, in dieser Gestalt, als in gar keiner Gestalt! Denke über diesen Spruch nach, mein hoher Freund: du erräthst geschwind, in solchem Spruch steckt Weisheit.» Daß die Weisheit seines Spruchs sich nicht in dem Glauben erschöpft, es sei besser, irgendeine Religion als keine zu haben – ein Glaube, der den Wahrheitsanspruch jeder Religion verneint –, daß sie vielmehr darauf zielt, Gott bedürfe einer Gestalt, um dem Glauben Halt zu geben, das geht aus dem Einwand hervor, den der Stellvertreter Christi außer Dienst anschließend gegen das Christus-Wort «Gott ist Geist» aus dem Evangelium des Johannes erhebt: «Der, welcher sprach ‹Gott ist ein Geist› – der machte bisher auf Erden den grössten Schritt und Sprung zum Unglauben: solch Wort ist auf Erden

barung des Johannes VII, 12; zu Vers 6 *Philipper* II, 7; zu Vers 8 *Genesis* I, 31; zu Vers 12 *Genesis* I, 27; zu Vers 16 *Matthäus* XIX, 14 und *Sprüche* I, 10. – Gustav Naumann hat darauf hingewiesen, daß Nietzsche aus der christlichen Überlieferung des Festum asinorum schöpft und sich von einer Liturgie inspirieren läßt, in der die Parodie des gestürzten Dionysos-Kults eine Rolle spielt: *Zarathustra-Commentar. Vierter (letzter) Theil*. Leipzig 1901, p. 179–191. Nietzsche selbst legt die Spur zum christlichen Eselsfest, wenn er später in anderem Zusammenhang «in der Sprache eines alten Mysteriums» sagt: «adventavit asinus / pulcher et fortissimus» und damit zwei Zeilen aus der Liturgie jenes Festes wörtlich anführt: *Jenseits von Gut und Böse* 8 (p. 21). In *Ecce homo* wird Nietzsche von sich behaupten: «Ich bin der *Antiesel* par excellence und damit ein welthistorisches Unthier» (III, 2, p. 302). Cf. Anm. 177.

nicht leicht wieder gut zu machen!» Der Diagnose, die er dem Christentum stellt, der Wegbereiter des Unglaubens oder des Glaubens an Nichts gewesen zu sein, läßt der Papst ein Bekenntnis folgen, das der Weisheit seines Spruchs in jedem Sinne entspricht: «Mein altes Herz springt und hüpft darob, dass es auf Erden noch Etwas anzubeten giebt.» Und sei es ein Esel oder ein Stein. Der Wanderer und «freie Geist», der mit dem Zauberer den Platz getauscht hat, weist jede Verantwortung von sich: «was kann ich dafür!» Aber er ist es, der den Gott des neuen Glaubens als den alten Gott bestimmt: «Der alte Gott lebt wieder». An allem sei der häßlichste Mensch schuld, der ihn «wieder auferweckt» habe. «*Tod* ist bei Göttern immer nur ein Vorurtheil». Sie sterben mit dem Glauben und erleben ihre Auferstehung im Glauben. Der alte Zauberer, den Zarathustra fragt, wie er eine solche Dummheit begehen konnte – denn wer soll künftig an *ihn* glauben, wenn *er* an dergleichen «Götter-Eseleien» glaubt –, gibt eine Antwort, die seine Schauspieler-Natur unterstreicht: «du hast Recht, es war eine Dummheit – sie ist mir auch schwer genug geworden». Auf die kürzeste folgt die längste Erklärung. Der Gewissenhafte des Geistes räumt ein, daß er «vielleicht» an Gott nicht glauben *darf* – womit er sich, wie von ihm zu erwarten, als Atheist aus Redlichkeit zu erkennen gibt. Doch er setzt hinzu, daß ihn der Gott in der Gestalt des neuen Glaubens «noch am glaubwürdigsten dünkt». Die Attribute, die die Stifter des Kults dem angebeteten Wesen zuschreiben, scheinen ihm am ehesten damit zu vereinbaren, daß Gott nach dem Glauben der Frömmsten ewig sein soll. Wie gut der Gewissenhafte des Geistes sich auf Ad-hominem-Argumente versteht, stellt er in der zweiten Hälfte seiner Rechtfertigung unter Beweis, wenn er Zarathustra in beinahe ebenso vielen Worten dessen eigene Rede in Erinnerung ruft und ihn rund heraus auffordert, über sich nachzudenken. «Du selber – wahrlich! auch du könntest wohl aus Überfluss und Weisheit zu einem Esel werden.» Den Lobpreis «Du gehst gerade und krumme Wege», den der häßlichste Mensch dem neuen Gott zollte, weiß der Gewissenhafte gleichfalls auf sein Gegenüber anzuwenden: «Geht nicht ein vollkommner Weiser gern auf den krümmsten Wegen? Der Augenschein lehrt es, oh Zarathustra – *dein* Augenschein!» Der häßlichste Mensch endlich erwidert auf die Frage, ob es zutreffe, daß er den toten Gott wieder auferweckte, daß Zarathustra ein Schelm sei. «Ob *Der* noch lebt oder wieder lebt oder gründlich todt ist – wer von uns Beiden weiss das am Besten?» Nach dem, was Zarathustra *weiß*, braucht er niemanden zu fragen. Und das Wichtigste, was der häßlichste Mensch «weiß», weiß er von Zarathustra: «von dir selber lernte ich's einst, oh Zarathustra: wer am gründlichsten tödten will, der *lacht*». Der häßlichste Mensch erweist sich als gelehriger Schüler. Er hat auch das einschlägige Zitat aus der Rede «Vom Lesen und Schreiben» (I, 7) parat: «‹Nicht durch Zorn, sondern durch Lachen tödtet man› – so sprachst du einst.» Für ihn ist klar, daß Zarathustra in der Komödie die Rolle des Unwissenden spielt: «du bist ein Schelm».[203] — In der Reaktion auf die «Schelmen-Antworten» der Gäste, denen er eine Rechtfertigung abnötigte, läßt Zarathustra seine Befriedigung über den therapeutischen Erfolg durchblicken. «Oh ihr Schalks-Narren allesamt, ihr Possenreisser! Was verstellt und versteckt ihr euch vor mir! / Wie doch einem Jeden von euch das Herz zappelte vor Lust und Bosheit, darob, dass ihr endlich wieder wurdet wie die Kindlein, nämlich fromm». Zarathustra spricht die «höheren Menschen» zum ersten und einzigen Mal als «Schalks-Narren» an, eine Anrede, die er bis dahin seinen Tieren vorbehielt, und fordert sie auf, die Höhle zu verlassen und mit ihm ins Freie zu gehen. Die Abendmahl-Gesellschaft hat ihre Schwermut abgestreift. Sie lernte lachen. Sie agierte die Sehnsucht, zu werden «wie die Kindlein», in einer von ihr selbst ersonnenen Travestie aus und verstand das, was für die Genesung angezeigt war, in einer Komödie leichtfüßig mit Gründen zu versehen, welche, die Antwort des Zauberers ausgenommen, den Ernst der verhandelten Sache nicht verfehlten. Draußen soll sie ihren «heissen Kinder-Übermuth und Herzenslärm» jetzt abkühlen. Noch in der Höhle richtet Zarathustra das Wort abermals an die «höheren Menschen», die er «meine neuen Freunde» nennt. Das Eselsfest – die Travestie und die Komödie – hat Zarathustras Haltung zu den «Wunderlichen» verändert: «wie gut gefallt ihr mir nun, – / – seit ihr wieder fröhlich wurdet!» Zur Verstetigung ihrer gelösten Stimmung schlägt er ihnen die Institutionalisierung dessen vor, was sie sich erfanden: neue Feste tun ihnen not, «ein kleiner tapferer Unsinn, irgend ein Gottesdienst und Eselsfest, irgend ein alter fröhlicher Zarathustra-Narr». Er ruft sie auf, die Nacht in seiner Höhle nicht zu vergessen und das Eselsfest ihres Spottes wiederkehrend zu feiern: «thut's euch zu Liebe, thut's auch mir zu Liebe!

203 IV, 18.1, 1–3; 4–7; 8–9; 10–11; 12–13; 14; 15; 16–21; 22–25; 26–29 (390–391). In Vers 14 habe ich die Korrektur aus dem Handexemplar übernommen und *es* durch *sie* ersetzt. *Johannes* III, 24. Vorrede, 1, 5–12 (11–12). IV, 17.2, 14 (389). I, 7, 24 (49).

Und zu *meinem* Gedächtniss!» Zarathustras Blasphemie, die das Gute der Teilnehmer des Abendmahls an die erste Stelle rückt, bildet den Abschluß der Diätetik.[204]

Das Wichtigste ereignet sich ein weiteres Mal im Freien. «Das Nachtwandler-Lied» (IV, 19), das die Dreizehn des Abendmahls außerhalb von Zarathustras Höhle in der Nacht zusammenführt, nimmt im Aufbau des Vierten Teils eine Stellung ein, die der des Kapitels «Mittags» (IV, 10) entspricht, und hat wie dieses das Glück zum Gegenstand.[205] Der Blick ist zuerst auf das Glück der «höheren Menschen» gerichtet, die, mit Zarathustra, schweigend beieinanderstehen, «lauter alte Leute, aber mit einem getrösteten tapferen Herzen und verwundert bei sich, dass es ihnen auf Erden so wohl» sei. Zarathustra denkt «von Neuem», wie der Erzähler weiß: «oh wie gut sie mir nun gefallen, diese höheren Menschen!» Doch er spricht es nicht aus. Statt dessen ergreift der häßlichste Mensch das Wort, den Zarathustra, ihn vor allen auszeichnend, an der Hand aus der Höhle führte. Mitten im allgemeinen Stillschweigen beginnt er «noch ein Mal und zum letzten Mal zu gurgeln und zu schnauben», und es geschieht, «was an jenem erstaunlichen langen Tage das Erstaunlichste war»: Der Mensch der tiefsten Verzweiflung, der Mensch, der die größte Verachtung für sich empfand und die Vornehmheit Zarathustras wie kein anderer herausforderte, stimmt ein in Zarathustras Ja-und-Amen zum Leben: «Um dieses Tags Willen – *ich* bin's zum ersten Male zufrieden, dass ich das ganze Leben lebte.» Zarathustra hat nicht nur einen Stimmungsumschwung, er hat offenbar eine Konversion herbeigeführt. «Es lohnt sich auf der Erde zu leben: Ein Tag, Ein Fest mit Zarathustra lehrte mich die Erde lieben.» Der bloße Mensch, der außerhalb der Gesellschaft steht, wird zum Exemplum einer Imitatio Zarathustrae: «‹War *Das* – das Leben?› will ich zum Tode sprechen. ‹Wohlan! Noch Ein Mal!›» Der Mörder Gottes, der es nicht

204 IV, 18.2, 1–3 (393); 18.3, 1–5 (393–394). *Lukas* XXII, 19. – Zarathustra nennt die Tiere, die ihm besonders zugetan sind, dreimal *Schalks-Narren*: III, 13.2, 18 (273); 43 (275); IV, 1, 2 (295).

205 «Das Nachtwandler-Lied» folgt auf die Siebenergruppe der zweiten Hälfte, wie «Mittags» auf die Siebenergruppe der ersten Hälfte folgt. Und wie «Mittags» Abschluß und Kulmination des Vormittags bedeutet, so bedeutet «Das Nachtwandler-Lied» Abschluß und Kulmination des Nachmittags bzw. Abends des zweiten Tags, der mit dem zwölften Schlag der Mitternachtsglocke endet. Siehe Anm. 171.

ertrug, daß ein Auge seine ganze Häßlichkeit sehen, in sein Unaussprechliches dringen könnte, sagt mit ebenden Worten Ja zum Leben, mit denen Zarathustra den «Geist der Schwere» zum Duell auf Leben und Tod herausforderte, im Wettstreit, wer das Schwerste zu ertragen wisse. Der häßlichste Mensch wiederholt den Spruch, mit dem Zarathustra in seinem Traumgesicht einst «noch den Tod» totschlagen wollte, und fordert die anderen auf, mit einzustimmen: «Wollt ihr nicht gleich mir zum Tode sprechen: War *Das* – das Leben? Um Zarathustra's Willen, wohlan! Noch Ein Mal!» Sein Ja-und-Amen ist, wie die Wiederholung verdeutlicht, an Zarathustra gebunden. Er sagt da capo um des Gegen-Jesu willen. Nicht die Lehre der Ewigen Wiederkunft, sondern Zarathustras Gegenwart, sein Lachen, sein Spott, sein Abstand zur Welt und zur eigenen Befindlichkeit, die Anleitung, die Nahrung, die Ermutigung, die er von Zarathustra erhielt, haben ihn die Schwermut vertreiben und den Ekel vergessen lassen. Nachdem der häßlichste Mensch das letzte Wort gesprochen hat – *Noch Ein Mal!* ist das Letzte, was ein anderer als Zarathustra im Drama sagt –, wechselt der Erzähler noch einmal in die Tonlage dessen, der seine Zuhörer mit einer Wundergeschichte zu fesseln versteht: «Und was glaubt ihr wohl, dass damals sich zutrug? Sobald die höheren Menschen seine Frage hörten, wurden sie sich mit Einem Male ihrer Verwandlung und Genesung bewusst, und wer ihnen dieselbe gegeben habe: da sprangen sie auf Zarathustra zu, dankend, verehrend, liebkosend, ihm die Hände küssend, so wie es der Art eines Jeden eigen war: also dass Einige lachten, Einige weinten.» Wir sollen glauben, daß Zarathustra alle heilte. Er hatte für jeden der höheren Menschen die rechte Therapie und die richtige Medizin. Denn jeder hatte etwas von ihm. Die zwei Optionen, die Zarathustra in «Von der Erlösung» (II, 20) unter den möglichen Antworten auf die Frage der Jünger *Wer ist uns Zarathustra?* ins Zentrum stellte, *Ein Arzt? Oder ein Genesener?*, scheinen sich jetzt beide zu bestätigen: Ein Genesener *und* ein Arzt. Ob der Arzt die «alten Leute» wirklich genesen ließ oder ob er sie bloß für ein paar Stunden euphorisierte, steht dahin. Jedenfalls tritt ein, was Zarathustra am Morgen für den Abend prophezeite, als er gegenüber dem Wahrsager der großen Müdigkeit geltend machte, selbst ein Wahrsager zu sein: Der alte Wahrsager tanzt vor Vergnügen. Der Evangelist, der uns bedeutet, daß er einer unter mehreren Evangelisten Zarathustras sei, setzt hinzu: «und wenn er auch, wie manche Erzähler meinen, damals voll süssen Weines war, so war er gewisslich noch voller des süssen Lebens und hatte aller Müdigkeit abgesagt».[206] Zarathustra hat nicht nur erreicht, was er für den Einen Tag vorhersagte und versprach. Er hat seinen Gästen nicht nur Sicherheit vor ihren «wilden Tieren» geboten und ihnen gezeigt, daß es sich «lohnt», bei ihm zu leben. Er hat einen späten Sieg über den Apokalyptiker des *Alles ist leer, Alles ist gleich, Alles war!* errungen, der ihn auf den glückseligen Inseln in die große Krisis stürzte. Zarathustra ist von dem wundersamen Geschehen buchstäblich überwältigt. Zum zweiten Mal widerfährt ihm im Vierten Teil etwas, das ihn niedersinken läßt. Ging er zu Boden, als der häßlichste Mensch in IV, 7 die erste Rede an ihn richtete, so steht er nach dem letzten Wort des häßlichsten Menschen in IV, 19 zunächst da «wie ein Trunkener»: Sein Blick erlöscht, seine Zunge lallt, seine Füße schwanken, und schließlich halten ihn die «höheren Menschen» in den Armen. In IV, 7 war es, wie der Erzähler hervorhob, *das Mitleiden*, das Zarathustra einem «Eichbaum» gleich fällte. In IV, 19 fragt der Erzähler, wer die Gedanken erraten möchte, die «über Zarathustra's Seele liefen». Die Schilderung des Geschehens und die Parallelführung der Stellen, die der Erzähler durch die beiden einzigen Verwendungen von «was glaubt ihr wohl» verklammert, legen die Antwort auf die Rätselfrage nahe: Es ist abermals das Mitleiden, das Zarathustra anfällt. Mit dem Unterschied, daß es nicht bloß einen Wimpernschlag dauert. Erst jetzt sind wir bei der «Versuchung Zarathustras» angelangt. Sein Mitleiden betrifft nicht sosehr die Not als vielmehr das Glück der «höheren Menschen». Ihr Glück betört und erweicht ihn. Das Glück, das er herbeigeführt, das er geschaffen hat, wiegt ihn im Glück der Vollendung. Wie in der Krisis des Zweiten und der Krisis des Dritten Teils (II, 19 und III, 13) verliert er auch im Zustand der Trunkenheit die Sprache, wenngleich nicht für Tage, sondern nur für kurze Zeit. Und wie er früher seine Jünger und

206 Unser Evangelist fährt fort: «Es giebt sogar Solche, die erzählen, dass damals der Esel getanzt habe: nicht umsonst nämlich habe ihm der hässlichste Mensch vorher Wein zu trinken gegeben. Diess mag sich nun so verhalten oder auch anders; und wenn in Wahrheit an jenem Abende der Esel nicht getanzt hat, so geschahen doch damals *grössere und seltsamere Wunderdinge* als es das Tanzen eines Esels wäre. Kurz, wie das Sprichwort Zarathustra's lautet: ‹was liegt daran!›» IV, 19.1, 7 (396) meine Hervorhebung. Im ersten Vers des nächsten Abschnitts führt der Erzähler ein Zarathustra-Wort aus dem letzten Kapitel des Dritten Teils mit dem Zusatz «wie geschrieben steht» an (IV, 19.2, 1). Das neue Evangelium ist in den Rang der autoritativen Schrift eingerückt.

später seine Tiere in Sorge versetzte, so macht er nun seine neuen Freunde besorgt. Das erste Wort, das das Schweigen bricht, das erste, das er im «Nachtwandler-Lied» (IV, 19) überhaupt spricht, ist die Aufforderung «Kommt!», als er unvermittelt etwas zu hören scheint. Dreimal ansetzend, heißt er die «höheren Menschen» mit ihm «in die Nacht wandeln», unterbrochen durch sein Horchen in die Stille, dem «Alles» sich anschließt, Mensch und Tier, die belebte und die unbelebte Umgebung, seine Welt: «auch der Esel und Zarathustra's Ehrenthiere, der Adler und die Schlange, insgleichen die Höhle Zarathustra's und der grosse kühle Mond und die Nacht selber». In der Stunde vor Mitternacht will Zarathustra die alten Leute in das einweihen, was die alte «Brumm-Glocke» ihm ins Ohr sagt, deren Ruf aus dem Reich der Menschen zu seiner Höhle dringt. In den nächsten neun Abschnitten des Kapitels (3–11) macht er die «höheren Menschen» mit neun Versen des Lieds vertraut, das, ohne Namen, den Schluß des Kapitels «Das andere Tanzlied» (III, 15) bildete, um sie im zwölften und letzten Abschnitt dazu einzuladen oder zu ermahnen, daß sie das Lied, *sein* Lied, selbst singen. Dessen Name, so wird er ihnen am Ende verraten, lautet: «Noch ein Mal».[207]

Zarathustras Homilie über das Mitternachts-Lied ist verwickelt und vielschichtig. Sie wendet sich nicht allein an die «höheren Menschen», die sie mehrfach direkt anspricht, sondern enthält, mit dieser Ansprache verschränkt, zugleich einen Dialog, in dem sich Zarathustras Seele mit sich selbst unterredet, und mündet in eine Verkündigung, die die zuvor eingeführten Unterscheidungen wieder einzuziehen scheint, da sie die artikulierte Welt in die Coincidentia oppositorum der Ewigkeit zusammenfallen läßt. Um so wichtiger ist es festzuhalten, daß die Abschnitte 1 und 2 des Kapitels der Homilie als Thema das Glück der Vollendung oder der Reife vorgeben, das im «Noch Ein Mal!» des häßlichsten Men-

207 IV, 19.1, 1–2; 3–6; 7; 19.2, 1–4; 19.3, 1–2; 19.12, 1–3 (395–398 und 403–404). II, 20, 14 (179). III, 2.1, 20–21 (199). IV, 7, 8 (328). Cf. II, 19, 13 (173); III, 13.2, 1–2 (271). – In einem früheren Plan zum Vierten Teil ließ Nietzsche Zarathustra – mutmaßlich nach dessen drittem Abstieg und der Verkündigung der Lehre von der Ewigen Wiederkunft – die Frage nach dem *Noch ein Mal* an das versammelte Volk richten, die der häßlichste Mensch später an die «höheren Menschen» richtet: «*Entscheidender Moment*: Zarathustra fragt die ganze Masse am Feste: ‹wollt ihr das Alles noch einmal?› – alles sagt ‹*Ja!*› / *Er stirbt vor Glück dabei.*» Nachgelassene Fragmente Herbst 1883 21 [3], *KSA* 10, p. 599.

schen ebenso seinen Ausdruck findet, wie es in Zarathustras Trunkenheit seine Resonanz hat. Zarathustra mahnt sich und seine Zuhörer mit denselben Worten, auf die Mitternachts-Glocke zu achten, mit denen er sich am vollkommenen Mittag auf die Welt und sich selbst achten hieß: «Still! Still!» Doch die Aufforderung achtzugeben, ist diesmal nicht auf die Natur gerichtet, sondern auf die Geschichte, auf das Werk und das Schicksal der Menschen, von denen die Glocke Zeugnis ablegt. Zarathustra stellt die Weichen für die Rückschau und das Innewerden der Tiefe der Zeit. Entsprechend folgt auf das doppelte «Still!» des Auftakts anders als in «Mittags» (IV, 10) kein weiteres «Still!», sondern ein doppeltes «Ach!»[208] Manches, «das am Tage nicht laut werden darf», macht sich vernehmbar, wenn der Lärm des Herzens verstummt und «die tiefe Mitternacht» spricht. Zunächst die abgesunkene Zeit. Dann die Forderung des Werks. Das Heulen des Hundes und das Scheinen des Monds kommen zurück, die Zarathustra in «Vom Gesicht und Räthsel» (III, 2) an die fernste Kindheit erinnerten, und kurz darauf auch die Spinne des Torweg-Gesprächs. Bei aller Trunkenheit ist Zarathustra nicht willens, seinen trunkenen Freunden zu offenbaren, was in ihm in dem Augenblick vorgeht, in dem sich die Assoziationen der Vergangenheit einstellen: «Lieber will ich sterben, sterben, als euch sagen, was mein Mitternachts-Herz eben denkt.» Daß er schon unzählige Male denselben Hund heulen hörte, denselben Mond scheinen sah, denselben Gedanken dachte und noch unzählige Male hören, sehen, denken wird? Daß er jetzt vor Glück sterben könnte? Daß, was war, war und seinem Ja zum Ganzen nichts anhaben kann? Gewiß ist, daß Zarathustra den höheren Menschen nicht die Lehre der Ewigen Wiederkunft verkündet. Die Mitternacht spricht «für feine Ohren» nicht nur von der Vergangenheit, sondern insgleichen von der Zukunft. Sie bedrängt Zarathustra mit der Frage: «Wer soll der Erde Herr sein?», die er ausdrücklich dem «Tagewerk» zuordnet. Es ist die Frage des *nicht* vollendeten Werks, die Forderung, die der *Tag* an ihn richtet: «wer hat Herz genug dazu?» Aber ist es noch Zarathustras Frage? *Sein* unvollendetes Werk? Macht er sich die Forderung zu eigen? Die futuristische

208 In «Mittags» (IV, 10) wird das doppelte «Still!» von sieben «Still!» gefolgt und es gibt kein «Ach!» Im «Nachtwandler-Lied» (IV, 19) schließt sich an das doppelte «Still!» kein weiteres «Still!» an. Das doppelte «Ach!», das auf den Auftakt antwortet, wird von dreizehn «Ach!» gefolgt.

Lehre gab die Antwort, daß der Übermensch herrschen solle. Und sie übertrug ihm nicht weniger als die Erlösung der Menschheit, der Geschichte, des «Es war». Zarathustra spricht nicht mehr vom Übermenschen. Doch er scheint die historische Mission am Ende des ersten Drittels der Homilie an seine nächsten oder fernsten Zuhörer weiterzureichen und ihnen zugleich die Ankunft des «abgründlichen Gedankens» zu verheißen, der lange in ihm «grub»: «Ihr höheren Menschen, erlöst doch die Gräber, weckt die Leichname auf! Ach, was gräbt noch der Wurm? Es naht, es naht die Stunde, – / – es brummt die Glocke».[209] — Auf die Wiederbelebung der futuristischen Erwartung antwortet Zarathustra im zweiten Drittel, das die Ewigkeit und die Lust in das «Nachtwandler-Lied» einführt, mit dem *Mitternachts-Sterbeglück*. Erst sagt er von der Glocke, daß ihre Rede «reif» wurde, gleich seinem «Einsiedlerherzen». Dann hört er sie sagen, daß die Welt selbst reif wurde und «vor Glück sterben» will. Die Welt bedarf offenbar nicht der erlösenden Tat. Sie muß nicht umgeschaffen werden. Zarathustra verweist die höheren Menschen auf einen «Duft und Geruch der Ewigkeit», die die Tiefe des Glücks der Vollendung gleichsam rückwärts verankert. Das trunkene Mitternachts-Sterbeglück der Reife «singt», daß die Welt tief ist *«und tiefer als der Tag gedacht»*. Tiefer als das «Tagewerk» wahrhaben will oder sich träumen läßt, das auf Veränderung ausgerichtet und auf die Zukunft gespannt bleibt. Im arithmetischen Zentrum des Kapitels, im ersten Vers des siebten Abschnitts und im siebenunddreißigsten der zweiundsiebzig Verse, wehrt sich die vom Mitternachts-Sterbeglück erfüllte Seele gegen die Forderung des Tagewerks: «Lass mich! Lass mich! Ich bin zu rein für dich. Rühre mich nicht an!» Und sie beruft sich dabei auf die erreichte Vollendung, die ihre Reinheit ausmacht: «Ward meine Welt nicht eben vollkommen?» Zarathustra versteht sich zum vierten und letzten Mal zu dem Ausruf, den ihm die Hinwendung zur Natur im zentralen Kapitel dreimal entlockt hatte. Mit dem Unterschied, daß aus *der* Welt in IV, 10 jetzt *seine* Welt geworden ist. Das Glück der Vollendung und der Rückschau bleibt wesentlich auf den historischen Gang oder den individuellen Verlauf bezogen, den es abschließt, auf ein Ereignis, das einen Unterschied im ganzen macht: auf den Sieg, den Zarathustra errang, oder auf das Geschenk, das der häßlichste Mensch von

209 IV, 19.3, 1–7; 19.4, 1–6; 19.5, 1–6 (397–399). III, 2.2, 14–21 (200–201). III, 3, 26–27 (205). III, 13.1, 2 (270).

Zarathustra empfing. Das Glück des Mitternachts-Lieds kann deshalb nicht im selben Sinne geteilt werden wie das Glück des vollkommenen Mittags. Und es ist als Abschlußgestalt notwendig prekär.[210] Entsprechend liegen die Rückschau der Nacht und der Anspruch des Tags in Zarathustras Seele im Widerstreit. Auf das «Lass mich! Ich bin zu rein für dich» der einen Seite antwortet die andere mit der Bekräftigung der Forderung: «Die Reinsten sollen der Erde Herrn sein, die Unerkanntesten, Stärksten, die Mitternachts-Seelen, die heller und tiefer sind als jeder Tag.» Doch das Mitternachts-Sterbeglück weist den Anspruch des «Tags» – «du tappst nach mir?» – und der «Welt» – «du willst *mich*?» – beharrlich zurück und zeiht beide, Tag und Welt, «zu plump» zu sein: «habt klügere Hände, greift nach tieferem Glücke, nach tieferem Unglücke, greift nach irgend einem Gotte, greift nicht nach mir». Wie das Ich sich in der Unterredung am Ende des Zweiten Teils dem herrschaftlichen Auftrag, den ihm das Es ohne Stimme erteilte – «Sprich dein Wort und zerbrich!» –, zu entziehen suchte, indem es vorgab, zur Herrschaft nicht geeignet zu sein, so verweist die Partei der Reife und der Rückschau die Partei des Tagewerks jetzt an den schaffenden Gott und an die «Gottes-Hölle», deren *Weh* tiefer sei. Der erzählte Dialog hatte die Jünger als Adressaten, denen er den bevorstehenden Abschied Zarathustras schonend nahebringen sollte. Die höheren Menschen, die der aufgeführte Dialog als Zuhörer hat, läßt Zarathustra im nächsten Augenblick ohne Umschweife wissen, daß sie ihn nicht verstehen. Als «Glokken-Unke», die «vor Tauben» reden muß, stellt er dem Weh die *Lust* zur Seite, die *«tiefer noch als Herzeleid»* ist, tiefer auch als das tiefe Weh des schaffenden Gottes.[211] — Nachdem er im zweiten Drittel der Homilie als Interpret der Mitternachts-Leier auftrat (6), ein Selbstgespräch vortrug (7) und schließlich mit der Stimme der Glocke sprach, die er als «trunkene Dichterin» imaginierte (8), verwandelt sich Zarathustra zu Beginn des letzten Drittels, das Maskenspiel krönend, dem Gott an, der in der Unterredung mit seiner Seele in «Von der grossen Sehnsucht» (III, 14) als Winzer mit dem Winzermesser auf die «Drängniss des Weinstocks» antwortete. Der Winzer berichtet vom Zwiegespräch mit

210 Das Urteil *Die Welt ist vollkommen* findet sich in IV, 19 nicht. Siehe S. 186–189 und cf. *Über das Glück des philosophischen Lebens*, p. 161–164.

211 IV, 19.6, 1–6; 19.7, 1–7; 19.8, 1–6 (399–401). IV, 10, 3; 20; 24 und 13 (342–344). II, 22, 16 und 28; 15, 17, 21, 29, 32 und 35 (188–189). Cf. Anm. 129.

dem Weinstock, der den Schnitt der Frucht preist und ihm das Lob seiner «trunkenen Grausamkeit» erklärt: «Was vollkommen ward, alles Reife – will sterben!» Alles Unreife dagegen will leben und sagt zu seinem unvollkommenen Zustand: «wehe!» «Weh spricht: ‹Vergeh! Weg, du Wehe!› Aber Alles, was leidet, will leben, dass es reif werde und lustig und sehnsüchtig, / – sehnsüchtig nach Fernerem, Höherem, Hellerem. ‹Ich will Erben, so spricht Alles, was leidet, ich will Kinder, ich will nicht *mich*›». Das Weh, das Zarathustra im siebten Abschnitt in das «Nachtwandler-Lied» eingeführt und mit Gott und der Gottes-Hölle in einem Atem genannt hat, steht ein für den Antrieb, das Bestehende zu überwinden, für den Willen, die Welt zu verändern, für das Verlangen, der Vergangenheit zu entkommen. Ganz anders die Lust, die tiefer als alles Weh ist. Sie wird als Bejahung von Grund auf vorgestellt. Sie will «nicht Erben, nicht Kinder, – Lust will sich selber, will Ewigkeit, will Wiederkunft, will Alles-sich-ewig-gleich.» So wie Zarathustra beim Einsatz des *Weh* das Spiel ausblendet, so sieht er bei der Verwendung der *Lust* vom Lernen ab. Die Lust der Bewegung, der Steigerung, der Selbstüberwindung, die für sein Denken und Fühlen von herausragender Bedeutung ist, bleibt mit Rücksicht auf das Glück der Vollendung unerwähnt. Die Aufspaltung in das Weh als treibende Kraft der Veränderung und Entwicklung am einen Pol und die Lust als wahren Kern des Alles-sich-ewig-gleich-Wollens am anderen Pol führt zu dem paradoxen Resultat, daß die Vollendung sein will und nicht sein will: als Reife will sie sterben, d. h. keiner neuen Veränderung oder Entwicklung unterliegen, als Selbstgenügsamkeit will sie sich ewig gleich, d. h. nicht sterben. Die Polarität ist so konzipiert, daß die Auflösung einzig in der Ewigen Wiederkunft zu liegen scheint, die nicht namentlich erwähnt, jedoch durch die Dreiheit *Ewigkeit*, *Wiederkunft*, *Alles-sich-ewig-gleich* bezeichnet wird.[212] Zarathustra fragt die höheren Menschen, was er sie zu sein dünke, ähnlich wie er in «Von der Erlösung» (II, 20) für die Jünger die Frage stellte, wer er ihnen sei. Die mittlere der fünf Optionen, die er in einem Atem nennt – Wahrsager, Träumender, Trunkener, Traumdeuter, Mitternachts-Glocke –, ist die Antwort, auf die das

212 Die *Wiederkunft* in der Mitte der Dreiheit ist die einzige Verwendung von *Wiederkunft* im Vierten Teil. Alle anderen Verwendungen sind dem Dritten Teil vorbehalten: viermal *ewige Wiederkunft* in III, 13 und siebenmal *Wiederkunft* in III, 16.

«Nachtwandler-Lied» von Anfang an zusteuerte und die der zehnte Abschnitt mit einem Ausrufezeichen versieht. Zarathustra spricht als Trunkener: «Hört ihr's nicht? Riecht ihr's nicht? Eben ward meine Welt vollkommen, Mitternacht ist auch Mittag, – / Schmerz ist auch eine Lust, Fluch ist auch ein Segen, Nacht ist auch eine Sonne, – geht davon oder ihr lernt: ein Weiser ist auch ein Narr.» Sollte für einen Trunkenen, dem in der Rückschau alle Unterscheidungen verschwimmen oder hinfällig werden, ein Prophet nicht auch ein Philosoph sein? Wie könnte er den Weg des einen und den des anderen auseinanderhalten? Geschweige denn wissen, welchen er, sich drehend, zu gehen hätte?[213] Zarathustra kann Mitternacht und Mittag nur in eins setzen, wenn er außer acht läßt, was das Glück der Gegenwart des vollkommenen Mittags der Abschlußgestalt des Glücks der Vollendung um Mitternacht ewig voraus hat. Oder wenn er glaubt, daß das letztere das erstere ewig nach sich ziehen werde, weshalb die Bejahung des einen auch die des anderen sei. Es ist in der Tat dieser Glaube, den Zarathustra den höheren Menschen ansinnt, um sie zur Bejahung des Ganzen hinzuführen: «Alle Dinge sind verkettet, verfädelt, verliebt, – / – wolltet ihr jemals Ein Mal Zwei Mal, spracht ihr jemals ‹du gefällst mir, Glück! Husch! Augenblick!› so wolltet ihr *Alles* zurück!» Zarathustra geht es nicht allein darum, den Primat der Lust vor dem Weh zu sichern – der nicht des Glaubens an die Wiederkunft bedarf –, sondern das «Es war» selbst zum Gegenstand des Willens zu machen und den Willen so das Zurückwollen zu lehren. Noch Rousseaus und Goethes Probe des Augenblicks wird aufgeboten, um den Willen zur Übereinstimmung mit sich selbst im Zurückwollen zu nötigen. Aber Zarathustra verzichtet auch nicht auf die Unterstützung der Liebe, die einen anderen Weg weist, den Willen vor der Abirrung in den Geist der Rache zu bewahren: «Alles von neuem, Alles ewig, Alles verkettet, verfädelt, verliebt, oh so *liebtet* ihr die Welt, – / – ihr Ewigen,

213 Nietzsche hat das «Nachtwandler-Lied» in seinem Handexemplar treffend in «Das trunkene Lied» umbenannt. – Es ist nicht klar, ob die Fragen: «Ein Tropfen Thau's? Ein Dunst und Duft der Ewigkeit?» zu Beginn von Vers 2 des zehnten Abschnitts die fünf Optionen in Vers 1 um zwei erweitern, oder ob sie, in die Nacht gesprochen, einen neuen Auftakt bilden für die Fragen, die in Vers 2 in die Kaskade münden: «Eben ward meine Welt vollkommen ...» Gehört diese Unklarheit selbst zur Trunkenheit? Der *Trunkene* behauptet seine Sonderstellung in Vers 1 auch dadurch, daß einzig er unter den fünf Optionen ohne unbestimmten Artikel auftritt.

liebt sie ewig und allezeit: und auch zum Weh sprecht ihr: vergeh, aber komm zurück! *Denn alle Lust will – Ewigkeit!*»[214] Sobald Zarathustra bei der Lust als Welt-Grund angelangt ist, setzt er nicht nur das nachträglich ein, was er bei der Aufspaltung in Weh und Lust zunächst überging. Vielmehr schreibt er ihr nun alles zu, was das Ganze ganz macht, was den Willen in sich zurücklaufen und die Welt Welt sein läßt: «*was* will nicht Lust! sie ist durstiger, herzlicher, hungriger, schrecklicher, heimlicher als alles Weh, sie will *sich*, sie beisst in *sich*, des Ringes Wille ringt in ihr, – / – sie will Liebe, sie will Hass, sie ist überreich, schenkt, wirft weg, bettelt, dass Einer sie nimmt, dankt dem Nehmenden, sie möchte gern gehasst sein, – / – so reich ist Lust, dass sie nach Wehe durstet, nach Hölle, nach Hass, nach Schmach, nach dem Krüppel, nach *Welt*, – denn diese Welt, oh ihr kennt sie ja!» Das Glück der Vollendung wird zu einem besonderen Fall der Lust, die in allem waltet: Die Mitternachts-Sterbelust ist die Lust, die nur zu sich sagen kann: «besteh!», wenn sie sich ewig wiederkehrend will. Und die sich nur ewig wiederkehrend wollen kann, wenn sie alles, was ihr vorausliegt, mit will. Ja, wenn sie – das ist der letzte Schritt, zu dem Zarathustras trunkenes Lied die Zuhörer zu überreden versucht – *alle* Lust will, die eingeschlossen, die ihr entgegensteht oder sie verneint. Die «höheren Menschen» sollen die Lust wollen, die sie als «Missrathene» will und sich nach «Missrathenem» sehnt. Die Erklärung der Mitternachts-Leier, die den alten Leuten das Glück der Reife und der Rückschau als höchstes Ziel vorgestellt hat, endet in einem Taumel, in dem jede Wegweisung untergeht.[215] — Bevor Zarathustra am Ende der zwölften Stunde das Lied «Noch ein Mal» im ganzen wiederholt, fordert er die «höheren Menschen» auf, ihm den «Rundgesang» zu singen. Der Evangelist unterrichtet uns nicht darüber, ob sie in das Lied einstimmen, von dem Zarathustra sagt, sein Sinn sei «in alle Ewigkeit!»

Der Morgen des dritten Tags läßt den Propheten wiedererstehen und führt uns zum Anfang des Werks zurück. Der Dichter sagt von Zarathustra, der bei Sonnenaufgang von seinem Lager aufgesprungen ist,

214 Bei der Wiedergabe des zehnten (zweitletzten) Verses ersetzt der Homilet das *Doch* des Lieds, «Doch alle Lust will Ewigkeit», durch *Denn* (IV, 19.10, 7). Beachte S. 100–101.

215 IV, 19.9, 1–6; 19.10, 1–7; 19.11, 1–7 (401–403). III, 14, 23 und 28 (280); siehe S. 151–153 mit Anm. 161. II, 20, 45–46 (181). Zur Probe des Augenblicks cf. *Über das Glück des philosophischen Lebens*, p. 166–167.

was der biblische Erzähler in Luthers Worten von Elia sagt, als er einen Sieg für den Gott seines Glaubens errang: er «gürtete sich die Lenden». Dann fährt er, den Ton des abschließenden Kapitels setzend, fort, daß Zarathustra aus seiner Höhle kam, «glühend und stark, wie eine Morgensonne, die aus dunklen Bergen kommt». Der Erzähler vergleicht Zarathustra ausdrücklich mit der Sonne, an die der Prophet eine denkwürdige Rede richtete, ehe er zum erstenmal zu den Menschen hinabstieg. Und er verfehlt nicht, den Leser eigens darauf aufmerksam zu machen, daß Zarathustra die letzte Rede so beginnt, «wie er einstmals gesprochen hatte», nämlich mit den Worten, mit denen er die erste Rede begann: «Du grosses Gestirn, du tiefes Glücks-Auge, was wäre all dein Glück, wenn du nicht *Die* hättest, welchen Du leuchtest!» Die Änderungen, die Zarathustra bei der Wiederholung vornimmt – die Einfügung «du tiefes Glücks-Auge», die Verstärkung «all» und die Hervorhebung von *«Die»* –, entsprechen dem Sinn und dem unverkürzten Wortlaut jener Rede vollkommen, in der die Wandlung zum Propheten ihren Ausdruck fand. Am Ende des Buchs macht Zarathustra wie an dessen Anfang sein Glück von denen abhängig, denen er sich zuwendet. Doch diesmal wird die Abhängigkeit, in die ihn die Mission der rigorosen Philanthropie verstrickt, ungleich deutlicher ausgesprochen: «Und wenn sie in ihren Kammern blieben, während du schon wach bist und kommst und schenkst und austheilst: wie würde darob deine stolze Scham zürnen!» Die Aufnahme des Lichts, das sie verströmt, die Antwort der Beschenkten auf das Geschenk, das sie ihnen bringen will, läßt Zarathustras Sonne alles andere als gleichgültig. Zorn, Thymos oder Amour-propre, Unmut ist für das Außersichsein des Propheten bestimmend. «Wohlan! sie schlafen noch, diese höheren Menschen, während *ich* wach bin: *das* sind nicht meine rechten Gefährten! Nicht auf sie warte ich hier in meinen Bergen.» Zarathustra zürnt den alten Leuten, die noch von seinem Mitternachts-Lied trunken sein mögen, von denen er indes nie einen Aufbruch erhoffen konnte. Er zürnt sich selbst, daß er ob *dieser* höheren Menschen in Trunkenheit geriet und sich vom Glück der Vollendung überwältigen ließ. Die Mitternachts-Sterbelust ist dem Willen zum Werk gewichen. Der Tag soll den Sieg davontragen. Der Prophet folgt dem Ruf des «Tagewerks», und er verlangt Gehorsam von denen, an die er sich wendet.[216] Wie die erste

216 «Zu meinem Werke will ich, zu meinem Tage: aber sie verstehen nicht, was die Zeichen meines Morgens sind, mein Schritt – ist für sie kein Weckruf. / Sie

Rede, die Zarathustra an das «grosse Gestirn» richtete, dient die vornehme Rede, die das letzte Kapitel eröffnet, der Selbstverständigung des Propheten. Anders als damals sagt der Erzähler jetzt nicht, daß Zarathustra zur Sonne, sondern, ohne Umschweife, daß er «zu seinem Herzen» sprach. Die Tiere, die er in der ersten Rede der Sonne als ihm zugehörig vorstellte, sind wieder bei ihm. «Meine Thiere sind wach, denn ich bin wach.» Aber er hat noch immer keine Gefährten. Ihm fehlen am Schluß wie zu Beginn die «rechten Menschen».[217] — Zarathustra hat buchstäblich keine Zeit, sich vom ausbleibenden Erfolg seiner Lehre beeindrucken zu lassen. Es geschieht etwas mit ihm, es kommt etwas auf ihn, es bricht etwas über ihn herein, für das es, wie der Erzähler später festhält, «auf Erden keine Zeit» gibt. Das «Zeichen», das die Überschrift des Kapitels (IV, 20) anzeigt, eine wundersame Erscheinung, bewegt sein Gemüt, verleiht seiner Sendung neue Kraft, stärkt seine Hoffnung. Eine Wolke naht und ergießt sich über ihn. Sie bringt nicht den Regen, den Gott Elia versprach, sondern den Taubenschwarm, den Zarathustra sich in «Von alten und neuen Tafeln» (III, 12) selbst verhieß. Wie Elia die Wolke Gottes hörte, bevor jemand sie sehen konnte, so hört Zarathustra sich «von unzähligen Vögeln umschwärmt und umflattert», ehe sein inneres Auge der «Wolke der Liebe» gewahr wird. Mit geschlossenen Augen auf seinem Stein vor der Höhle sitzend, wehrt er den «zärtlichen Vögeln» und greift «unvermerkt in ein dichtes warmes Haar-Gezottel hinein». Dazu hört er ein «sanftes langes Löwen-Brüllen». Schließlich glaubt er, einen Löwen vor seinen Füßen liegen zu sehen, der sein Haupt an Zarathustras Knie schmiegt und lacht, sobald ihm eine Taube über die Nase huscht. Das Zeichen, das der Prophet für das Kommen *seiner Stunde* vorhersagte, hat sich offenbar erfüllt. Zarathustra faßt seine Sehnsucht nach Vollendung des Werks in das Wort: «*meine Kinder sind nahe, meine Kinder*». Dann verstummt er. Die Tauben liebkosen sein weißes Haar und werden «nicht müde mit Zärtlich-

schlafen noch in meiner Höhle, ihr Traum käut noch an meinen Mitternächten. Das Ohr, das nach *mir* horcht, – das *gehorchende* Ohr fehlt in ihren Gliedern» IV, 20, 5–6 (405). Nietzsche hat den sechsten Vers in seinem Handexemplar geändert: «... ihr Traum trinkt noch an meinen trunknen Liedern. Das Ohr doch, das nach mir horcht ...» Cf. *Lukas* X, 42 und *Römer* X, 17 sowie I, 5 und XVI, 26.

217 IV, 20, 1–9 (405–406). *1. Könige* XVIII, 46. Vergleiche die fünf Verse der letzten mit den zehn Versen der ersten Rede, die an die «Sonne» gerichtet ist: IV, 20, 2–6 und Vorrede, 1, 2–11 (11–12). Siehe S. 17–18.

keit und Frohlocken». Der Löwe leckt die Tränen, die auf Zarathustras Hände herabfallen. Denn der Prophet, der am Ende des Zweiten und zu Beginn des Dritten Teils zweimal «laut» und «bitterlich» weinte, vergießt jetzt «stumm» und «gelöst» Tränen der Rührung über das, was ihm widerfährt. Soweit das Wunder, mit dem der Dichter seine «Gotteslästerung» beschließt. Der Erzähler fügt ein Nachspiel hinzu, mit dem er den Kreis der «Zeugen» des Ereignisses erweitert: Als die «höheren Menschen», in der Höhle erwacht, einen Zug bilden, um Zarathustra «den Morgengruss» zu entbieten, springt der Löwe «wild brüllend» auf sie zu, worauf sie alle «wie mit Einem Munde» aufschreien und wieder in die Höhle fliehen. Das letzte, was wir von den alten Leuten hören, ist wie das erste, was Zarathustra von ihnen hörte, Ein Schrei.[218] — Das innere Geschehen läßt Zarathustra «betäubt und fremd» zurück. Er erhebt sich von dem Stein, auf dem er schon am Morgen zuvor saß, staunt, fragt sein Herz, besinnt sich und ist – allein. Keine höheren Menschen. Nirgendwo Tauben. Kein lachender Löwe weit und breit. Mit einem Blick begreift er «Alles, was zwischen Gestern und Heute» sich begab, und streicht sich zum dritten Mal den Bart. Bei den beiden Malen davor zeigte die Geste an, daß Zarathustra die Benommenheit abstreifte, mit der ihn die apokalyptische Prophetie des alten Wahrsagers geschlagen hatte. Jetzt ist es die Verwirrung, in die er sich selbst mit seiner consummierenden Prophetie versetzte. Er kommt wieder zu Sinnen und erinnert sich der «letzten Sünde», zu der ihn der Wahrsager verführen wollte. Zur «Sünde» wurde das Mitleiden mit den Notschreienden, die den Weg zu ihm fanden, gemessen am Anspruch seiner Sendung und der Forderung seines Werks, da er sich, von ihrem Glück erweicht, für eine Nacht der Trunkenheit der Sterbelust überließ. Einer Sterbelust vor der Zeit, vor der zu vollbringenden Tat.[219]

218 IV, 20, 10–14 (406–407). *1. Könige* XVIII, 1 und XIX, 41–46. Cf. III, 12.1, 3 (246) und IV, 11, 49–51 (351). Beachte S. 111 mit Anm. 117. Brief an Peter Gast vom 14. Februar 1885 in Anm. 168.

219 In einem Entwurf, der «Die letzte Sünde» überschrieben ist, läßt Nietzsche Zarathustra aussprechen, was im Kapitel «Das Zeichen» (IV, 20) unausgesprochen bleibt, aber für den aufmerksamen Leser des «Nachtwandler-Lieds» unschwer zu erkennen ist: «Und meine Noth war's vor der jener alte Wahrsager gestern am Morgen mich warnte; zu meiner letzten Sünde wollte er mich verführen, zum Mitleiden mit *eurer* Noth! / Aber euer *Glück* war meine Gefahr –: Mitleiden mit euerm Glücke, *das* – errieth er nicht! Oh was erriethen diese höheren Menschen

Die Liebe zu seinen «Kindern» und ihre Erwiderung in seiner Einbildungskraft bewirken die Abkehr: «‹*Mitleiden! Das Mitleiden mit dem höheren Menschen!* schrie er auf, und sein Antlitz verwandelte sich in Erz. Wohlan! *Das* – hatte seine Zeit!›» Zarathustra tritt noch einmal als Held auf. Er wiederholt das heroische Bekenntnis vom Beginn des Vierten Teils: «Trachte ich denn nach *Glücke*? Ich trachte nach meinem *Werke*!» Der Über-Held ist in weiter Ferne. Der Prophet scheint ganz vom Gesicht seiner Naherwartung erfüllt: «Der Löwe kam, meine Kinder sind nahe, Zarathustra ward reif, meine Stunde kam». Das letzte Wort, das er spricht, beschwört das geschichtliche Ereignis, das die Wende der Zeit mit seinem Namen verbinden soll: *«herauf nun, herauf, du grosser Mittag!»* Der Erzähler setzt nur noch hinzu, daß Zarathustra seine Höhle verläßt, und wiederholt die Charakterisierung der Eröffnung: «glühend und stark, wie eine Morgensonne, die aus dunklen Bergen kommt». Wir erfahren nicht, ob Zarathustra wie Sokrates nach dem Trinkgelage im Haus des Agathon seinem Tageslauf folgt. Oder ob er anders als gewöhnlich nach künftigen Gefährten Ausschau hält. Weder der Prophet noch sein Dichter sprechen im letzten Kapitel von *Untergang*.[220]

wohl von *mir*! / Wohlan! sie sind davon – und ich gieng *nicht* mit ihnen: oh Sieg! oh Glück! Dies gerieth mir gut!» Nachgelassene Fragmente Winter 1884–85 32 [14], *KSA* 11, p. 414. Siehe S. 211–212.

220 IV, 20, 15–25 (407–408). IV, 1, 2 (295); siehe S. 163–166. Zum Streichen des Barts: II, 19, 44 (175) und IV, 2, 16 (302). Zum Untergang: Vorrede, 1, 12 (12) und 10, 10 (28); III, 12.1, 2 (246); III, 13.2, 61 (277); cf. I, 22.3, 11 (102) und III, 12.3, 9–13 (249). Siehe Anm. 53. In den vorbereitenden Aufzeichnungen zum Schluß des Buches hatte Nietzsche von Zarathustras Untergang gesprochen: «Also stand Zarathustra auf wie eine Morgensonne, die aus den Bergen kommt: stark und glühend schreitet er daher – hin zum großen Mittage, nach dem sein Wille begehrte, und hinab zu seinem Untergange.» Nachgelassene Fragmente Winter 1884–85 31 [20], *KSA* 11, p. 365.

* * *

Nietzsche stellt nach dem letzten Vers des Vierten Teils das «Ende von *Also sprach Zarathustra*» fest, ohne daß er seinem «Sohn Zarathustra» zu dem «schönen Tode» verholfen hat, zu dem er ihm verhelfen wollte.[221] Er vollendet das Werk, indem er das Ende des Helden offenläßt. Zarathustras Zukunft bleibt dem Denken und der Einbildungskraft der Leser überantwortet, zu denen das Buch spricht. Der vorzügliche Adressat muß selbst zu der Erkenntnis gelangen, was Zarathustra ist. Hätte Nietzsche, seiner ursprünglichen Absicht folgend, für Zarathustra einen schönen Tod bestimmt, oder hätte er ihm nach «Monden und Jahren» einen guten Tod beschert, wäre die grundlegende Spannung, die das Werk durchzieht, für alle sichtbar nach der einen oder nach der anderen Seite der exponierten Zweiheit aufgelöst worden. Erreichte der Tod den greisen Zarathustra auf Bergeshöhen, dessen Gesichtszüge Nietzsche sich nach Leonardos Turiner Selbstporträt vorstellte,[222] stürbe der Philosoph,

221 Brief an Elisabeth Nietzsche von Mitte November 1884, *KGB* III 1, p. 557. – Nietzsche spricht in den unterschiedlichsten Korrespondenzen und über Jahre hinweg von «meinem Sohn Zarathustra». Siehe die Briefe an Peter Gast vom 27. April 1883 und 30. März 1885, Franz Overbeck vom 9. Juli 1883 und 6. Dezember 1883, Ida Overbeck von Mitte Juli 1883, Malwida von Meysenburg vom Juli 1884, 1. September 1884 und Februar 1887, Elisabeth Nietzsche vom 7. Mai 1885 («Glaube ja nicht, daß mein Sohn Zarathustra *meine* Meinungen ausspricht. Er ist eine meiner Vorbereitungen und Zwischen-Akte.»), Paul Heinrich Widemann vom 31. Juli 1885 oder an den Verleger Fritzsch vom 29. August 1886, *KGB* III 1, p. 367, 393, 406, 460, 508, 509, 522; III 3, p. 32, 40, 48, 74, 237; III 5, p. 34, und Nachgelassene Fragmente Sommer–Herbst 1884 26 [394], *KSA* 11, p. 254.

222 «... Nietzsche hat es Peter Gast verraten, wie er sich das Aeußere des gealterten Weisen gedacht habe. Das berühmte turiner Blatt mit dem Selbstportrait des alten Lionardo da Vinci (Copie in Venedig), den Nietzsche stets mit hoher Auszeichnung erwähnt ..., giebt, nach dieser Aeußerung Nietzsches, die Züge wieder, welche wir uns als diejenigen Zarathustra des Greises zu denken haben.» Gustav Naumann: *Zarathustra-Commentar. Erster Theil.* Leipzig 1899, p. 25. Das Porträt des alten Mannes der Turiner Rötelzeichnung, die der Öffentlichkeit erst im

des Lebens satt und voller Weisheit, in seinem eigensten Reich, so könnte schwerlich irgend jemand außer acht lassen, daß der Untergang, den der Dichter in der Vorrede ankündigte, ausfällt und mit ihm die Erlösung, die der Prophet sich einst verhieß. Stürbe Zarathustra dagegen unter den Menschen, zu denen er ein drittes Mal hinabgestiegen wäre, so hätten die Liebe und die Hoffnung des Propheten offenbar den Sieg über die Einsicht davongetragen, die der Philosoph aus der Krisis des Zweiten Teils gewann, im Dritten Teil in der Trias «Vor Sonnen-Aufgang», «Die Heimkehr» und «Von der grossen Sehnsucht» entfaltete und im Zentrum des Vierten Teils, «Mittags», bekräftigte. Nietzsche ersann während seiner Arbeit an den Teilen II, III und IV immer neue Spielarten des Untergangs, um sich schließlich gegen alle zu entscheiden. Die Tode, die er für den Propheten erwog, lassen sich auf zwei Hauptvarianten zurückführen: Zarathustra sollte unter den Menschen entweder an seinem Schmerz oder an seinem Glück sterben. Der Tod aus übergroßem Schmerz spaltete sich weiter auf in die Enttäuschung Zarathustras über den Abfall von ihm oder in das Mitleid mit denen, die der Prophetie nicht gewachsen waren. Die Enttäuschung wiederum galt seinen Freunden, die sich gegen ihn empörten, oder seinen Tieren, die sich im Streit um ihn zerfleischten. In einer schemenhaften Nebenverzweigung fiel es Pana, der einzigen Frau in den Entwürfen des Dramas, zu, Zarathustra zu töten, damit sein «Wort» unterdrückt werde. Den Toden, die Nietzsche in Aussicht nahm, ist gemeinsam, daß sie die Lehre der Ewigen Wiederkunft voraussetzen. Der Schmerz, die Enttäuschung wie das Mitleid, betrifft die Reaktionen, die die Verkündigung der Ewigen Wiederkunft hervorruft. Nicht anders steht es mit dem Glück, von dem Zarathustra überwältigt wird: Er stirbt im Glauben, mit der Verkündigung der Ewigen Wiederkunft sein Werk vollbracht, seine Sendung erfüllt zu haben. Die ins Auge gefaßten Tode haben die Lehre aber auch in dem Sinne zur Voraussetzung, daß der Prophet in seinem Handeln zur Übereinstimmung mit sich nur gelangte, wenn er an die Ewige Wiederkunft glaubte. Das gilt für den Opfertod, dem sich Zarathustra in «Die stillste Stunde» (II, 22) widersetzte und den die Tiere ihm in «Der Genesende» (III, 13) zusprachen. Es gilt auch noch für den Tod der beseligenden Vollendung, dessen Paradoxie Zarathustra in «Das trunkene

19. Jahrhundert bekannt wurde, weist eine bemerkenswerte Ähnlichkeit mit den Gesichtszügen Platons in Raffaels *Schule von Athen* auf.

Lied» (IV, 19) am «Mitternachts-Sterbeglück» zeigte. In allen skizzierten Varianten hätte der Dichter dem Propheten am Ende den Glauben an die Ewige Wiederkunft ansinnen müssen. Es sei denn, er hätte ihn, die grundsätzliche Frage dilatorisch entschärfend, so lange von der Entscheidung dispensiert, bis der consummierende Tod und der natürliche Tod für Zarathustra gleichsam keinen Unterschied mehr machten. Einerlei, ob Zarathustra nach der Verkündigung an seinem Schmerz oder an seinem übergroßen Glück sterben sollte, in jedem Fall wäre sein Tod zu einem Gründungsereignis geworden. Der Tod des scheinbar gescheiterten wie der Tod des durch ein einhelliges Gelöbnis bestätigten Propheten bezeichneten den Beginn eines neuen Äons, einer anderen Religion, eines zukünftigen Reiches.[223] Doch Nietzsche wählt zu guter Letzt einen Schluß der Epoché, des Ansichhaltens und Aussetzens, der allen versuchten und wieder verworfenen Varianten überlegen ist. Das offene Ende erlaubt es den politischen Adressaten des Buchs, das Gründungsereignis zum Gegenstand ihrer Phantasie und den großen Hazar zum Ziel ihrer Aspirationen zu machen, ohne daß es den Philosophen desavouierte, der der Herrschaft über sich, der Erkenntnis und der Selbstgenügsamkeit den Vorzug gibt. Für die Vornehmen, die danach trachten, eine aristokratische Ordnung aufzurichten, und die mehr als alles andere die Frage bewegt, wer der Erde Herr sein soll, hält der Vierte Teil im «Gespräch mit den Königen» (IV, 3) die Botschaft bereit, daß die königliche Tugend vorderhand darin bestehe, warten zu können. Und er kulminiert in der Komödie des Sehers, der, nachdem er über dem Warten auf das von ihm vorhergesagte Zeichen alt und weiß geworden ist, schließlich von der Sehnsucht überwältigt, seine Vision mit der Wirklichkeit verwirrt. Nietzsche ist so wenig gewillt, den Über-Helden dem Helden zu opfern, er ist so weit davon entfernt, den angekündigten Untergang zu zeigen, daß er Zarathustra nicht Ein Mal als den Lehrer jener Doktrin auftreten läßt, die das Opfer forderte und die durch den Tod beglaubigt werden sollte.

223 Zu den Aufzeichnungen und Entwürfen, die für Zarathustras Tod einschlägig sind, cf. Nachgelassene Fragmente Juni–Juli 1883 10 [45] und [47], *KSA* 10, p. 377, 378; Sommer 1883 13 [2] «Vorzeichen» und [3], *KSA* 10, p. 444, 446–447; Herbst 1883 16 [3], [38], [42], [45], [53], [54], [55], [63] in fine, [65], 20 [10], 21 [3] Nummern 21 und 22, *KSA* 10, p. 512, 513, 517, 523, 593–594, 599–600; Frühjahr 1884 25 [322] und [453], *KSA* 11, p. 95, 134; Sommer–Herbst 1884 27 [23], *KSA* 11, p. 281; Herbst 1884–Anfang 1885 29 [15], *KSA* 11, p. 341. – Siehe S. 107, 149–151, 161 und beachte S. 102–103, ferner 155–156.

Angesichts von Nietzsches Ansichhalten, Aufschieben und Aussetzen stellt sich die Frage, welches Gewicht der Ewigen Wiederkunft in *Also sprach Zarathustra* zukommt, in neuer Schärfe. Wofür steht der Gedanke, den Zarathustra, in einem Traumgesicht verrätselt, ihm unbekannten Suchern und Versuchern auf hoher See als Sirenen-Gesang zu Gehör bringt? Was leistet die Lehre, die die Tiere Zarathustra zur Beförderung seiner Genesung in der Höhle als Leier-Lied vortragen? Welche Erwartung vermöchte der Dichter mit der Verkündigung und Verbreitung der Doktrin im besten Falle zu verbinden? Nachdem wir dem Weg des Philosophen gefolgt sind und das Handeln des Propheten in Augenschein genommen haben, läßt sich die Antwort kurz gefaßt in sieben Schritten umreißen: (1) Die Ewige Wiederkunft wird als Prüfstein aufgeboten, an dem sich die Überwindung des Ekels bewähren muß. Sie soll als «Hammer» dienen, der die Geister in Rücksicht auf ihre Erlösungsbedürftigkeit erprobt und scheidet. Sie ist bestimmt, zum Siegel für die Bejahung des Lebens, der Notwendigkeit, der Welt, wie sie ist, zu werden. Nietzsche stellt diesen Gesichtspunkt, der für den Philosophen von besonderer Bedeutung ist, an die Spitze, wenn er den Gedanken der Ewigen Wiederkunft im Rückblick von *Ecce homo* als die «höchste Formel der Bejahung, die überhaupt erreicht werden kann», bezeichnet (Also sprach Zarathustra 1). (2) Zur höchsten Formel der Bejahung wird der Gedanke der Ewigen Wiederkunft nicht schon dadurch, daß er das am schwersten zu Ertragende zum Gegenstand hätte und die größte Herausforderung für den Willen darstellte. Die Bejahung bezieht ihre Kraft aus Erfahrungen und einem Einverständnis, die dem Heroismus vorausliegen. Das Glück der Vollendung, des gelungenen Werks oder eines geschichtlichen Ereignisses, findet sich im *Noch ein Mal!* zum Ganzen wieder. Zur höchsten Formel der Bejahung wird der Gedanke der Ewigen Wiederkunft indes erst dadurch, daß in ihm auch das Glück des natürlichen Mittags zum Ausdruck kommen kann, in dem Denken und Fühlen in Einem Urteil verbunden sind und das nicht in das Zwielicht der Selbstbewunderung des Helden getaucht ist. (3) Die Ewige Wiederkunft des Selben steht nicht nur in einem Agon mit der ewigen Wiederkehr des Gleichen, über deren Einrede des *Umsonst!* sie mit ihrem *Noch ein Mal!* im Aufeinandertreffen von Bejahung und Verneinung den Sieg davontragen soll. Sie knüpft in diesem Agon selbst an die Lust, an die Liebe, an die Erkenntnis an, die auf die Ewigkeit gerichtet sind. Sie bezieht damit zugleich Stellung gegen die Ewigkeitsvergessenheit. Der Gedanke der Ewigen Wiederkunft verweist nachdrücklich auf das Problem der Kosmologie, das mit der Philosophie gleichen Ursprungs ist.[224] (4) In der Lehre der Ewigen Wiederkunft findet die Lehre vom Übermenschen ihr Komplement und ihre Korrektur. Indem sie Aufstieg *und* Abstieg in den Blick nimmt, bildet sie den Gegenhalt zur Gespanntheit auf den alles entscheidenden Umschwung. Indem sie die Erlösungsbedürftigkeit dessen, was war, verneint, weist sie den Geist der Rache in die Schranken, der in der futuristischen Vision vom schließlichen Triumph über den Unsinn und Ohne-Sinn am Werk ist. Der eschatologischen Aufladung des großen Mittags der Menschheit hält die Lehre der Ewigen Wiederkunft, zu der sich der Adler und die Schlange verstehen, entgegen, daß die Mitte überall sei. (5) Wenn Zarathustra sich selbst zum Glauben an die Lehre der Ewigen Wiederkunft bekehrte, bedeutete dies, daß er an die Verewigung seines Vorrechts und seiner Größe glaubte. Des Vorrechts, der erste Lehrer des wahren Glaubens zu sein. Und der Größe, das Werk durch seinen Opfertod vollendet zu haben. Der Untergang des Propheten folgte dann dem Vorbild des «Untergangs» der Sonne. (6) Der Glaube an die Lehre der Ewigen Wiederkunft verewigte den Stolz des Vornehmen, der seine Entrüstung über die ewige Wiederkehr auch des Kleinsten zu bezwingen vermag. Er unterfinge das Pathos der Distanz. Er beflügelte die Schaffenden zur Härte gegen sich und gegen andere. Er stärkte die Tapferkeit der Krieger im Kampf für das ferne Zarathustra-Reich. (7) Der Religionsstifter erhoffte sich von der Institutionalisierung der Lehre, von einer Jahrhunderte oder Jahrtausende währenden Exegese, Homilie und Katechese und einer dadurch über Generationen geprägten Lebensführung die allmähliche Einverleibung der Doktrin. Die Ewige Wiederkunft träte nach dem Tod des Einen Gottes an die Stelle der Auferstehung der Toten. Sie böte einen Ersatz für den Unsterblichkeitsglauben. Die Religion der Zukunft trüge ihren Teil dazu bei, daß

224 Zur kosmologischen Kapazität des Gedankens der Ewigen Wiederkunft siehe Oskar Beckers Erörterung *Nietzsches Beweise für seine Lehre von der ewigen Wiederkunft*, die zu dem Ergebnis kommt, Nietzsches Hypothese stelle «die systemgerechte Lösung der klassischen, unter dem Namen Kants bekanntesten, Antinomie von der Ausdehnung der Welt in der Zeit» dar. *Dasein und Dawesen. Gesammelte philosophische Aufsätze.* Pfullingen 1963, p. 66; cf. p. 50, 52, 59–61, 64.

die Menschen der Erde treu bleiben und wohnen im Haus des Seins.[225] Die Gesichtspunkte fünf, sechs und sieben stehen in unmittelbarem Zusammenhang mit dem Ende des Dramas und werden durch den offenen Schluß zur Disposition gestellt. Sie entsprechen der anfänglichen Ausrichtung des Werks am Untergang Zarathustras. Sie verdeutlichen die Rolle, die der Ewigen Wiederkunft zugefallen wäre, wenn der Dichter an der Grundkonzeption festgehalten hätte. In eins damit führen sie vor Augen, welchen Preis er hätte entrichten müssen, wollte er Zarathustra den Kelch bis zur Neige leeren lassen, der für ihn vorgesehen war. Denn die Konzeption, der *Also sprach Zarathustra* vom ersten Vers an folgte, erwies sich als der Versuch und die Versuchung, den Propheten mit dem Philosophen zu einem Gegen-Jesus zu vereinen.

Die Parodie hält das Unterfangen, Philosoph und Prophet in eine Konjunktion zu bringen, in engen Bahnen. Am Anfang steht der Ratschluß, der Weise müsse «wieder Mensch werden». Er müsse zur Menschheit hinabsteigen und das Wort sprechen, dessen es bedarf, um ihre und seine Not zu wenden. Er müsse in Knechtsgestalt auftreten, damit seine Herrlichkeit zur Erscheinung komme. Der Gegen-Jesus soll von Liebe und von Zorn bewegt sein. Er soll Güte und Härte zeigen. Er soll Rettung und Gericht verheißen. Als Philosoph muß er den Antipoden durch sein Lachen übertreffen. Er muß den Geist der Schwere unter sich haben und über die Tragödie hinaus sein. Er muß nicht mit seinem Tod, sondern mit seinem Leben zur Nachfolge aufrufen. Als Prophet darf er dem Vorgänger im Weinen nicht nachstehen. Er darf den Ernst der Entscheidung über die Zukunft des Menschen um

225 Zarathustra stellt den Schrecken der Ewigen Wiederkunft heraus, bevor er ihre befreiende Wirkung zeigt und auf ihre Wünschbarkeit hinweist (III, 2.2, 16 und 24; III, 13.1, 1–9; III, 2.2, 32–34; III, 15.2, 12–13 und 15.3, 1–11; III, 16.1, 5–7; 16.2, 5–7 etc.; beachte S. 114). Für eine Religion der Zukunft käme die Doktrin schlechterdings nicht in Betracht, wenn sie außerstande wäre, auf ein tiefes Verlangen zu antworten. Martin Heideggers Einwand, in der Ewigen Wiederkunft verberge sich «auch noch ein Widerwille *gegen* das bloße Vergehen und somit ein höchst vergeistigter Geist der Rache», trifft den *Glauben* an die Ewige Wiederkunft des Selben. Er trifft nicht das *Urteil*, das sich im Gedanken der Ewigen Wiederkunft als «höchster Formel der Bejahung» ausspricht. *Wer ist Nietzsches Zarathustra?* in: *Vorträge und Aufsätze*. Pfullingen 1954, p. 117. Cf. Nachgelassene Fragmente Herbst 1883 16 [63] letzter Abschnitt, *KSA* 10, p. 521. Siehe S. 63–64, 94–101, 116 Anm. 121, S. 122–123, 186–188.

nichts mindern. Er darf kein Opfer scheuen, das die Erfüllung seiner Sendung verlangt. Jesus wird vom Teufel mit der Herrschaft über alle Reiche der Welt versucht, bevor er seine Lehrtätigkeit beginnt. Zarathustra wird durch das Glück der höheren Menschen, dessen Stifter und Betrachter er ist, in Versuchung geführt, nachdem er seine Lehrtätigkeit zum zweiten Mal beendet hat. Zarathustra sagt wie Jesus «Wer Ohren hat, der höre» zu denen, die ihm folgen und die ihn umgeben. Aber die Rede des Gegen-Jesus verweist nicht auf die Offenbarung oder die Gnade Gottes, sondern auf die Natur, die für das Hören und Nichthören bestimmend ist.[226] Verkündet Jesus auf dem Ölberg das Ende der Welt, das den Gerechten ewigen Lohn und den Ungerechten ewige Strafe bescheren werde, so verbindet Zarathustra mit seinem Ölberg ein Glück, das ihn in der Einsamkeit erfüllt und das er nach Kräften vor Gerechten wie Ungerechten zu verbergen sucht. Er beglaubigt seine Lehre nicht durch Wunder, sondern segnet den Zufall und die Notwendigkeit. Da Zarathustra nicht anders als der Menschensohn wahrhaft Mensch sein soll, muß er ein menschlich-allzumenschliches Lied singen, das seiner Einsicht widerspricht. Er muß sich in Sehnsucht nach seinen Kindern verzehren und sich Hoffnungen hingeben, die in nichts der Weisheit genügen. Schließlich muß er Ein Mal erröten, damit er die Scham bezeuge, die den Menschen kennzeichnet und die dem Gott fremd ist.[227] Doch je mehr Zarathustra auf dem ihm zugewiesenen Pfad voranschreitet, um so klarer tritt zutage, daß der Versuch des Dichters zum Scheitern verurteilt ist. Im Zweiten Teil stellt sich nicht nur die philosophische Unhaltbarkeit der futuristischen Lehre vom Übermenschen heraus, die der Prophet im Ersten Teil vorgetragen hat. Die Selbstverständigung des Philosophen, die im Zentrum der Handlung steht, läßt keinen Zweifel daran, daß der Philosoph sich dem Zwang

226 Vorrede, 1, 11 (12). *Philipper* II, 5–11. – Zarathustra sagt dreimal «Wer Ohren hat, der höre»: III, 2.1, 22 (199); III, 8.2, 32 (230); III, 12.16, 13 (258); cf. III, 5.3, 12 und 23 (216), ferner Vorrede, 5, 1 und 27 (18, 20); Vorrede, 9, 17 (27); I, 22.2, 13 (100). Nietzsche kommentiert in *Ecce homo*: «hier wird nicht *Glauben* verlangt [...]; es ist ein Vorrecht ohne Gleichen hier Hörer zu sein; es steht Niemandem frei, für Zarathustra Ohren zu haben» Vorwort, 4 (p. 260); cf. Vorwort, 3 (p. 258). *Markus* IV, 2–25 und *Matthäus* XI, 7–15.
227 IV, 7, 4 und 21 (328, 329). *Genesis* III, 7 und 10. Cf. *Die fröhliche Wissenschaft* 273–275 (p. 519). Siehe S. 57–59 und 179–182. Beachte *Jenseits von Gut und Böse* 295 (p. 239).

nicht fügen wird, den ihm die Parodie auferlegen muß. Philosoph und Prophet sind weder wesenseins noch wesensgleich. Bis zu Zarathustras Krisis der Erlösung in der Mitte des Buchs (II, 19–20), die erhellt, wie weit Zarathustra zu Beginn der Vorrede davon entfernt war, *kein* Mensch zu sein, kann der Versuch, Philosoph und Prophet zu verbinden, als Weg zur Selbsterkenntnis verstanden werden. Nach der Peripetie des Dramas liegen die Optionen offen. Der Dritte und der Vierte Teil können nur noch die Spannung ausstellen und an Zarathustras Oszillieren zwischen den Polen verdeutlichen, was die Vereinigung ausschließt. Es sei denn, die Einheit wäre hierarchisch geordnet. Der Philosoph geböte dem Propheten. Oder der Philosoph gehorchte dem Propheten. Was hieße, daß er aufhörte, ein Philosoph zu sein.

Also sprach Zarathustra bot Nietzsche die Gelegenheit, sich über die Optionen des Philosophen und des Propheten Klarheit zu verschaffen. Die dialektische Abhängigkeit, in die sich der Dichter mit der Parodie begab, vermochte die Klärung zu befördern, da sie die Bruchlinien hervortrieb und das Zugehörige vom Nichtzugehörigen scheiden half, so daß sie das typologische Profil beider, des Philosophen und des Propheten, am Ende schärfte, das sie auf den ersten Blick verwischen zu müssen schien. Nietzsche erhöhte den Druck, die verfügbaren Möglichkeiten auszuloten und mithin die zugrundeliegenden Notwendigkeiten zu denken, zudem dadurch, daß er den Ersten, den Zweiten und den Dritten Teil des Buchs veröffentlichte, bevor der jeweils folgende Teil geschrieben war, was nachträgliche Änderungen oder Anpassungen der Handlung im Lichte späterer Ereignisse und Einsichten ausschloß. Damit legte er dem Willen zur Macht des Dichters Zügel an und zwang ihn, dem Stein des Anstoßes des «Es war» Rechnung zu tragen. Er brachte sich, mit anderen Worten, im Hinblick auf Zarathustra, das Geschöpf seiner Imagination und den Gegenstand seines Experiments, in eine Lage, die derjenigen entspricht, in der sich der Erkennende in Rücksicht auf den eigenen Weg befindet. Die doppelte Fesselung des Dichters hatte ihren Anteil daran, daß das Unterfangen im Wichtigsten nicht scheiterte. Denn die Erkenntnis, zu der Nietzsche über sich selbst gelangte, kann als der bei weitem wichtigste Ertrag der Jahre betrachtet werden, die er in der Gesellschaft Zarathustras zubrachte. Sie macht *Also sprach Zarathustra* im anspruchsvollen Sinne zu einem Denkmal der Selbstverständigung für den Philosophen. Alles andere, das das Buch ist und Nietzsche mit ihm beabsichtigt, tritt dahinter zurück. Das gilt für den Aufruf zur Entscheidung über Aufstieg und Abstieg am «grossen Mittag» oder für die Ermutigung der Vornehmen, eine neue Aristokratie zu begründen, nicht weniger als für das erste Ziel der Parodie, den Angriff auf das Christentum, oder für das, was Nietzsche in einem Brief als «die populäre Position» bezeichnet, die einzig an ihm begriffen werden könne: «Aut Christus, aut Zarathustra!»[228] Es gilt selbst für die weiterreichende Absicht, die Nietzsche mit der Parodie verfolgt, zu zeigen, daß die Erfahrung, die der Sendung des Propheten zugrunde liegt, durchaus nicht dazu nötigt, als Ruf Gottes ausgelegt zu werden, und daß der «Dichter des Zarathustra», wie Nietzsche in *Ecce homo* herausstellen wird, über die Inspiration verfügte, der sich die «Offenbarung der Wahrheit» verdankt.[229] Es gilt nicht zuletzt für die Doktrinen des Übermenschen, des Willens zur Macht und der Ewigen Wiederkunft, die *Also sprach Zarathustra* einführt und die fortan mit Nietzsches Namen aufs engste verbunden, wo nicht mit seiner Philosophie in eins gesetzt werden. Die Selbstverständigung, die Nietzsche er-

228 Brief an Peter Gast vom 26. August 1883, *KGB* III 1, p. 435–436. Nietzsche bezieht sich auf die erste öffentliche oder halböffentliche Reaktion, die ihm zum Ersten Teil des Buchs nach dessen Publikation bekannt wurde. Der Zweite Teil ist zu der Zeit noch nicht erschienen, befindet sich jedoch bereits im Satz.

229 *Ecce homo* III, Also sprach Zarathustra 1, 3, 4, 6 (p. 335–337, 339–340, 343). Cf. II, 12, 27–37 (148–149); II, 17, 18–25 (164–165); III, 4, 1–10 (207) und S. 76–77, 84–86, 121–122. Zur Frage, ob die Erfahrung, auf die sich der Prophet bezieht, wenn er die Berufung durch Gott für sich in Anspruch nimmt, dem Philosophen verschlossen sein muß oder ob sie ihm grundsätzlich zugänglich ist, und zur Interpretation, die der Mann Gottes einerseits, der Philosoph andererseits vornimmt, siehe das Kapitel *Zur Genealogie des Offenbarungsglaubens* in: *Das theologisch-politische Problem*, p. 68–70. – Ebenweil Nietzsche *Also sprach Zarathustra* in *Ecce homo* den Status einer anderen Heiligen Schrift zuweist, legt er besonderen Wert darauf, Zarathustra gegen die Verwechslung mit dem Typus des biblischen Propheten in Schutz zu nehmen, so wie er ihn im *Antichrist* in aller Schärfe vom Gläubigen scheidet und als Philosophen ausweist. *Ecce homo* Vorwort, 4 (p. 259–261); *Der Antichrist* 54 (p. 236–237); siehe S. 11. In einer Aufzeichnung des Nachlasses, die durch die Kompilation *Der Wille zur Macht* (Nr. 1038) Bekanntheit erlangte, kommentiert Nietzsche Zarathustras Aussage, «Ich würde nur an einen Gott glauben, der zu tanzen verstünde», aus I, 7, 22 (49): «Zarathustra selbst freilich ist bloß ein alter Atheist: der glaubt weder an alte noch neue [Götter]. Man verstehe ihn recht. Zarathustra sagt, er *würde* –, aber Zarathustra *wird* nicht ..» Nachgelassene Fragmente Mai–Juni 1888 17 [4], *KSA* 13, p. 526, korrigiert nach der Transkription in *KGW* IX 10, p. 9. Beachte S. 33 mit Anm. 32 und 58–59 mit Anm. 66.

reicht, indem er den «Sohn», ihn aus der Nähe betrachtend und zugleich Abstand zu ihm haltend, Optionen erproben und Möglichkeiten durchspielen läßt, setzt eine Bewegung seines Denkens in Gang und führt zu einer Ausrichtung seines Œuvre, in deren Gefolge den Doktrinen eine buchstäblich untergeordnete Bedeutung zukommt: Wer Augen hat zu sehen, erkennt ihre dienende Funktion. Die Lehre vom Übermenschen gehört ganz dem Propheten. Nietzsche macht sie sich nicht zu eigen. Die Ewige Wiederkunft wird von Nietzsche sowenig als Doktrin vorgetragen, d. h. in ihrem theoretischen Lehrgehalt entfaltet, wie wir Zarathustra sie als Glaubenswahrheit vortragen hören. Allein die mittlere der drei Doktrinen, die Konzeption des Willens zur Macht, wird von ihm ausdrücklich aufgenommen und ausgebaut. Nietzsche knüpft in *Jenseits von Gut und Böse* und *Zur Genealogie der Moral* an die kritische Kapazität des Begriffs an, die in *Also sprach Zarathustra* im Zentrum steht: der Wille zur Macht als Medium und Instrument der Selbsterkenntnis des Philosophen, der Selbstkritik und der Selbstkontrolle im Hinblick auf den Willen zur Wahrheit. Er macht den Willen zur Macht zum Träger einer Entwicklungslehre, die ihren Fluchtpunkt in der höchsten Aktivität des Philosophen hat. Außerdem bietet er ihn polemisch als Antidot zu dem auf, was er als die Willensschwäche der Gegenwart diagnostiziert. Und schließlich bringt er ihn ins Spiel, um in einem Gegenentwurf, den er im Konjunktiv formuliert und als Hypothese kennzeichnet, den «intelligiblen Charakter» der Welt zu bestimmen und Alles, von der Physik zur Psychologie, vermittels Eines Begriffs zu verschränken. Daraus hätte die umfassende Doktrin hervorgehen können, die die Nachgeborenen ohne Bedenken als Nietzsches Metaphysik aufrufen werden, oder das achtunggebietende System, das die Schüler sich von Nietzsche erhofften. Tatsächlich legt Nietzsche keines der Bücher vor, die *Jenseits von Gut und Böse* 1886 zu den berühmten Lehren ankündigt: *Die ewige Wiederkunft* bleibt ungeschrieben, und *Der Wille zur Macht* wird Ende 1888 definitiv durch den *Antichrist* überholt, nachdem Nietzsche bereits im Sommer desselben Jahres von dem geplanten Werk abrückte, als er wichtige Kapitel aus ihm herauslöste und ihre Veröffentlichung in *Götzen-Dämmerung oder Wie man mit dem Hammer philosophirt* vorbereitete. Nietzsche entscheidet sich bewußt gegen das «System». Er wird weder der Verwechslung der Philosophie mit einem Lehrgebäude Vorschub leisten noch der absehbaren Erhebung eines Werkzeugs der Erkenntnis und Mittels der Verständigung zu einem metaphysischen Prinzip zusätzliche Nahrung geben.[230] Der Entschluß, das *Wille zur Macht*-Projekt zu begraben, kann als späte Konsequenz des *Zarathustra*-Experiments betrachtet werden. Er liegt ganz auf der Linie, die der Autor einschlägt, nachdem er das *Buch für Alle und Keinen* beendet hat. Die Schriften, die auf *Zarathustra* folgen, sind ebenso viele Beiträge zur Vertiefung der mit ihm erreichten Selbstverständigung. Es ist kein Zufall, daß Nietzsche die Vorworte, zu denen ihm die Titelauflagen und Neuausgaben seiner Bücher aus der Zeit vor *Zarathustra* 1886 und 1887 Gelegenheit geben, nutzt, um seinen Denkweg Revue passieren zu lassen und das eigene Leben exemplarisch heranzuziehen. Als Leitfaden dient ihm dabei die Bestimmung der *Aufgabe* des Philosophen. Ein Begriff, den Nietzsche in *Jenseits von Gut und Böse* einführt und der für die abschließende Dyade *Ecce homo* und *Der Antichrist* von zentraler Bedeutung sein wird. Die geschärfte Aufmerksamkeit, die Nietzsche nach *Zarathustra* auf den Philosophen richtet, kulminiert in den beiden Büchern, die mit Grund an die Stelle des erwarteten «Hauptwerks» treten: *Ecce homo* hat das

230 *Jenseits von Gut und Böse* 9, 198, 211, 227 (p. 21–22, 118–119, 144–145, 162–163); 13, 23 (p. 27–28, 38–39); 51, 186, 259 (p. 71, 105–107, 207–208); 22, 36 (p. 37, 54–55). Auf die sechzehn Verwendungen des Begriffs *Wille zur Macht* in *Jenseits von Gut und Böse* folgen in der dem Buch ein Jahr später «zur Ergänzung und Verdeutlichung beigegebenen» Streitschrift *Zur Genealogie der Moral* acht Verwendungen und die abermalige Ankündigung von *Der Wille zur Macht*. Beachte die «Abschweifung», in der Nietzsche den Begriff einführt: II, 11 und 12 (p. 309–316); siehe ferner II, 18; III, 14, 15, 18 und 27 (p. 326, 370, 372, 383, 384, 409). Cf. *Götzen-Dämmerung*, Sprüche und Pfeile 26 und Was den Deutschen abgeht 6 (p. 63, 108–109). Nachgelassene Fragmente Herbst 1887 9 [188], *KSA* 12, p. 450. Der Umschlag von *Jenseits von Gut und Böse*, auf dem Nietzsche die Leser zum ersten Mal von der Existenz des Vierten Teils von *Also sprach Zarathustra* in Kenntnis setzt (siehe Anm. 168), enthält außerdem die Mitteilung: «In Vorbereitung: / *Der Wille zur Macht*. Versuch einer Umwerthung aller Werthe. In vier Büchern. / *Die ewige Wiederkunft*. Heilige Tänze und Umzüge. / *Lieder des Prinzen Vogelfrei*.» – Der Erhebung des Willens zur Macht zu einem metaphysischen Prinzip wirkt Nietzsche u. a. dadurch entgegen, daß er von *Jenseits von Gut und Böse* (19) bis zur *Götzen-Dämmerung* (Die vier grossen Irrthümer 3) betont, der *Wille* sei nur als Wort eine Einheit, ein Name, keine Entität. Eine Notiz hält in äußerster Verknappung fest: «*Exoterisch – esoterisch* / 1. – alles ist Wille gegen Willen / 2 Es giebt gar keinen Willen». Nachgelassene Fragmente Sommer 1886–Herbst 1887 5 [9], *KSA* 12, p. 187; *KGW* IX 3, p. 179.

philosophische Leben zum Gegenstand. *Der Antichrist* verhandelt im Gewande einer Schrift, die die Umwertung aller Werte zur welthistorischen Aufgabe erklärt, die Frage, was ein Philosoph ist. Die beiden aufs engste miteinander verbundenen Bücher, die nach dem Willen des Autors im Abstand eines Jahres, zuerst *Ecce homo*, dann *Der Antichrist*, veröffentlicht werden sollten, enthalten Nietzsches Antwort auf das Zarathustra-Problem. Die Titel geben die Gegenstellung zum Christentum unzweideutig zu erkennen. Doch Nietzsche unterwirft sich nicht den Zwängen, denen er Zarathustra unterwarf. Er tritt nicht als Gegen-Jesus auf. Er versucht nicht, den Philosophen dem Propheten zu assimilieren. Er setzt Gott und Mensch nicht in Eins. Statt dessen stellt er «Dionysos gegen den Gekreuzigten» und erklärt sich selbst zum Jünger des Gottes, den er freilich einen Philosophen nennt: «Ich bin ein Jünger des Philosophen Dionysos.» Nietzsche hatte den Gott seines Erstlingswerks unmittelbar nach *Also sprach Zarathustra* ins Œuvre zurückgeholt. Aber der Gott ist bei seiner Wiederkehr nicht mehr derselbe. Nicht nur die Schreibweise seines Namens hat sich geändert, aus dem Artisten-Gott und Helden der Tragödie Dionysus ist der Philosoph und Komödiendichter Dionysos geworden. Wie sehr Dionysos, dessen er sich seit *Jenseits von Gut und Böse* als einer Semiotik für den Philosophen bedient, Nietzsche bei seinem letzten Unterfangen entlastet, liegt auf der Hand.[231] Nietzsche tritt am Ende des *Antichrist* als Gesetzgeber auf. Doch die Frage des Opfertodes stellt sich für ihn nicht. Als Nachfolger des Dionysos wartet er auch nicht seiner Erlösung. Er beginnt die Arbeit an *Ecce homo. Wie man wird, was man ist* an einem vollkommenen Tag.

231 Bei der ersten Erwähnung von Dionysos nach einer Pause von vierzehn Jahren unterstreicht Nietzsche die Wandlung des Gottes: «Inzwischen lernte ich Vieles, Allzuvieles über die Philosophie dieses Gottes hinzu, und, wie gesagt, von Mund zu Mund, – ich, der letzte Jünger und Eingeweihte des Gottes Dionysos [...]. Schon dass Dionysos ein Philosoph ist, und dass also auch Götter philosophiren, scheint mir eine Neuigkeit, welche nicht unverfänglich ist und die vielleicht gerade unter Philosophen Misstrauen erregen möchte». *Jenseits von Gut und Böse* 295 (p. 238). *Zur Genealogie der Moral* Vorrede, 7 (p. 255). *Götzen-Dämmerung*, Was ich den Alten verdanke 5 (p. 160). *Ecce homo* Vorwort, 2; IV, 9 (p. 258, 374). Cf. III, 6 (p. 307–308) und Also sprach Zarathustra 6, 7, 8 (p. 345, 348, 349).

NAMENVERZEICHNIS

Bücher des Autors

Jean-Jacques Rousseau: *Discours sur l'inégalité / Diskurs über die Ungleichheit.* Kritische Edition des integralen Textes mit deutscher Übersetzung, einem Essay über die Rhetorik und die Intention des Werkes sowie einem ausführlichen Kommentar. Paderborn 1984. Sechste Auflage 2008, 638 Seiten.

Carl Schmitt, Leo Strauss und «Der Begriff des Politischen». Zu einem Dialog unter Abwesenden. Stuttgart 1988, 141 Seiten. Erweiterte Neuausgabe. Stuttgart–Weimar 1998, 192 Seiten. Dritte Auflage. Mit einem Nachwort. 2013, 200 Seiten. (Französisch 1990, japanisch 1993, amerikanisch 1995, chinesisch 2002, spanisch 2008, italienisch 2011, russisch 2012, koreanisch 2017.)

Die Lehre Carl Schmitts. Vier Kapitel zur Unterscheidung Politischer Theologie und Politischer Philosophie. Stuttgart–Weimar 1994, 267 Seiten, 1 Abb. Zweite Auflage. Mit einem Nachwort. 2004, 272 Seiten, 1 Abb. Dritte Auflage. Mit einem Rückblick: «Der Streit um die Politische Theologie». 2009, 304 Seiten, 1 Abb. Vierte Auflage 2012. (Amerikanisch 1998, erweiterte Paperback Edition 2011; chinesisch 2004, französisch 2014, japanisch 2015, italienisch 2016, koreanisch 2017.)

Die Denkbewegung von Leo Strauss. Die Geschichte der Philosophie und die Intention des Philosophen. Stuttgart–Weimar 1996, 66 Seiten. (Chinesisch 2002, amerikanisch 2006, französisch 2006, spanisch 2006, japanisch 2010.)

Warum Politische Philosophie? Stuttgart–Weimar 2000. Zweite Auflage 2001, 40 Seiten. (Chinesisch 2001, amerikanisch 2002, französisch 2006, spanisch 2006, japanisch 2008.)

Das theologisch-politische Problem. Zum Thema von Leo Strauss. Stuttgart–Weimar 2003, 86 Seiten. (Chinesisch 2004, französisch 2006, spanisch 2006, japanisch 2010.)

«Les rêveries du Promeneur Solitaire». Rousseau über das philosophische Leben. München 2005, 68 Seiten. Zweite Auflage 2010, 70 Seiten. (Chinesisch 2006, japanisch 2008, amerikanisch 2010, französisch 2010, koreanisch 2017.)

Leo Strauss and the Theologico-Political Problem. Cambridge 2006. Siebte Auflage 2008, 204 Seiten.

Über das Glück des philosophischen Lebens. Reflexionen zu Rousseaus «Rêveries» in zwei Büchern. München 2011, 442 Seiten. (Chinesisch 2014, amerikanisch 2016.)

Politische Philosophie und die Herausforderung der Offenbarungsreligion. München 2013, 238 Seiten. (Chinesisch 2014, amerikanisch 2016.)

Politik und Praktische Philosophie. Gedenkrede auf Wilhelm Hennis. Berlin 2014, 30 Seiten.

Als Herausgeber

Leo Strauss: *Gesammelte Schriften* in sechs Bänden

Band 1: *Die Religionskritik Spinozas und zugehörige Schriften.* Stuttgart–Weimar 1996. 448 Seiten. Zweite, durchgesehene und erweiterte Auflage 2001, 480 Seiten. Dritte, erneut durchgesehene und erweiterte Auflage 2008, 504 Seiten.

Band 2: *Philosophie und Gesetz – Frühe Schriften.* Stuttgart–Weimar 1997, 669 Seiten. Erster, durchgesehener Nachdruck 1998. Zweite, durchgesehene und erweiterte Auflage 2013, 688 Seiten.

Band 3: *Hobbes' politische Wissenschaft und zugehörige Schriften – Briefe* (zusammen mit Wiebke Meier). Stuttgart–Weimar 2001, 837 Seiten. Erster, durchgesehener Nachdruck 2003. Zweite, durchgesehene Auflage 2008, 839 Seiten.

Die Herausforderung der Evolutionsbiologie. München 1988, 294 Seiten. Zweite Auflage 1989. Dritte Auflage 1992.

Zur Diagnose der Moderne. München 1990, 251 Seiten.

Vom Urknall zum komplexen Universum. Die Kosmologie der Gegenwart (zusammen mit Gerhard Börner und Jürgen Ehlers). München 1993, 222 Seiten.

Der Mensch und sein Gehirn. Die Folgen der Evolution (zusammen mit Detlev Ploog). München 1997, 259 Seiten. Zweite Auflage 1998.

Über die Liebe. Ein Symposion (zusammen mit Gerhard Neumann). München 2000, 352 Seiten. Zweite Auflage 2001. Dritte Auflage 2008. Vierte Auflage 2010.

Der Tod im Leben. Ein Symposion (zusammen mit Friedrich Wilhelm Graf). München 2004, 352 Seiten. Zweite Auflage 2008. Dritte Auflage 2009.

Über das Glück. Ein Symposion. München 2008, 295 Seiten. Zweite Auflage 2010.

Politik und Religion. Zur Diagnose der Gegenwart (zusammen mit Friedrich Wilhelm Graf). München 2013, 320 Seiten.